관해기 觀海記 2

주강현의

관해기

일상과 역사를 가로지르는 우리 바다 읽기

觀海記

2

서쪽바다

웅진 지식하우스

머리말 :

'인문의 바다'로 떠나는
'우리 바다 오디세이아'

그 섬에 가고 싶다고 하였을 때, 그 섬은 단순하게 바다에 솟구친 땅덩어리가 아니다. 그 무언가 우리를 잡아끄는, 정작 우리가 잊고 있던 시원의 그 무엇이다. 생명탄생이 바다라는 '미궁의 자궁'을 통해서 가능했다면, 바다 안에서도 섬은 그 '미궁의 자궁'에서 조건 지워진 숙명의 땅이다. 그래서 서양인들은 미지의 섬 아틀란티스(Atlantis)를 믿어왔으며 '아틀란티스학(學)'까지 탄생시켰다. 우리에게도 이상향으로서의 섬은 하나의 분명한 대망(大望) 체계로 등장하였다. 일상의 삶에서 회구하던 이어도나 변혁기에 출현하였던 해도출병설(海島出兵說) 따위가 그것이다. 유토피아로서의 섬, 이상향으로서의 바다는 아직도 끝나지 않은 화두이다.

일찍이 천공 우라노스와 대지 가이아 사이에서 태어난 오케아노스(Oceanos)에서 대양(ocean)이 비롯되었다. 우리의 창세무가(創世巫歌)에서도 '천지 암흑하여 하늘과 땅이 갈리고 바다가 생겨났다'고 하였다. 문화적 원형질로 볼 때, 바다의 탄생 자체가 신화적이다. 신화적이라 함은 무수한 은유, 끝없는 해석을 가능케 한다는 뜻이다. '위대한 어머니 바다'에서 생명이 태어났고, 모든 생명체의 장엄한 역사가 시작되었다. 오죽하면 철학자 바슐라르(G. Bachelard)가 '바다란 어머니이며 바닷물은 그 어머니에게서 나온 기적의 우유'라고 표현하였을까.

바다는 크고 깊고 유장하여 동서고금의 야광주 같은 이야기가 많으며, 박람강기(博覽强記)의 절대적 지식량이 요구되는 지구 유일무이의 미지의 공간이다. 이러한 바다를 온전하게 서술하기 위하여 이 책은 철저하게 '바다 중심의 세계관'에 입각하고 있다. 연전에 펴낸 《제국의 바다 식민의 바다》가 바다 중심의 동아시아사를 다루고 있다면, 이 책은 바다 중심의 일상의 삶을 다루고 있다. 동쪽·서쪽·남쪽바다라는 정확한 지역을 갖고 있음은 바닷가 민중들의 삶의 뿌리에 기반하여 서술되었음을 뜻한다. 따라서, '대한민국의 영토는 한반도와 그 부속도서로 한다.'고 명시한 헌법 제3조에 충실한 내용이 될 것이며, 다루는 범주가 왕돌초 같은 수중세계에까지 이를 것이다.

돌이켜보면, 우리의 바다와 '갯것'들은 총체적으로 소외되었으며, 일반의 바다에 관한 지식은 그야말로 일반적·상투적 수준을 벗어나지 못한다. 엄청난 사람들이 바다를 다녀오고 있지만, 정작 바다를 모르기 때문에 고작 파도나 구경하고 조개나 구워먹다 돌아온다. 바다를 우습게 여겨온 결과이다. 지식인들이 수행하는 고유의 전략 가운데 계몽주의 유산이 있으니, 어쩜 낡은 패러다임일 수도 있는 계몽적 입장이 바다에 관해서는 아직도 유효함을 안타까운 눈빛으로 바라볼 수밖에 없다.

바다책이기는 하지만 해양을 통한 부국강병, 대외 교류를 핑계 삼는 해양의 거대담론에 발목이 잡힌 논의는 가능한 피해갈 것이다. 비좁은 물길과 얕은 바다, 자잘한 잡고기와 어로에 목숨을 건 무지렁이 어민들, 그런 '익숙한 것'들에 바치는 헌사가 되기를 희망한다. 돌이켜보면 바다는 천출(賤出)로 내몰린 '갯것'들의 터전이었다. 문화사적으로 철저히 소외되었으며, 역사는 있되 기록은 없는 유사무서(有史無書)의 존재였다. 남은 기록의 절대량이 부족해 바닷가 삶과 역사의 재구성은 고단한 작업이다. 이런 까닭에 책을 풀어내는 방식도 필자가 늘 그래왔듯이 생활사, 구술사, 미시사, 일상사, 민속사 등을 통한 해양생활문화사의 복원이라는 형식을 취할 수밖에 없을 것이다.

이 작은 책을 위하여 어민뿐 아니라 많은 해양인들이 협조·자문하였다. 쉽게 풀어썼으되 해양학일반은 물론이고 해양생물학, 식생활사, 조류학, 조선공학, 환경생태학, 수중학 등의 온갖 전문적인 이야기들을 곳곳에 반영하였다. 바다가 포용적이고 종합적인 것인 만큼 어떤 바다연구도 학제연구가 될 수밖에 없는 운명일 것이다.

필자의 해양문화사 연작은 기존의 역사민속학자로서의 역할뿐 아니라 해양문화사가로서의 안목까지 요구하는 것이다. 그동안의 일련의 작업, 즉《조기에 관한 명상》(1998),《黃金の海·イシモチの海》(2003),《제국의 바다 식민의 바다》(2005), 그리고 금년에 800여 쪽의 방대한 분량으로 정리한바 있는《돌살—신이 내린 황금그물》(2006)에 연이은 연작물로 해양문화사를 축적시켜나가는 오랜 연구주제의 과정이기도 하다. 독도나 생태환경을 비롯하여 엄청나게 중요한 바다 문제, 그러면서도 학계나 사회일반이나 그 누구도 좀처럼 '올인'하려고 하지 않는 이 빈약한 고리, 그러나 그 누군가는 묵묵히 하고 있어야 하지 않을까, 그런 의무감도 보태고 있다.

일상의 민속지식(folk-knowledge), 즉 민중들의 인지체계에서 주어지는 전통생태지식의 선택적 전략은 바다를 살리기 위한 유일의 방도이다. 이 서문을 쓰기 직전인 지난 5월, 제주도에서 만난 일본의 유명한 해양생태인류학자인 아키미치 토모야(秋道智彌, 총합지구환경학연구소) 교수는 자신의 30여 년에 걸친 태평양 조사

경험을 토로하면서, 현재의 바다를 지배하는 시스템이 국가주의, 혹은 근대주의라는 이름으로 자행된 폭력, 즉 어민들의 소유권과 토착적 권리 등을 통제·굴절시키고 소규모 생태어법이 아닌 오로지 산업적 어업으로 어업 자체를 재편한 20세기의 모순임을 역설한 바 있다. 그는 TEK(Traditional ecological knowledge)가 무시되고 SEK(Scientific ecological knowledge)만 강조되는 현실을 개탄하였다.

당연한 말이다. 오늘의 '바다경영', 심지어 이에 반대급부적인 생태환경운동조차도 TEK를 무시하고 SEK에 의존할 뿐이다. 세계 학계의 일각에서나마 이런 견해들이 표출되고 있음은 참으로 다행한 일이다. 어떤 측면에서는 '권력'이 되어버려 정체되어버린 생태환경운동가 자신들부터 경청해야한다. 우리는 이른바 전통생태, 혹은 민속지식으로 지칭될 만한 민중의 지혜에 입각한 새로운 바다관이 요구되는 분기점에 서 있다. 관해기는 필자가 고민하고 있는 이러한 시각의 일면을 드러내는 작업이기도 하다.

바다를 다니면서 늘 느끼는 바이지만 우리사회에 관행처럼 되어 있는 과학자와 전문가로서의 어민의 구분, 심지어 과학과 인문학의 구분이 무의미하거나 불필요하다는 점이다. 가령, 어느 특정 바닷가에서 과학자가 전문가일까, 어민이 전문가일까. 개개의 어민은 그 자신들이 과학자이고 실천가이며 미래의 설계자들이다. 레비-스트로스(C. Lévi-strauss)가 《야생의 사고(La Pansee Sauvage)》에서 언급하였듯이, 북극해의 시베리아인들은 눈과 얼음을 수십 종류로 구분한다. 그는 책의 서문 격에서 발자크의 《고대의 방(Le Cabinet des Antiques)》을 다음과 같이 재인용하고 있다.

다방면에서 그들이 업무를 살피는 데는
미개인이나 농부나 시골사람 같은 이들이 다시없다.
특히 사고에서 행동으로 넘어오게 되면,
그들이 모든 일을 완벽히 수행해내는 것을 볼 수 있다.

안데스 산맥의 척박한 풍토에서 살아온 어느 인디오 농민들은 100여 종의 감자를 키운다고 페루 종자은행이 보고한 바 있다. 민속지식의 중요성과 종다양성을 두루 설명하고 있는 바, 눈에 보이는 들판에서의 농민보다도 보이지 않는 바다에서의 어민들 민속지식이 한결 복잡할 것이며, 바다생물의 종다양성은 강조할 필요도 없을 것이다.

바다는 천의 얼굴을 지니고 있다. 바다밭이 다르면 비록 같은 종일지라도 조금씩 다르게 마련이다. 보목포구과 모슬포의 '자리'가 같을 수 없으며, 보목 내에서도 여(암초)의 상태에 따라 '자리'의 색감과 생김새, 심지어 맛까지 다르다. 절기에 따라서도 알이 찬 '알찬자리', 자잘한 '쉬자리', 산란하고 난 다음에 잡히는 '거죽자리' 등 이름도 다르고 맛도 다르다. 이 책에서 일관되게 관심을 부여하는 대목은 이러한 생물종다양성의 문제이고, 이는 문화종다양성의 문제이기도 하다.

월든 호숫가 통나무집의 은둔자이자 비서구적 전통의 인물인 소로우(Henry David Thoreau)는 '물은 대지의 피'라고 했다. 70%가 바다인, 지구 아닌 수구(水球)에서 물의 중요성은 피 이상일 것이다. 그 피가 오염되었다면? 정말 슬프고도 비극적인 일이 아닐 수 없다. 알도 레오폴드(Aldo Leopold)가 만년에 쓴《모래군의 열두 달(A Sand Country Almanac)》에서 한 지적처럼, '인간은 진화의 오디세이아에서 다른 생물들의 동료 항해자일 뿐'이며, '생명세계의 장엄함과 영속성에 대한 경이감을 체득해야 한다'는 역설을 기억하자.

지금 같은 '싹쓸이어법'의 시대는 물고기들에게 지어지앙(池魚之殃), 즉 아무 이유도 없이 밀어닥치는 재앙 그 자체이다. 물고기가 물을 만난 듯 생태환경이 보존되는 여어득수(如魚得水)의 그날은 영영 오지 않으려는가.

이 책에서 '자본의 시간'이 있다면, '자연의 시간'이 별도로 있으며, '빠름의 시간'이 있다면 '느림의 시간'이 있다는 점에 방점을 찍고 있다. 바닷가에 가는 이들에게 이런 말을 들려주고 싶어진다.

평소에 차고 다니던 시계와 더불어 '자본의 시간'을 풀어버리고 자연력(自然曆,

Natural-almanac)이라는 '느림의 재부(財富)'를 배우고 돌아오라!

　'관해기(觀海記)'란 제목을 달았거니와, 지난 100여 년을 지나면서 그만 잃어버린 옛말을 다시 불러온 것이다. 현대식 표현으로는 '바다읽기', 혹은 '바다 가로지르기'인데, 관해는 보다 포괄적, 중층적 심미안을 품고 있어 한결 의젓한 품격을 지닌 말이라 생각된다. 일상에서도 되살려 새롭게 쓸 일이다.

　이 책에서 의도하는 '바다'는 단순한 자연적 바다만은 아니다. 들숨과 날숨을 호흡하는 '생명의 바다', 그리고 '인문의 바다'라는 은유적 함의를 오지랖 가득 퍼 담고 있다. 복합 학문적이고 중층적 서술로 접근해 가는 '생활문화사로서의 바다', 혹은 '바다의 문화사'를 의도한다. 그렇다면 이 같은 책의 지적 전통은 어디에 있을까. 전범을 알려준, 바다를 사랑하고 바다를 진정으로 이해했던 선인들이 너무도 많아서 모두 서술하기 곤란할 정도이다.

　진경산수의 현장을 찾아서 바닷가의 절경을 누빈 겸재 정선을 비롯한 당대의 화공들, 관해의 명소에서 글을 남긴 숱한 시인묵객들, 그리고 귀양지에서 한국 최초의 어보인 《우해이어보(牛海異魚譜)》를 남겨준 김려, 《임원십육지(林園十六志)》 등의 과학저술을 남겨준 서유구, 《도로고(道路考)》에서 조선의 비밀을 풀어쓴 신경준, 《경세유표(經世遺表)》에서 해도경영론을 부르짖었으며 《자산어보(玆山魚譜)》를 남겨준 징약용과 약전 형제, '쌀이 창자라면 수레와 배는 혈맥이라!'면서 바다를 통한 대외통상론을 최초로 본격 주창한 초정 박제가 등등의 지적 전통이 그것이다.

　이 책의 여로는 한반도 삼면을 두루 관통하고 있다. 멀리 남쪽바다의 서귀포로부터 출발하여 남제주, 제주시, 북제주, 강진, 해남, 순천, 남해, 사천, 고성(固城), 마산, 부산, 기장, 옹진, 인천, 태안, 서천, 홍성, 보령, 김제, 군산, 부안, 영광, 나주, 목포, 신안, 포항, 울진, 영덕, 울산, 양양, 속초, 강릉, 고성(高城), 진부령과 대관령, 통영, 그리고 북녘의 삼일포까지 여러 바닷가를 나다녔다. 연평도,

서쪽바다

9

영흥도, 간월도, 안면도, 내파수도, 죽도, 외연도, 고군산군도, 비금도, 도초도, 타리도, 임자도, 재원도, 우이도, 울릉도, 우도, 비양도, 추자군도, 장섬, 나로도, 거제도 같은 섬들……. 그리고, 청초호와 삼일포 같은 석호에서, 순천만이나 가로림만 같은 만에서, 왕돌초나 이어도 같은 수중세계에서 이러저러한 사람들과 바다경관을 만났다. 새우, 조기와 굴비, 밴댕이, 굴, 홍어, 강달이, 민어, 청어와 과메기, 명태와 황태, 은어, 대게, 털게, 고래, 연어, 오징어, 홍합, 잘피군락, 숭어, 도다리, 볼락, 도루묵, 양미리, 자리, 방어, 전복, 멸치, 삼치, 굴, 숭어, 아귀, 멸치, 먹장어, 갯방어, 붕장어, 뱀장어 등등은 이 책에 등장하는 주인공들이니 그네들로 말미암아 살아가는 숱한 어민들도 만났다. 즉, 이 책의 진정한 1차적 저작권자는 그네들이다.

여러 전문가들의 도움을 받으면서 조사에 나섰으되 가능한 한 쉽고 간결하게 약술하고자 하였다. 세 책은 각각 독립적이되 상호 연결된다. 그리하여 바다를 전혀 모르는 이들도 이 책들을 통독하면 적어도 우리바다의 개괄적 현상과 '어제 같은 옛날'을 알 수 있게끔 의도하였다. 자연, 환경, 기술, 인간, 역사, 문화 등등의 상호 연관된 문제들, 석호·사구·갯벌, 그리고 섬과 여, 만과 하구 등등 우리바다가 안고 있는 제 요소들을 주목하면서 중층적으로 서술하였다. 600여 장의 도판들은 독자들의 이해를 돕기 위한 배려이기도 하지만 그 자체 우리시대 바다의 어제와 오늘을 기록한 아카이브로서의 가치도 지닌다고 믿는다.

도움 주신 분들, 동참하신 분들이 너무도 많아 서문에 적시하지 못하고, 책 말미에 가능한 한 모든 분들의 명단을 적시하는 것으로 감사의 뜻을 전한다. 웅진지식하우스 이수미 대표와의 10여 년이 넘는 인연, 편집부의 최윤경 님, 이석운 님에게 감사드린다. 책을 쓰게끔 인연을 만들어준 서울신문의 황진선 님, 뒷바라지를 아끼지 않은 심재억 님에게 세상의 인연법으로 인사드린다.

머리말을 쓰노라니 물때가 되었는지 물길 가득 바다 소리를 앞세운 밀물이 몰려오고 해조음이 들리는 듯하다. 배를 띄울 참이다. 독자들과 떠나게 되는 이 도도한 대항해에서 우리는 지금까지 몰랐던 미지의 보물섬에 닻을 내릴 것이다. 아니면 황당하게도 해적이나 인어아가씨, 더러는 멍게 해삼에 소주라도 한잔 걸치게 되는 행운을 누릴지 누가 알겠는가. 한꺼번에 모든 바다를 동시에 떠날 수 없는즉, 제주도를 포함한 남쪽바다에서 출발하여 서쪽바다, 그리고 울릉도를 포함한 동쪽바다에 이르는 삼면의 바다로 닻을 올린다. 그리하여 '우리바다 오디세이아'를 꿈꾸며 대항해로 접어들어가 본다.

2006년 7월 한여름
서해와 한강이 만나는 기수대 옆의 일산땅
鼎鉢學硏에서 주강현

차례

별이나 바둑처럼 벌려 있고 작고 큰 것이 서로 끼어 있어 수효가 대략 천여 개인데 이것이 나라의 울타리이다. 그런데 개벽 이래로 조정에서 일찍기 사신을 보내 이 강토를 다스리지 않았다. 고을이 있으나 소용이 없고, 궁방과 고을 토호, 진·보가 수영에 매여 경영해서 토색질이 심하였다. 그런 까닭으로 모든 해도 백성들은 비록 원통하고 억울한 일이 있어도 부굴(負屈)을 달게 여기며 관청 출입을 맹세코 하지 않는다. 모든 어장이나 염전이 한번 세안(稅案)에 들었으면 영구히 묶이고 만다. 내 생각에는 섬은 우리나라의 그윽한 수풀이니 진실로 한번 경영만 잘하면 장차 이름도 없는 물건이 물이 솟아나듯, 산이 일어나듯 할 것이다.

－ 다산 정약용, 《경세유표(經世遺表)》, 1817

조기 떼 울음소리에 잠 못 이루었다

전설로만 남은 바다의 시장 '파시'

왕년에 '조기잡이의 메카'였던 연평도는 이제 꽃게잡이로 근근이 삶을 이어간다. 그저 오지의 섬으로 알려졌을 뿐이나, 황해도와 매우 가까운 연평도는 분단 이전만 해도 결코 머나먼 낙도가 아니었다. 중국에 이르는 뱃길의 중요한 기착지이자 해상교통의 요지였다. 조선 후기와 한말에 대연평, 소연평, 용매도, 대수압도, 소수압도 등이 모두 황해도 해주군에 속했다. 연평도 북단에서 보면 어렴풋이 섬들이 육안으로 들어온다. 즉, 연평

황금조기.

도는 '해주문화권'이라는 표현이 정확할 것이다. 분단으로 인하여 남쪽으로 편입되었으며, 여러 차례의 행정구역 개편을 거쳐서 지금은 인천광역시 옹진군 송림면 연평리에 속한다.

인천에서 뱃길로 연평도에 들어서자면 소연평도가 먼저 나타난다. 해주 수양산의 정기를 받아 우뚝 봉우리가 솟은 소연평은 늘 실안개가 감도는 명산이다. 그래서 산연평도(山延坪島)라는 별칭이 붙었다. 섬에 굴이 있는데, 거기에 용이 살고 있어 하늘로 승천한다고 전해온다. 용이 승천할 때 사람이 보면 용이 그만 바다로 떨어져서 이무기가 되고 만다는 전설의 섬이다. 소연평의 높은 봉우리는 뱃사람들의 항로를 판단하는 기준이 되기도 하였다.

연평도는 20세기 중반까지도 조기잡이로 명성을 날렸다.《세종실록지리지(世宗實錄地理志)》에서 "토산(土産)으로 조기[石首魚]가 주의 남쪽 연평평(延平坪)에서 나고, 봄과 여름에 여러 곳의 고깃배가 모두 이곳에 모여 그물로 잡는데, 관에서 그 세금을 거두어 나라 비용에 쓴다."고 하였으니 이미 조선 전기부터 조기 떼가 대규모로 잡히고 있었음을 말해준다.《신증동국여지승람(新增東國輿地勝覽)》에도 영광의 파시평(波市坪)과 더불어 황해도 연평평에서의 조기잡이가 등장한다.

연평파시는 연평파시평(혹은 파수평), '연평작사'라고도 불렀다. 지금은 조기가 사라져서 씨가 말랐지만, 불과 40여 년 전인 1960년대 후반까지만 해

대연평도. 연평어장은 해주만 일대의 잘
발달한 리아스식 해안과 자잘한 섬들을
포괄한다(위). 조기전시관이 서 있는 연
평도의 서강모루 정상에서 굽어본 용돌
강변. 청옥색의 돌이 유명한 해변이다
(오른쪽).

도 연평파시가 벌어져
서 수천 척의 배가 몰
려오며 성황을 이루었
던 천혜의 어장이다.
칠산파시와 더불어 최
대의 조기어장을 형성
하면서 수많은 이야깃
거리를 남겼다. 파시
같은 '바다의 시장'은
일찍이 사라져 흥청거
리는 파시의 풍경은
이제 전설로만 남게 되었다.

　연평어장은 해주만 일대의 잘 발달한 리아스식 해안과 자잘한 섬들을
포괄한다. 미력리도, 갈리도, 장재도, 초마도 같은 자잘한 섬들이 길목을
지키고 있어 '연평열도'로 불린다. 그렇다면 연평어장의 정확한 위치는

［관해기 · 觀海記］

어디일까. 조기가 실제로 연평도에서 잡히는 것은 아니다. 조기잡이 중선(中船)의 주 어장은 연평도 서쪽 10~15리 인근 해상이었다.

고산자 김정호는 《대동지지(大東地志)》(1861)에 이르길, "섬에서 서쪽으로 강령 등산곶(登山串)까지 50리 떨어져 있다. 섬 근처에서 석수어가 잡히므로 어선들이 몰려든다."고 하였다. 《비변사등록(備邊司謄錄)》에서는 아예 "해

〈광여도(廣輿圖)〉의 해주목(海州牧) 부분. 아래쪽에 '연평도인거(延坪島人居)'라고 하여 사람이 살고 있음을 밝히고 있다(규장각 소장).

주 연평도는 등산진 소관"이라고 하였다(헌종 6년, 1817). 즉, 중선은 연평도 앞바다보다도 서쪽에 길게 돌출한 황해도 등산곶 근역과 구월봉 아래에서 조업을 했는데, 수심 20미터가 넘는 곳이다. 구월봉 아래는 이른바 '구월이바다'로 불리는 구월반도가 길게 늘어진 곳이다. 구월봉은 조기잡이 배들이 자신의 위치를 판단하는 '가늠잡이 봉우리'다. 등산이와 구월이 앞바다는 자잘한 여와 모래밭으로 형성되어 있어 최적의 조기 산란장이었다. 옛 만호진(萬戶鎭)이 있던 '등산이'라고도 부르는 등산포(登山浦)가 자리 잡고 있으며, 청송백사(靑松白沙)로 유명한데, 바람에 날린 모래가 백사장을 이루어 사냥터로도 유명했다. 아마도 황해도 사람들은 이곳의 아름다운 풍광을 기억 속에 아련히 간직하고 있으리라.

조기 떼로 떼돈 벌어, 떼돈으로 계집에게 떼인다

　연평도 조기는 멀리 동중국해 남쪽에서 북상한다. 선발대는 음력 3월 하순에 이미 연평도에 당도하며, 후발대도 4월 초파일 무렵에는 모두 연평도 해역에 도착한다. 여기서 궁금한 것이 하나 있다. 연평도 사람들은 조기들이 산란하러 연평도로 몰려올 때면 우는 소리에 잠 못 이루었다고 입을 모아 말한다. 사실일까. 결론부터 말하면, 사실일 뿐더러 시끄러울 정도였다. 바다 밑은 '침묵의 세계'라는 우리의 상식은 그릇된 것이다. 물고

일제강점기 연평파시의 풍경. 1960년대 초까지도 연평파시에는 수천 척의 배들이 몰려들었다. 중선배들이 그물을 말리기 위해 돛대에 걸쳐 놓았다.

기들의 떠드는 소리로 한시도 조용하지 않다. 다만 우리 인간들이 알아듣지 못할 뿐이다. 참조기도 무리를 지어 다닐 때 부레 근육을 움직여서 비교적 주기적이고 규칙적인 소리를 내어 신호를 주고받는다. 물고기들이 내는 마찰음, 호흡음, 부레음 중에서 조기의 경우는 부레음을 어업에 활용하였던 것이니, 어부들은 구멍 뚫린 대나무를 바닷물에 집어넣고 귀를 대고 조기 울음소리에 맞추어 그물을 던졌다.

연평도에서 조기 떼 울음소리가 울려 퍼지는 4월 초파일을 '조기의 생일'이라고 부른 이유가 여기에 있다. 법성포와 위도 근해의 칠산바다에서 곡하(穀下)사리가 펼쳐졌다면, 인천과 연평바다에서는 소만(小滿)사리가 펼쳐졌다. 조기잡이가 끝나는 5~6월은 '파송사리', 혹은 '파송 친다'고 했다. 반면에 새우잡이를 포함한 모든 고기잡이가 완전히 끝나는 10월은 '막사리'라고 불렀다.

연평파시에는 황해도, 경기도, 평안도 등 각지의 배가 몰려들었다. 1968년, 조기잡이가 공식적으로 퇴장할 때까지 수천 척의 배들이 줄지어서 포구에서 당섬까지 배를 디디고 걸어 들어갈 수 있을 정도였다고 하니 연평파시의 규모를 짐작할 만하다. 뱃사람들은 어로에 쓰일 나무와 쌀, 물 따위를 이곳에서 장만하였다. 이런저런 장사꾼들이 몰려들어 극성을 떨었

서쪽바다

23

고, 곳곳에 술집이 번성하여 수많은 여성들이 몸단장하고 뱃길에 지친 사내들을 기다렸다. 배들이 몰려오면 물동이를 머리에 인 아낙과 처녀들은 허리께까지 바닷물에 적시며 배 있는 곳까지 다가가 물을 팔았다. 임시 파출소도 설치되고, 보건소, 우체국까지 설치되었다.

소만사리는 대개 양력으로 따져서 5월 중순 이후이므로 본격적으로 덥지는 않아도 낮에는 반팔로 돌아다닐 만한 날씨다. 덥지도 춥지도 않은 날씨에 사내들은 밤새도록 술 마시고 육신을 불살랐다. 중선배의 안강망은 물살이 강한 사리발에 조기가 들어오므로 물이 멍청하게 움직이지 않는 조금 때나 폭풍우가 몰아치면 배는 포구에 묶여야 했다. 할 일 없는 사내들은 노름과 술판으로 날을 새웠다. 그래서 "조기 떼로 떼돈 벌어, 떼돈으로 계집에게 떼인다."는 말도 생겨났다. 좁디좁은 포구의 뒷골목은 오고 가는 사내들로 발 디딜 틈이 없고 술집마다 분가루 날리는 색시들이 요염하게 미소 짓고 있었다.

조기가 잡히면 시선배가 몰려왔다. 마포나루에서 얼음을 잔뜩 실은 시선배들이 땔감, 식량 따위를 싣고 연평도까지 와서 조기와 맞바꾸었다. 이 중 일부는 해주항을 거쳐 곧바로 개성 부잣집으로 실려 갔다. 얼음에 차곡차곡 채워진 조기들은 강화도 북단을 지나 곧장 한강으로 들어 마포나루에 물산을 풀었다. 경강상인(京江商人)으로 불린 이들은 서울의 생선 공급을 도맡아 했다. 다음의 신문기사(《매일신보》, 1935. 5. 28)를 읽어보면, 연평도에서 한강 하구는 물론이고 임진강까지 거슬러 올라가 오늘날의 파주시 문산까지 배가 닿았음을 알 수 있다. 아예 '문산포구'라고 불렀으니 바다와 관계가 없어진 오늘을 생각하면 격세지감이다.

조선의 3대 어장의 하나인 황해도 연평도 부근의 석수어는 근년 여름은 풍어라 한다. 이로써 문산포구에는 연평도로부터 시일(市日)마다 석수어를 만적(滿積)한 어선 수십 쌍(雙) 다아서 활기를 띠우며 문산시장은 아연 굴비로 대번영을 이루고 있다.

남북 분단으로 통행이 불가능해지자 하구의 운하기능이 멈추었다. 마포나루에서 서해의 비린내가 사라짐으로써, 즉 바다와 강을 연결하던 뱃길이 끊어지면서 서울 사람들의 일상과 사고에서 바다는 영영 멀어져갔다.

신화가 탄생한 안목어살

중선배 등에 의한 선단어업만이 연평어장의 주업은 아니었다. 물고기가 풍부했을 당시에 연평도를 둘러싸고 곳곳에 설치되어 있던 어살(漁箭)을 통한 자연어법이 차지하는 어획고도 상당했을 것으로 추정된다. 이곳 어살어업의 어획량을 명기한 문헌자료는 없다. 그러나 "조기 떼가 몰려와 울음소리 때문에 잠을 못 이루었다."는 구전에 비추어볼 때, 만만치 않은 고기들이 어살을 통해 어획되었을 것이라는 사실을 어렵지 않게 알 수 있다.

연평도는 여러 개의 자연적인 '줄등'과 섬, 여로 이루어진 천혜의 포구이므로 안전하게 파시를 벌일 수도 있고, 줄등을 이용하여 어살을 설치할 수도 있었다. 본 마을인 연평리에서 당섬까지는 현재 연륙된 도로와 수중교가 가설되어 있어 차량 통행이 빈번하다. 일제강점기에 건설된 연륙교인데 작사(파시)가 형성될 무렵에 어부들이 이 길을 걸어서 당섬까지 나다녔다. 그 수중보도 과거에는 완벽한 줄등이었다. 연평도의 당섬과 본 마을을 이어주는 줄등이 복판을 가로질러갔다. 당섬에서 줄등은 다시 군도라이를 거쳐서 모니섬까지 이어진다. 모니섬 쪽은 수심이 깊을 뿐더러 거친 조류가 흘러가는 협곡과 같아 물이 빠질 때도 가장 늦게 빠진다. 물이 빠진 상태에서 돌밭을 걸어서 모니섬으로 건너갈 수 있다. 이곳에 연평도 최대, 최고의 안목어살이 형성되어 있다.

연평도에는 이 밖에도 여러 개의 줄등이 있다. 검은여로 흐르는 검은여줄등, 용뒤로 흐르는 용뒤줄등, 그리고 지금은 도로로 바뀌었으나 기본적으로 당섬과 본 마을을 연결하던 앞에서 언급된 줄등, 삼형제바위로 흐르는 큰지리·작은지리줄등이 있다. 그래서 물이 빠질 때 줄등 사이로 흡사 거대한 대야 같은 모습들이 연출된다. 물 빠진 상태에서는 설령 약간의 파도가 들이쳐도 배들이 무사할 수밖에 없는 지형이다. 이러한 천혜의 조건이 연평도를 최고의 어항으로 만들었을 것이다. 이 밖에도 명칭은 불분명하나 조그마한 줄등들이 곳곳에 산재한다.

안목어살은 밀물에는 매우 깊지만 썰물에는 줄등을 통하여 걸어갈 수 있는 곳이다. 물이 빠질 때 조류가 소연평 쪽으로 나가기 때문에 조류를 따라서 줄등 쪽으로 오던 물고기들이 줄등 위에 설치된 안목어살에 걸려들 수밖에 없다. 안목어살은 '관(官)터'라는 지명으로 보아 국가에서 관장하던 유수의 어장이었음이 틀림없다. 다른 어살이 모두 없어진 뒤에도 지금까지 명맥을 유지해오고 있으니 그만큼 '물 보기'가 좋은 곳이다. 말목을 박고 그물을 친 방식인데 적어도 수백여 년간 이어져온 천혜의 장소다. 안목은 예부터 연평도 어업

연평 안목어살의 위용. 임경업 장군이 세운 어살에 조기가 하얗게 걸려들어 '조기의 신'이 되었다는 신화탄생의 역사적 현장이다. 건너편에 보이는 섬이 소연평도다.

생산에서 매우 중요한 곳이었다. 연평도의 물살은 상당히 빠른데 그 중에서 당섬과 모니섬 사이의 길목이 가장 가파르다. 그 물목에 길이 100여 미터의 어살을 설치하였다. 예전에는 17명이 공동소유했는데, 고기가 들지 않자 차차 소유권을 정리해 12명으로 줄었다. 그나마 지금은 거의 거래가 이뤄지지 않는다. 어살의 어획량이 크게 떨어지면서 소유권을 사고파는 일 자체가 무의미해진 탓이다. 《비변사등록》에서 "연평도는 어장에 그물을 설치한 곳이 24기(基)인데, 읍인들이 21기를 가지고 있고 도민들이 2기, 지세기(地稅基)가 1기입니다. 읍인들이 대대로 상속하여 전하고 사고팔고 하는 것이 농민들의 전토와 다름이 없으므로……"라는 기사가 나온다(정조 18년, 1794). 아무래도 안목어살을 지칭하는 것 같다. 적어도 수백여 년을 사고팔면서 논밭처럼 소유권이 이전되어온 유서 깊은 어장임을 알려준다.

안목어살은 조기가 많을

때는 동(1천 마리)을 거두기도 했다. "안목은 고기 반 물 반"이라는 말도 여기에서 유래했다. 조기가 사라지고 난 다음 1990년대 초반까지만 해도 홍어, 농어 같은 고기가 위낙 많이 잡혀 등짐으로도 지고 오지 못할 정도였는데, 1990년대 후반에 들어와서는 3~4일에 광어 한 마리도 안 걸린다고 이곳 어부들은 푸념이다. 간자미나 병어 한두 마리가 어쩌다 잡히는 정도란다. '삼마이그물'이 들어와 20년이 넘게 불법으로 바다를 훑어대 고기씨가 마른 탓이다.

임경업 장군이 조기의 신이 된 내력

안목어살은 임경업 장군과도 밀접한 연관을 맺는다. 연평도에는 임경업 장군을 모신 충민사(忠愍祠)라는 사당도 전해진다. 후대에 임 장군 굿당이었던 자리에 충민사란 당을 새로 지은 것이다. 서해안 어부들은 임 장군 덕분에 조기를 잡게 되었다는 믿음을 지니고 열성으로 섬겨왔다. 임경업은 최영과 더불어 무속신앙의 조종(祖宗)으로 모셔지는 인물이다. 특히 연

① 칠산 대화도
② 송화 초도
③ 장연 몽금포
④ 장연 장산곶(串)
⑤ 백령도
⑥ 대청도
⑦ 소청도
⑧ 옹용호도
⑨ 옹진 등산곶(串)
⑩ 옹진 육개머리(抱頭·六島)
⑪ 옹진 해남
⑫ 옹진 대연평도
⑬ 옹진 소연평도
⑭ 연백 용매도
⑮ 강화도
⑯ 옹진 덕적도
⑰ 옹진 문갑도
⑱ 화성 우음도
⑲ 서산 독곶(串)
⑳ 서산 창리

임경업 신당 전국 분포도(필자 현지조사. 《조기에 관한 명상》, 1998년).

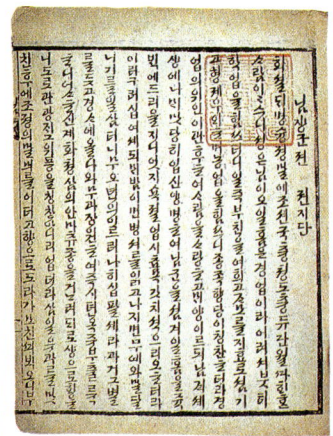

임경업 초상(19세기, 왼쪽)과 《임경업전》(작자미상,
국립중앙도서관 소장, 오른쪽).

평도 임경업당은 '민간신앙의 메카'로서 수많은 고기잡이 배들의 순례지
였다. 어떻게 임경업은 조기의 신이 되었을까.

병자호란이 끝난 뒤, 조선과 청국의 갈등구조에 휘말린 임경업이 마포나
루를 출발해 중국 산둥 반도 등주로 가던 도중에 잠시 연평도에 들러서 구
찌나무 가지를 꽂아 만든 어살로 바다를 막았더니 조기가 하얗게 걸려들
어 배꾼들을 배불리 먹이고 무사히 중국으로 갈 수 있었다는 이야기가 연
평도에서 탄생하였다. 그로부터 임경업은 '조기잡이의 신'으로 군림하면
서 황해 어민들의 주앙을 받는 신이 되었다. 연평도의 임 장군 설화는 여
러 가지 점에서 함축적 의미를 내포한다. 명말청초(明末淸初)의 격동기를
살았던 한 장군의 고난에 찬 삶, 그리고 그가 어살이라는 생업도구를 통하
여 조기의 신으로 변신하게 되는 신화 탄생의 생생한 장면을 알려준다.

인천에서 배를 타고 연평항으로 들어서자면 뱃전의 왼쪽 방향, 소연평도
쪽으로 거대한 어살이 한눈에 들어온다. 소연평도와 대연평도가 마주 보
는 길목인 안목에 유서 깊은 어살이 자리 잡고 있는 것이다. "임 장군이 뽀

서 쪽 바 다

르세나무를 꽂게 하자 가시마다 조기의 눈이 꿰어서 배불리 먹을 수 있었다."는 바로 그 현장이다. 가구가 수십 호를 넘지 않는 자그마한 섬에 당대의 풍운아 임경업이 배를 몰고 와 정박했다가 중국으로 떠났다면, 그의 출현 자체가 대단한 회오리바람이었으리라. 안목어살은 이렇게 연평도의 삶과 신화를 고스란히 담고 있으니, 안목어살을 보지 않고 어찌 연평도를 다 보았다고 말하겠는가.

조기는 단순한 물고기가 아니다. 유일하게 신화의 주인공이 된 물고기다. 은어, 연어 따위가 책이나 방송의 주인공으로 자주 등장하는데 조기는 그것들과 '격'이 다르다. '참조기의 진실을 모르고 자라난 사람들'에게 조기의 '역사적 무게'를 알려줄 책무를 느껴서 《조기에 관한 명상》(1998)이란 책자를 쓰게 된 소이가 여기에 있다.

조기 떼는 갔어도 노래는 계속되어야 한다

어릴 적 밥상에 오르던 큼직한 조기를 떠올린다. 왜 그 옛날 하찮은 추억이 지금껏 남아 있을까. 어린 마음에 그 조기가 얼마나 크게 느껴졌던지! 그때 이후로 그만한 조기를 보지 못한 것 같다. 증산 · 수출 · 건설의 시대가 끝날 즈음부터 제대로 된 조기 먹기가 어려워졌다. 그리하여 우리들의 밥상은 너무도 쓸쓸해졌다.

이제 더 이상 연평도에서 조기 떼 울음소리를 들을 일이 없어졌다. 세상에서 '야생'은 사라지고 말았다. '야생' 상태라는 것도 인간이 파괴할 시간이나 욕구가 부족했기 때문에 남겨진 것에 불과하다. 바다에서도 야생은 더 이상 존재하지 않는다. 자연 파괴의 주범은 바로 무한대의 이윤 창출이며, 생산력에 대한 물신숭배(fetischism)는 더 이상 어떤 야생 상태도 허락하

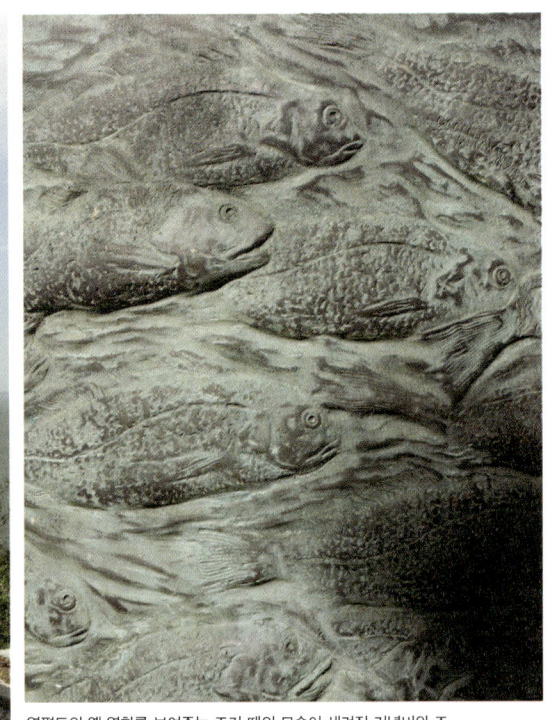

연평도의 옛 영화를 보여주는 조기 떼의 모습이 새겨진 기념비와 조
기잡이 풍선. 포구에 있던 것을 북녘이 굽어보이는 단애로 옮겼다.

지 않는다. 이런 와중에 조기의 소멸은 너무도 당연한 결과이며, 하나의
상징적 사건에 불과하다.

   국립수산진흥원의 백철인 박사는 그의 박사논문(《한국 근
해 참조기의 어황과 해황과의 관계》)에서, 산란 가능한 단
계 이전에 무차별로 남획한 결과, 어린 참조기
들이 회유를 아예 포기하고 제주도 서
쪽 연안에서 연중 머물고 있음을 밝
혔다. 조기를 쫓아서 잡던 방식은 영영
사라졌다. 소수의 알을 낳을 수 있는 참조기
만 회유할 뿐 1년이 안 된 어린 참조기들은 동중국해에서

붙박이로 살아간다. 우리의 식탁에 오르는 조기들은 그러한 붙박이 조기들을 무차별적으로 잡아들인 또 다른 남획의 결과물이다. 참조기들은 종의 멸종을 두려워하면서 매우 어린 나이에 알을 배고 있으며, 수놈보다 암놈 비율이 현저하게 높아지고 있다. 그러한즉, 작은 조기를 먹으면서 "조기는 작은데 알은 꽉 찼다."는 식의 감동은 "오죽하면 어린놈이 알을 뱄구나!"로 바뀌어야 한다. 멸종을 예감하는 조기 나름의 방어책이리라.

연평도는 '조기의 신'이 탄생한 '조기의 메카'였다. 그러나 조기는커녕 쓸쓸함이 감도는 포구에는 신화를 잃어버린 현대인들의 자조적인 한숨소리만 들려온다. 신화가 사라진 바다, 이보다 더 쓸쓸한 일이 있을까. 그러나 아직도 조기 떼 울음소리가 환청처럼 들려온다. 100동(10만 마리), 1,000동(100만 마리)의 황금 조기를 잡아들이고 만선의 봉죽을 울리던 중선배들의 배치기가 울릴 것만 같다. 적어도 서해권역에 사는 사람들의 제사상에는 반드시 조기가 올라야 한다. '조기 없는 제사는 제사도 아니다.'는 관념은 단순한 상차림 예법의 문제가 아니라 오랜 역사문화적 조건에서 비롯된 것이다. 하여, 조기 떼는 갔어도 노래는 계속되어야 한다.

어기차 닻차 닻 감아 싣고
연평바다로 조기 잡으러 간다
삼국충신 임 장군이
김 선주 불러서 도장원 주었다
명을 받았소 명을 받았소
임 장군 전에서 명을 받았소
—강화도 배치기소리

갯벌과 인간의
800년 싸움터
'섬 아닌 섬'

한강과 임진강 하구 갯벌은 신천지

　강화 북단의 제적봉. 민간인 출입통제구역인 최전방 제적봉에서 굽어보는 한강과 임진강 하구 갯벌의 장대함은 신천지 그대로다. 한강은 조석의 영향을 심하게 받는 감조(感潮)하천의 대표격이다. 서울 시민은 바닷물과 자신들의 삶이 무관한 것으로 알지만 바닷물은 성산대교까지 밀려드는 지경이다. 김포와 일산쯤에 이르면 갯벌 잔등이 드러난 모습을 자유로에서 얼마든지 굽어볼 수 있다.

지금까지 갯벌 논의에서 휴전선 근역은 논외였다. DMZ의 갯벌 논의는 이제부터 시작이다. 북부권 개발이 강조되면서 북부 갯벌에 인간의 탐욕이 뻗칠 것이므로 이를 차단할 방도 역시 시급할 수밖에 없다. 남북이 합의하여 한강 하구의 모래를 준설하여 상호간에 경제적 이득을 취한다는 소식이 들려오고 있다. 한반도의 대개의 하구가 하구언으로 막힌 상태에서 사실 한강 하구는 하구 갯벌의 90퍼센트 이상을 차지한다. 분단으로 말미암아 손대지 못한 금단의 성역이라 그나마 보존된 것이다.

사실 1950년대까지만 해도 강화도 인근 볼음도나 주문도 주민들은 황해도 해주만 입구까지 연결된 갯벌로 걸어가서 조개를 캤다. 그러다가 조개 캐던 주민 수십 명이 피랍당하는 일명 '함박도사건'이 터지고 말았다. 이들은 남한으로 귀환한 후 감옥에 가야 했다. 이를 두고 주문도 노인들은 "그때 섬사람치고 감옥 가지 않은 사람이 거의 없지."라며 '막걸리공산당 시절'을 회상한다. 1950년대까지도 빈번하게 남북을 오가면서 그 갯벌에서 조개를 캤으니 남북 갯벌은 하나로 이어져 '갯것'들의 유기적 공동체를 형성했던 것이다.

전통시대의 간척은 자연친화적

강화도는 갯벌과 인간의 싸움을 통해 만들어진 섬이다. 얼핏 고구마처럼 뭉툭하나 고가도, 황산도, 송가도, 석모도, 매음도, 교동도 등 수많은 섬들이 포진하고 있는 곳이 강화도다. 해안선이 어지러울 정도로 복잡다단하며, 드넓은 갯벌이 그 섬 사이를 채웠다. 그런데 장기간의 간척으로 대부분이 연결되고 이제는 강화, 교동, 석모도 세 섬만 남았다. 지리학자 최영준(고려대)은 이를, "고려 말부터 800여 년에 걸친 장구한 투쟁"이라고 정

서쪽바다

지도를 분석해보면 곳곳에 둑을 막아 간척한 흔적이 분명히 드러난다(《江華地圖》, 1872년, 규장각, 오른쪽). 한강 하구의 강화도가 지닌 전략적 중요도가 잘 드러난다(좌해도, 18세기 후반, 고려대학교대학원도서관 소장, 왼쪽).

리했다. 오늘날 강화도를 차로 달리면서 보게 되는 무수한 논들은 거개가 갯벌이었으니 가히 상전벽해 아닌가.

강화도 인근의 모든 섬들은 해안선의 굴곡이 매우 심하였으며, 넓은 갯벌이 섬 주위를 둘러싸고 있었다. 장기간의 간척 결과, 이들 섬들은 대부분 강화, 교동, 석모 세 개의 큰 섬으로 연결되었다. 지도에서 보듯, 강화도 본도만 해도 남쪽의 마니산이 갯벌로 떨어져 있었던 별도의 섬이었음이 드러난다. 석모도도 해명산과 상주산이 분리되어 있었으며, 교동도도 세 개의 지역으로 나뉘었다. 심지어 서검도, 볼음도, 주문도 같은 작은 섬들도 여러 개의 섬이 합쳐진 간척의 결과물이다. 한마디로 지도가 바뀐 곳이다.

고려시대에 망월포에 축조한 이른바 만리장성 둑은 삼거천골을 막은 대표적인 방조제 겸 해안 방벽의 하나였으니, 해안 방어벽의 축조에 의해 결과적으로 드넓은 농경지가 탄생한 사례이기도 하다. 지극히 복잡한 리아스식 해안이 몽골 침입을 겪고 난 고려 말이면 어느 정도 간척된다. 항쟁지에서 식량을 조달하기 위한 방편으로 체계적인 간척을 실시한 결과다.

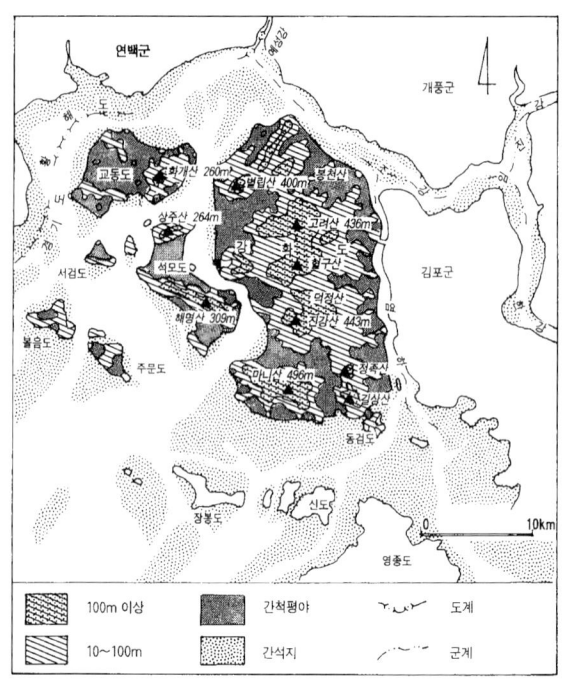

간척 전통은 조선시대에도 이어져서 1800년대에는 강화도가 완전히 하나로 형성되며, 석모도가 연결된다. 1990년대의 지도에는 거의 직선에 가까운 모습으로 완성된다.

이렇듯 강화도는 하루아침에 만들어진 단순한 섬이 아니다. 자연환경을 전략적으로 활용한 영국 워시만(The Wash Bay)의 펜랜드 지역과 비슷하다. 펜랜드 지역은 간척 이전에 엘리(Ely)

강화지역의 간척지와 갯벌(최영준 작성,《국토와 민족생활사》, 한길사, 1997년).

섬을 비롯한 많은 섬들이 분포하였다. 이들 섬은 주변이 너른 갯벌로 둘러싸여 방어에 유리하였으며, 외적의 침입이나 내란이 벌어지면 왕이나 제후들이 피난처로 삼았다. 그 결과 섬 전체가 하나의 요새로 꾸며지고, 전란이 장기화되면서 주민들은 갯벌을 간척하여 둔전을 만들어 자급자족하면서 지구전을 편다. 네덜란드 사람들도 대륙의 강국으로부터 침입을 받을 때 저습지에 의지하면서 항쟁하였다. 그네들은 13세기 이래로 전 국토 면적의 절반에 달하는 폴더(Polder)를 간척하였다. 최영준은 "강화, 펜랜드, 폴더의 주민들이 장기간의 노력으로 농토를 조성한 공통적인 전통을 지니고 있기 때문에 근검절약을 미덕으로 여기는 특성을 지니고 있다."고 결론 내린 바 있다.

두루미와 저어새가 살아가는 섬

　전통시대의 간척은 그래도 내용과 형식에서 자연친화적이었다. 반면에 오늘날의 간척은 가히 폭력적이다. 강화 북부의 갯벌이 DMZ로 간척이 유보된 반면 남단의 동막갯벌 등은 극심한 몸살을 앓고 있다. 근년에 새로 개통된 초지대교로 차량이 물밀듯 몰려든다. 주말에는 강화도에서 김포로 빠져나오는 데만 수 시간이 걸린다. 수도권 사람들에게 유일무이하게 바다를 만끽할 수 있게 해주는 가까운 '섬 아닌 섬'이기 때문이다. 강화도 시민생태운동을 주도하는 '강화도 시민연대'의 남궁호삼(49세) 위원장의 생각은 외지 관광객 중심의 사고와는 많이 달랐다.

　"초지대교의 직선적 속도감이 도시민에게는 절대적으로 유용할지 모르지만 그게 강화민의 삶에 무엇을 가져다주었는지 냉정하게 다시 생각해봐야 합니다."

　실제로 초지대교가 놓인 데 이어 초지진 앞의 장흥리 논을 가로질러 온

한강으로 배가 드나드는 길목인 강화만(《일본지리풍속대계》, 1930년).

수리로 향하는 관통도로가 착공을 앞두고 있다. 서울지방 국토관리청에서 발주한 환경영향평가서에서조차 '정말 이상하게도' 누락되고 없지만 이곳에는 천연기념물 제202호 두루미가 논과 초지리 갯벌을 오고 가며 의연하게 살아간다. 이 두루미들도 직선도로가 놓이고 서식환경이 파괴되면 이곳을 떠날 것이 불 보듯 뻔하다.

경인지방환경청의 대응도 미지근하니 두루미는 더 이상 강화도에서 살기 어렵게 됐다. '하찮은 새 한 마리'란 반생태적 사고가 '새 한 마리를 위해서라도'로 바뀌지 않는 한 요원한 일이리라. 사실 강화도에는 이미 수많은 모텔과 음식점이 들어섰다. 게다가 갯벌 탐사, 주말농장 체험, 문화유산 답사 등의 시민교육활동도 자주 열려 이래저래 신해양시대의 주 무대가 된 곳이다. 그러나 앞으로도 먹고 자는 관광으로 강화의 미래가 보장될 수 있

1 강화도 선수돈대 앞에 펼쳐진 갯벌.
2 강화 인근 주문도의 건강망. 아직은 바다가 살아 있다는 작은 증거이기도 하다.
3 강화갯벌도 개발의 심각한 도전을 받고 있으며 남은 갯벌도 원형을 잃어가고 있다.
4 겨울이면 어김없이 초지리 갯벌에 찾아오는 천연기념물 보호조인 두루미(강화시민연대 제공).

을까. 군 당국의 의지조차도 대부분 장밋빛 미래를 제시하는 대단위 개발
계획에 흔들리게 마련이다. 산과 바다와 들, 게다가 풍부한 역사문화와 생
태환경, 부속도서까지 거느린 강화군이야말로 통일시대의 주역이 분명한
만큼 강화도의 역사적 무게에 버금가는 '지킴의 혜안'이 아쉽기만 하다.

근래 경기만 갯벌은 그야말로 몸살을 앓아왔다. 시화호를 필두로 해 영
종도 공항건설로 인한 광활한 영종갯벌의 죽음, 인천 송도갯벌의 멸실 등

이 대표적인 사례다. 시퍼렇게 살아 있는 것으로 알려진 강화 남단 갯벌도 중증을 앓고 있다. 많은 이들이 펄을 밟다 보니 그 무게를 견디지 못한 저서생물 다수가 이미 사라지고 없다. 곳곳에서 칙칙한 악취를 풍기면서 죽음의 향연을 준비하고 있으니 바다의 삶이 갈수록 삭막해지는 느낌이다.

외포리에서 강화군 지도선을 타고 석모도 남단의 석모수도를 관통하여 주문도와 볼음도 일대를 둘러보았다. 주문도에는 한강 쓰레기들이 몰려들어 가관이다. 버려진 냉장고와 세탁기는 물론 스티로폼 포장재와 산업용 폐자재 등 없는 것이 없다. 도시민들이 생각 없이 버린 생활쓰레기가 이곳에 쓰레기박물관을 만들어준 꼴이다. 어민들도 면죄부를 받을 순 없다. 어민들이 버린 무수한 쓰레기들로 해변뿐 아니라 바다 밑이 온통 중병을 앓고 있다. 폐그물이 표층을 이루다시피 한 바다 밑은 물고기들에게 지뢰가 깔린 생지옥 아니겠는가.

그래도 천만다행이다. 볼음도 해안을 돌아가면서 뱃전에서 귀한 손님인 저어새 무리와 마주쳤다. 또 석모도에서 주문도, 아차도에 이르는 섬 주변의 갯벌이나 여에는 곳곳에 건강망이 설치되어 있어 우려를 다소나마 씻어주었다. 강력한 조수간만의 차를 이용한 건강망은 해안 오염이 심한 곳에서는 쓸모없는 어로방식이다. 드는 물고기야 숭어 등 제한적이지만 그래도 건강망이 곳곳에 버티고 있음은 아직 강화 주변 해안의 생태가 영 죽어 자빠지지 않았음을 웅변하는 증거 아니겠는가.

동막갯벌이 망망대해처럼 펼쳐진 분오리 돈대에 오른다. 갯벌을 조망하기에 가장 좋은 위치 중의 하나다. 동서남쪽의 성벽이 바다에 면한 천애의 절벽 요새인 이곳에서는 광활한 강화갯벌이 한눈에 들어온다. 돈대의 축벽에 누우니 아련하게 해조음이 들린다. 물이 들어올 시간이다.

글자 그대로 해조(海潮)의 노래 아닌가. 동해의 바윗돌에 부딪치는 격렬한 굉음에서 바다의 박력을 배운다면 소리 없이 스며드는 서해의 해조음에서는 바다의 침묵을 배운다. 흡사 판소리의 계면조 같은 음률이 느껴진다.

"등잔 밑이 어둡다."고 하지만 사실은 '등잔 밑부터 밝게 해야' 세상살이가 편해진다. 홍콩의 사례를 보자. 환락과 관광의 도시로만 알려져 있지만 사실 홍콩은 천혜의 조간대를 잘 이용해 맹그로브숲이 무성한 해양생태공원을 조성했다. 해안을 보존하려고 애쓰는 홍콩민들의 노력은 실로 엄청나다. 수도권 시민들 역시 강화도를 오로지 관광이나 땅 투기의 대상으로만 삼을 것이 아니라 그리 멀지 않은 홍콩과 홍콩민에게 배움을 청해야 하지 않을까.

덴마크, 독일, 네덜란드에 인접한 세계적 해안습지인 와덴해의 갯벌은 탐방객들도 함부로 밟지 못하게 하는데, 우리 갯벌의 현주소는 어디쯤 와 있는 것일까. 와덴해의 갯벌국립공원은 아예 입장료까지 받는데, 갯벌에 들 사람들에게 돈을 받는다면 한국인들은 어떤 태도를 취할까.

국가안위가 위태로울 때마다 몸부림치던 염하

강화도의 또 다른 핵심은 염하(鹽河)다. 염하란 강화도와 김포 사이의 강처럼 생긴 좁고 긴 물목을 말하는바, 엄청난 조차와 조류의 힘에 의하여 난공불락의 천연적 지형으로 이름났던 곳이다. 지금은 강화대교에 이어 초지대교가 놓여 있지만, 염하를 건너지 않고는 강화도를 공략할 수 없었다.

고려 민중의 장기간에 걸친 대몽항쟁은 오로지 전투력에 의해서만 가능했던 게 아니다. 강화도의 9미터에 달하는 최고 만조위(滿潮位), 밀물 때 6~7노트에 달하는 염하의 물길을 거스르며 전투를 벌이기란 쉽지 않았을 것이다.

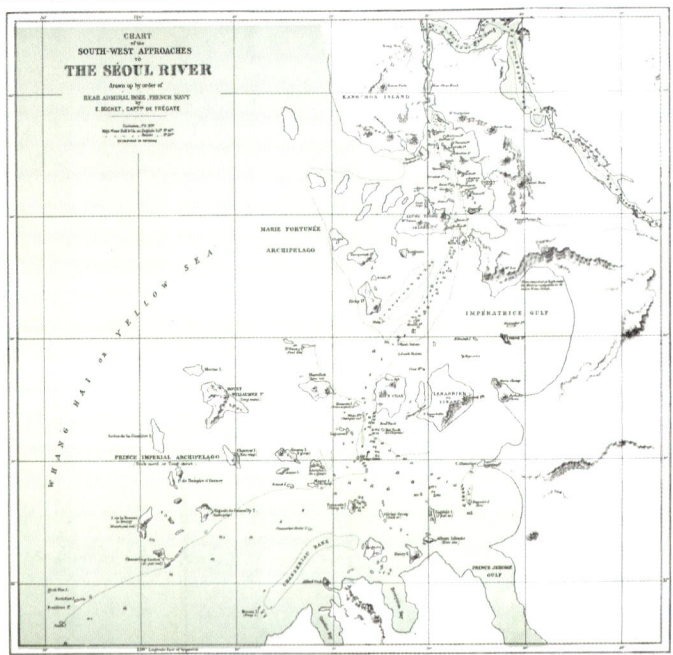

한양으로 가는 길목인 염하의 중요성을 간파한 제국주의 해양세력들은 매우 일찍부터 염하의 수로를 조사하고 다녔다.
김포 쪽에서 바라본 염하. 건너편이 강화도다(위).
1866년 프랑스 해군 로즈 제독의 1차 원정 결과 제작된 경기만 해도. 강화도에서 한강을 거쳐 한양에 이르는 해도로 수심과
암초 등이 잘 나타나 있어 이후 오페르트 등 제국주의 세력의 침입에 자주 이용되었다(아래).

게다가 장장 10킬로미터까지 밀려 나가는 갯벌의 드넓음은 그 자체가 엄청난 장애물이었으리라. 갯벌을 이용해 침략군을 막았던 영국 워시만과 네덜란드의 사례에 비견된다. 따라서 강화도 주변에 수많은 돈대들이 산재한 것만으로 군사적 방어의 전략적 논리를 강조함은 육지중심의 사고일 뿐이다. 그 돈대들을 연결하는 방조제조차도 간척지를 만들어주는 댐으로 기능하여 농사를 지을 수 있었고, 그 경제적 토대로 국가방어가 가능하였던 점을 간과해서는 안 된다.

과거 강화도 일대는 개성, 한양 등 왕도로 가는 길목이었으며 조운선의 통행로였기 때문에 나라의 인후지지(咽喉之地)로서 전략적 요충지였다. 한양으로 가는 길목인 염하의 중요성을 간파한 제국주의 해양세력들은 일찍부터 염하의 수로를 조사하고 다녔다. 일찍이 1867년에 인천의 작약도에서 서울에 이르는 해도가 프랑스에서 발표되거니와 이것은 병인양요의 한 부산물이었다(《프랑스 지리학회지》, 제5집 제13권 2월호). 그 전해인 1866년에 병인양요가 터지고 강화도 외규장각 문서들이 약탈되었다. 사건의 개요는 이러하다.

1866년 9월 18일 프랑스 극동함대 사령관 로즈(Roze)가 직접 지휘한 세 척의 군함이 경기도 남양만에 당도한다. 로즈는 기함 프리모게(Primauguet)와 전함 타르디프(Tardif), 초함 데룰레드(Déroulé de) 등을 이끌고 조선 침략의 길에 나선 것이다. 이들 일행에는 리델 신부와 세 명의 조선인 천주교도가 뱃길 안내역으로 동승하였다. 이들은 갑곶진을 통하여 한강하구로 들어서는데 한강의 정확한 수로가 없어 수심을 재가면서 거슬러 올라가서 9월 26일에는 오늘날의 서강에 당도한다. 해양사가 한상복은 이를, "한국역사상 최초로 서양의 동력선이 침략을 목적으로 한반도의 심장부에 접근한 사례이고 유일한 사례"라고 정의하였다.

그런데 로즈의 1차 원정 때 참가했던 우만(Humann)은 작약도에서 서울의 서강에 이르는 항로의 수심도를 제작하였는데 해도 명칭은 '염하 및 서울 강 임시해도'였다. 지도에서 보듯 염하를 거쳐서 오늘날의 김포 북단을 돌아 임진강과 한강이 합수하는 한강 하구에서 한양 근저까지 가는 수로가 정확히 그려져 있다.

굽이치는 염하를 바라보면서 한말의 포대들을 걷다 보니 문득 이건창(李建昌, 1852~1898) 선생이 떠올랐다. 프랑스 등 열강이 외규장각 도서를 약탈해가는 등 살벌한 침략전쟁을 벌이는 현장을 생각하면서, 이 풍진 세상을 등지고 강화도 한 모퉁이에서 양명학(陽明學)의 전통을 이으면서 '강화학파(江華學派)의 최후'를 맞이하던 그 장면. 바닷가에 집을 짓고 해조음을 벗 삼아 살아가던 선생의 은연 자적하던 삶을 경망스러운 도시민의 삶과 비교하지 않을 수 없는 것이다.

밴댕이 속보다 못한 인간들의 욕심

강화도를 떠나기 전, 밴댕이집에 들렀다. 밴댕이는 고급 어종은 못 되지만 가장 강화도적이고 환경친화적인 어종이라 습관처럼 찾게 된다. 밴댕이는 구이와 무침, 회, 젓갈의 4박자가 그만이다. 특히 우리 속담에 '오뉴월 밴댕이'가 있으니 변치 않으면서 때를 잘 만난 것을 빗대는 말인즉, 5~6월이면 반드시 밴댕이를 먹을 일이다. 강화도에서는 오사리(5월 사리)에 잡힌 밴댕이를 최고로 치거니와 오늘날도 밴댕이 횟집이 많은 것은 이같은 오랜 전통에서 비롯된다.

지금이야 어쩌다 회를 먹고 밴댕이젓이나 담가 먹는 생선으로 알고 있지만 《세종실록지리지》에서, 함경도와 강원도를 제외한 도에서 소어(蘇魚)가 난다고 하였을 정도로 전국적인 생선이었다. 서해안에서만 밴댕이가

나는 것이 아님은 오늘
날도 마찬가지다. 남
해안 통영이나 거제에서

밴댕이.

는 '띠포리'라 부르는데 된장국에
다시용으로 넣으며, 오뎅국물도 띠포리로
끓여낸다. 간혹 가다 건어물장에서 보게 되는 멸치 같은데 납작하게 생긴
특이한 놈이 바로 밴댕이 말린 것이다. 궁중에서는 음식을 관장하는 사옹
원(司饔院)에 소어소(蘇魚所)로 불리는 전담반을 둘 정도로 밴댕이를 귀히
쳤다. 그러던 밴댕이가 오늘날에는 하찮은 대접을 받고 있다.

그러한즉, 앞으로도 "밴댕이를 계속 즐기기 위해서라도 강화를 지켜야
한다."는 다짐을 객소리로 넘겨서는 아니 된다. 또 생각 없이 '밴댕이 속'
운운하며 빗대는 일도 삼갈 일이다. 밴댕이들의 서식환경을 파괴하는 인
간의 속으로 함부로 밴댕이를 나무랄 자격이 있을 것 같지 않기 때문이다.

100년 전 열강 침탈 뱃길, 서해·통일시대 뱃고동 울렸다

수도 한양에 이르는 인후지지

중국을 겨냥하여 '서해안시대'를 부르짖고 있지만 그보다 훨씬 이전부터 인천은 서해안의 대중국 창구이자 교두보였다. 강화 고인돌과 단군의 유향(遺香)이 전해지고, 기원전 1세기로 추정되는, 미추홀(彌鄒忽)과 비류백제(沸流百濟)로 상징되는 해양세력의 거점으로도 주목을 받았다.

오늘날 인천시의 남동갯벌, 도장리에서 승학천을 따라 이어지는 저지대는 바닷물이 들어오거나 습지였기에 문학산과 승학산이야말로 지리, 환경적으로 초기국가 단계의 도읍지로서는 최적의 조건을 갖추었다. 백제시대에는 대외 창구로 기능하여 오늘날 인천시 연수구 옥련동의 능허대(凌虛臺)를 거점으로 해 중국과 넘나들었다.

한강 하류인 인천을 출발하여 덕적도를 거쳐 산둥 반도 등주에 이르는 등주 항로야말로 당나라 소정방이 백제를 칠 때 이용한 바로 그 항로다. 오늘날 능허대는 아파트촌에 뒤덮이고 말았으나 조선 후기 읍지에 "백제조천시발선처(百濟朝天時發船處)"라 하였듯 역사의 현장이 아닐 수 없다.

그러나 인천이 한반도 역사에서 본격적으로 '뜬' 것은 역시 조선시대가 아닐까. 수도 한양에 이르는 입구, 이른바 인후지지로 온갖 역사의 영욕을 지켜보았다. 서해 뱃사람들에게 "행주참을 댄다."는 말이 전해진다. 조수, 즉 밀물이 몰려들면 바닷물은 강물 위로 뜨고 바다로 내려가는 강물은 밑으로 깔리는 원리를 적절하게 이용하여 인천 쪽에서 한강을 거슬러 행주나루를 거쳐 마포까

개항과 함께 인천항의 역사를 지켜온 국내 최초의 팔미도 구등대(위)와 최근 축조된 기념관이 100년 전부터 뱃길을 지켜온 내력을 전하고 있다.

지 직행하는 뱃길 노정을 일컫는다. 그 뱃길을 따라 열강들이 빈번하게 침범을 강행했으니, 지금도 남아 있는 수많은 포대가 이를 웅변해준다.

대개의 개항장이 시련을 겪으며 탄생했지만 인천만큼 열강들의 침략의 손길이 가장 강력하고도 직접 뻗친 곳이 또 있으랴. 수년 전, 인천 팔미도에서는 매우 뜻 깊은 행사가 열렸으니 팔미도등대 100주년 행사였다. 구등대를 그대로 놔두고 100주년 등대를 그 옆에 새롭게 조성하였다. 한반도에 세워진 최초의 등대인 팔미도등대는 개항의 역사를 잘 설명해주는 근대문화유산의 대표격이거니와, 인천상륙작전 때 최초로 불빛을 밝혀 신호를 올렸다는 등 인천의 파란만장한 역사를 묵묵히 증언해주고 있다.

게다짝 소리가 휩쓸던 개항장

조선에 진출하려는 열강들은 인천 해역에서 군사적 충돌을 일으켰다. 병인양요(丙寅洋擾, 1866)와 신미양요(辛未洋擾, 1871)가 그것으로, 선조들은 이들의 도래를 온몸으로 싸워 막았다. 그러나 일본은 메이지유신 이후에 조선 진출의 기선을 제압하고자 운요호(雲揚號)사건(1875)을 감행했고, 끝내 조일수호조약(강화도조약, 1876)으로 문을 열게 되었음은 교과서적 상식이다. 구미 열강과도 수호통상조약을 맺게 되니 은둔국 조선은 갑자기 봇물 터진 외압을 직접 받게 된다.

한적한 어촌에 불과하던 제물포는 하룻밤 사이에 개항장으로 둔갑하여 1883년에 인천해관과 감리서, 각국 영사관과 외국인 조계들이 설치되기에 이른다. 청일전쟁, 러일전쟁 등 일본의 전쟁을 위하여 조선 땅을 내준 꼴이 되었다. 이후 일본군의 군홧발이 인천항을 자기 땅처럼 짓밟는다.

"일본 밖에서 일본인 손에 의해 쓰인 가장 완벽한 일본 책"으로 자평하는 《인천사정》(1892)에는 "일본영사관이 일장기를 아주 높게 휘날릴 수 있는 좋은 위치에서 장엄하고 수려하게 인천항을 삼킬 듯 바라보고 있다."라는 기록이 나온다. 정말 그들은 인천항을 강제로 개항시키고, 삼켜버렸다. 그 후 우체국, 경찰서, 일본거류지의회, 인천상법회의소, 무역상조합, 잡화상조합, 영어소학교, 공립소학교, 교토의 본원사(本願寺), 공립병원과 강제병원, 정미소, 제물구락부, 조선신보, 활자소, 그리고 제일국립은행, 제18국립은행, 제58국립은행, 일한무역상사, 우선주식회사의 일본 지점 등이 속속 들어선다. 대불호텔과 이태호텔, 수월루 등의 여관도 들어선다.

"근래 불경기라는 소리가 인천항의 온 시가를 뒤덮는데도 꽃은 붉고 버들은 푸르러(花紅柳綠) 흥청대기 이를 데 없으니 술집에는 어린 소녀들도 많았다."는 기록도 있다. 유곽이 번창해 도심까지 집창촌이 뻗어 나가 항구를 드나드는 뭇 사내들을 유혹했음을 알 수 있다. 교회도 빠질 수 없었으니 영국 성공회를 필두로 답동성당, 내리교회 등이 속속 들어섰다.

수출입세를 관장한 해관(海關)만큼은 조선정부 관할이었다. 물론 해관

1890년 인천 조계지에 세워진 한반도 최초의 대불호텔. 후에 중국요리점(中華樓)으로 기능이 바뀌었다가 1980년에 철거되었다(왼쪽). 인천에는 개항 이래 일본인이 대거 이주해 경제수탈의 첨병 역할을 했다. 당시 경제수탈의 실상을 말해주는 은행 건물(오른쪽).

운영에 '왕초보'였기에 운영을 영국, 독일, 일본인 등이 도맡아 했고 그들은 그야말로 '엿장수 마음대로' 개항장을 농락하였다. 일본인들이 잘못된 협약서를 근거로 세금을 내지 않고 부를 축적했던 수탈 방식은 일상적이었다. 당시 수입된 면직물은 대부분 영국제로 일본인이 독점했는데 영국도 저렴한 세금을 관철시켰다. 제국주의 경제침탈의 전형적인 모습이 인천항에서 관철되었다.

개항 당시 서울은 '좋지 않은 분위기였기' 때문에 일본에서 인천에 들어와 사는 사람이 적었고, 총인구 2,649명 중 쓰시마, 나가사키 사람들, 그리고 시모노세키가 위치한 야마구치(山口), 규슈의 오이타(大分) 사람들이 주류를 이루었다. 일제 침략기를 통해 대개 한반도에서 가까운 규슈 등지에서 집중적으로 건너왔음을 말해준다. "교류민들이 나가사키 사람들과 쓰시마 사람들이 절반 정도를 차지하기 때문에 그쪽 방언은 어디서든지 들린다."라고 하였으며, 도쿄 · 오사카 · 쓰시마 등 여러 지방의 언어가 섞인 것을 아예 인천어(仁川語)라 부르기도 했다. 이후 인천에는 관리, 세관원, 은행원, 회사원, 무역상, 중개인, 운수업, 하역업, 여관, 요리점, 목욕탕, 음식점, 양주집, 일본주점, 약국, 의사, 사진사, 이발업, 재봉업, 활판인쇄업, 세탁소, 양조장, 대장간, 오락실, 과자점, 창고업, 고용직과 잡상, 목수, 석공, 농업 등 온갖 직종 종사자들이 모여들었다.

개항장에 나와 있던 일본 거류민들을 순수한 눈으로만 볼 일이 아니다. 일본의 관민이 일사불란하게 움직이면서 식민지 개척의 첨병으로 움직였다. 일본인들 스스로 이런 기록을 남겼다(《인천사정》).

인천항에 처음 온 사람이 제일 먼저 놀라는 것은 매우 웅장한 반양반일(半洋半日)의 가옥이다. 두 번째로 놀라는 것은 의복의 화려함이다. 세 번째로 놀라는 것은 음식의 사치스러움이다. 수입이 20원인 사람이 25원에 달하는 생활을 하고, 수입이 100원인 사람은 150원에 이르는 생활을 하는 것에서 일상적인 풍속에 매우 사치스러움을 잘 알 수 있다. 그러나 요즘 들어 이러한 사치스러운 풍조가 갑작스레 변하여 순박하고 근검한 풍조로 가는 경향이 있으니 인천항으로서는 매우 좋은 일이다.

개항 초기에 '생돈'이 생기는 만큼 화려한 의복과 음식으로 사치를 부렸던 정황을 설명해준다. 대개의 일본인들은 일확천금의 꿈을 안고 장차 식민지가 될 조선에 진출했기 때문에 러일전쟁, 청일전쟁 등이 터졌을 때는 자발적으로 전선구호와 간호 등에 힘을 보탰으며 스스로 무장하기도 하였다.

개항기 및 식민지배기에 조선에 진출한 일본인들을 순진무구한 사람들, 즉 자신의 생업에만 몰두하였을 뿐 실제적인 식민통치와는 무관한 것으로 간주하는 시각이 얼마나 잘못된 것인가를 말해준다. 가령, 명성황후 시해 사건에 가담한 낭인들 중에 인천에 거주하는 이들이 많았으며, 유사시에 인천항에 정박해둔 일본 배로 도망치고, 다시 배에서 나와 인천항을 무대로 세력을 모아 한양으로 진출하기도 하였다. 인천항은, 말하자면 제국주의 일본이 대한제국을 들이치는 거점 중의 거점이었다. 부산항이 또한 중요했지만 지정학적 거리를 고려한다면 인천항에서의 직접적 개입이 효율적이었기 때문이다.

인천에 진출한 인물늘을 유심히 살펴보면 제국주의 진출의 전형성이 잘 드러난다. 가령, 일본영사관 관내에 있던 일본경찰서의 경부인 우치우마(内海重南)는 메이지유신 이후에 일어났던 사가(佐賀)의 난, 세이난전쟁(西南戰爭) 등에 계류되었던 인물로 훗날 후쿠오카의 극우적인 국가주의단체 현양사(玄洋社)의 일원이 된다. 현양사는 불만을 품은 대륙낭인들의 집결처였으며, 대륙 침략의 선발대 역할을 하면서 훗날에 발전된 형태인 흑룡회(黑龍會) 단계에 이르러서는 대동아공영권 건설을 부르짖으며 아시아 침략전선에 나아간다. 이렇듯, 인천에 와 있던 인물들의 면모는 하나하나가 범상치 않았으니 단순 거류민으로 볼 일이 아니다.

'인천의 성냥공장', 그 노랫말의 역사문화성

　개항장은 일본 거류지, 각국 거류지, 중국 거류지로 3분되었고 지금도 그 흔적이 확연하다. 은행 건물 등이 남아 있는 일본인 거리, 음식점이 즐비한 중국인 거리가 그것이다. 각국 거류지라고는 해도 19세기 말에는 영국인 7명, 독일인 13명, 미국인 4명, 프랑스인 3명, 이탈리아인 1명 등이 거주했을 뿐이고 대개 일본인과 중국인들이었다.

　사실 조계(租界)가 설치될 당시에 일본인들 단독조계 같은 상황이었으니 그만큼 일본인들이 다수였다. 그러나 영국, 독일 등 식민지 항구에서 조계를 운영해본 경험이 풍부한 서양제국들의 손에 의하여 유리한 고지를 점유당하였다. 각국 거류지 회의는 인구비례가 아니라 국적별로 참여하도록 했으며, 서양인들이 헤게모니를 쥐고 있었다. 게다가 회의조차 영어로 진행하니 일본인들로서도 못마땅한 일이 한둘이 아니었다. 결국 일본인들은 대대적인 간척을 통해 땅을 확보, 자신들의 도심을 불려 나갔다. 오늘날 인천항 주변이 대부분 간척지인 것도 이런 까닭에서다.

　그렇다면 조선인들의 대응은 전무하였던가. 인천 출신의 역사학자 임학성(고려대 민족문화연구원) 교수는 "인천객주협회를 모체로 1897년에 설립된 인천항신상협회는 민족 상인의 상권을 옹호, 신장하였다."고 지적한다. 인천시 역사자료관 역사문화연구실에서 역주한 《인천개항 25년사》

1908년의 인천항 평면도. 통감부 시절에 이미 '町'으로 등재되어 질서정연한 신도시를 형성하고 있다(《한국철도선로안내》, 한국통감부 철도관리국, 1908년).

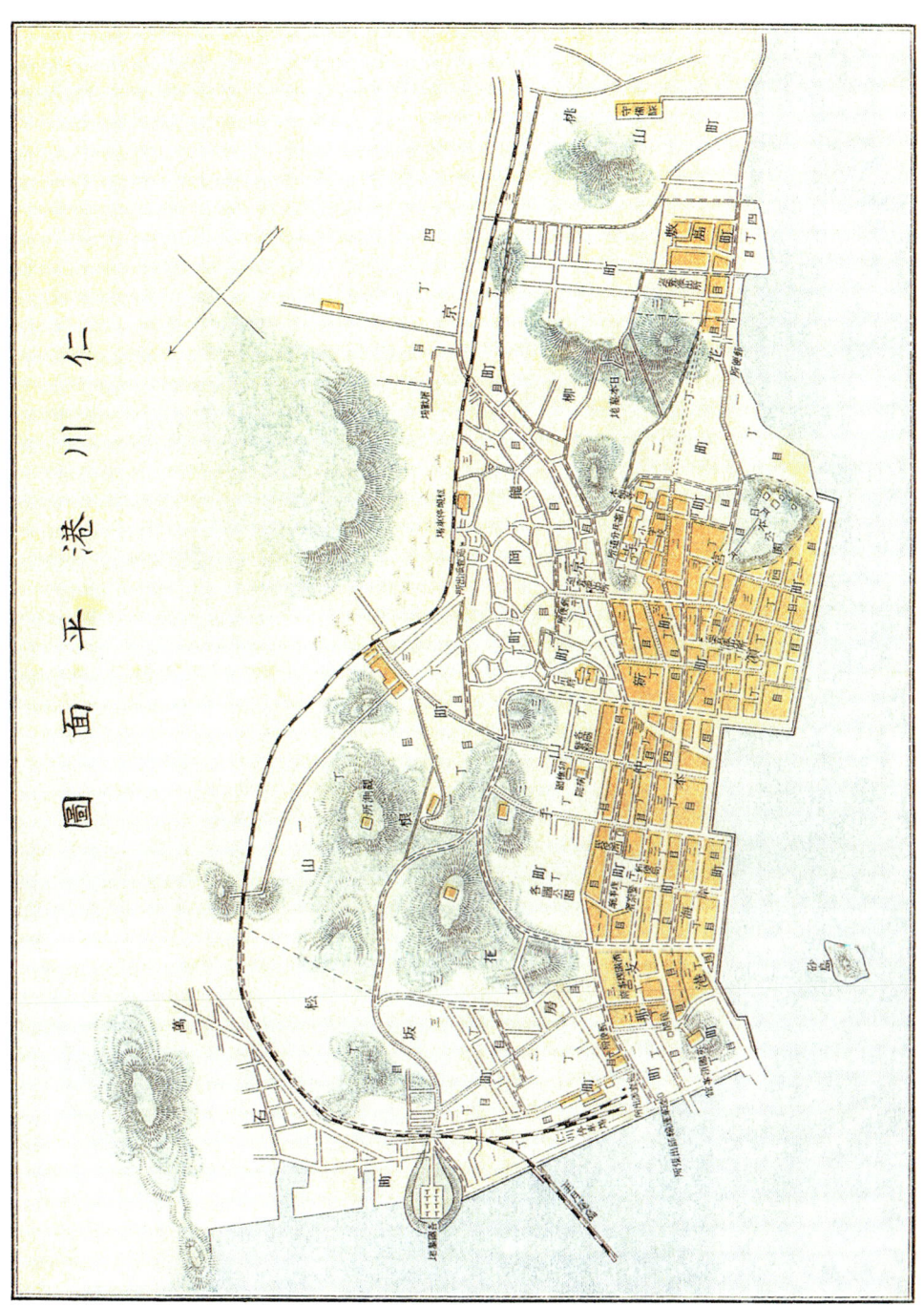

仁 川 港 平 面 圖

55

(1907)를 보면, 조선인들은 지금의 송월, 전, 복성, 인현, 경, 신포, 답, 신생, 사, 유, 신흥, 선화, 도원동 등에 몰려 살았던 것으로 추측된다.

개항 초기에는 중국인과 일본인의 상권 경쟁이 치열했다. 중국인들은 특유의 근면성과 상업적 재기를 토대로 일본에 맞섰다. 그러나 청일전쟁에서 패하면서 결국 중국 상권도 몰락했다. 그럼에도 일정 시간이 지나자 중국인들은 다시금 성실하게 상권을 챙기기 시작했다.

오늘날 인천시가 중국인 거리를 대대적으로 조성할 수 있는 터전은 이같은 역사적 사실에 근거한다. 사람들은 중국인들이 중국집이나 운영하고 살았을 것으로 짐작하지만 그들은 옥양목 같은 옷감 장사에 남다른 재주를 발휘하여 상권을 장악해 '비단장사 왕서방'이란 별칭까지 얻었다.

조선의 쌀을 싸게 사들여 일본에 되팔아 엄청난 돈을 거머쥔 자들이 생겨났으며, 경인철도가 부설되자 서울을 오가는 보따리장수는 물론이고 석유장사 등으로 일본인들 역시 큰돈을 벌어들였다. 군인들이 자주 부르는 '인천의 성냥공장'이란 노래도 당시 이후 첨단 공장인 성냥공장이 인천에 많았음을 방증하며, 그만큼 선진적 공장이 가장 먼저 시작된 곳의 하나였다는 증거 아니겠는가.

자장면을 비롯한 무수한 '한국 최초들'의 본향

인천시 역사자료관 역사문화연구실에서 펴낸 《한국 최초, 인천 최고》란 재미있는 책이 있다. 1883년 한국에 최초로 진출한 서양무역상사 세창양행(世昌洋行, H. E. Meyer & Co.)을 기억하는 이들이 있으리라. 청나라의 추천으로 조선에 들어와 대한제국의 외교통상 관계 업무를 장악하고 있던 독일인 묄렌도르프(Mollendorf, 穆麟德)의 후원으로 무역, 용역거래, 자본투자

등의 사업을 전개했다. 그들 독일인들은 선박운송, 차관도입, 기술자 초빙, 광산개발, 무역 등의 사업을 벌여 막대한 이익을 챙겨갔다. 독일 영사관의 비호를 받으며 제국주의 수탈경영의 전형을 보여주었던 기업이다. 세창양행 말고도 동인도회사 소속으로 1832년 중국 광저우(廣州)에 설립된 영국 상사인 이화양행(Jardine Matheson & Co.)이 1883년 제물포 지점을 개설했다. 1884년에는 미국 타운센드회사(Morse and Townsand & Co.)가 진출한다. 이처럼 서양 자본이 진출을 시도하는 관문이 인천항이었다.

무엇보다 세창양행의 건물이 인상적이었다. 사각형의 2층 누각이 있던 이국적 풍취의 양관은 일제시대는 물론이고 해방 이후에도 인천의 명물로 자리 잡았는데 인천상륙작전 때 폭격으로 사라지고 말았다. 근래에 인천시에서 근대항구도시 건축물을 재현하려는 계획 속에 포함되어 조만간 복원된 모습을 볼 수 있으리라.

인천에는 외국인 조계가 있던 만큼 최초의 외국인 묘지도 들어섰다. 제국주의 지배의 말초신경인 통신이 중요시되면서 도입된 근대식 우편제도는 1884년 11월 18일에 서울의 우정총국과 인천분국이 개설되면서 동시에 시작된다. 재미있는 점은 경인철도가 개통되기 전에는 우전인(郵傳人)이라 불리는 직원이 우편낭을 지고 매일 오전 9시에 인천과 한성에서 각각 출발하여 오후 1시쯤 중간 지점인 오류동에서 만나 우편낭을 교환하였다. 도보로 도합 9시간 걸렸다고 전한다.

인천이 일본인만의 독무대가 아니었던 만큼 화교사회의 기원지인 청관(淸官)도 중요했다. 한국의 본격적인

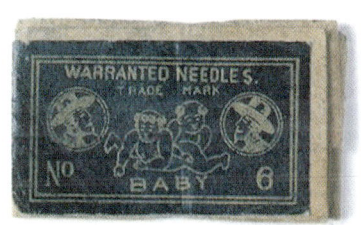

본격적인 무역상사인 세창양행 광고((근대문화로 읽는 한국 최초 인천 최고), 인천광역시 역사자료관 역사문화연구실, 2005년).

화교사회는 1883년 인천을 중심으로 형성되기 시작하여 1884년 인천 청국조계지 설정을 계기로 본격적으로 정착된다. 이들은 산둥 반도 출신이 90퍼센트 이상을 차지하여 단시일 내에 동질적 화교사회를 꾸린다. 그러나 한반도에 첫발을 디딘 화교들은 산둥인들이 아니라 임오군란(壬午軍亂, 1882) 때 청나라 군인들을 따라온 광둥성(廣東省)과 저장성(浙江省) 등 남방의 군역(軍役) 상인들이었다.

인천은 무엇보다 자장면이 탄생한 곳이다. 산둥 지방의 쿨리(苦力), 즉 하급노동자들이 먹던 간편식 끼니에서 비롯됐다고 하는데, 정작 중국에는 자장면이 없다. 자장면의 원조를 공화춘(共和春)으로 보기도 하는데 정작 증거는 없다. 공화춘은 당시 최고급 요릿집이었으므로 노동자들이 먹던 자장면을 팔았을 리는 없기 때문이다. 자장면은 중국인들이 만든 건 분명하지만 한국화된 면류로 보는 게 타당할 것이다. 아무러하거나 그 공화춘을 자장면집의 원조로 지명하고 아예 자장면 박물관으로 개관할 예정이라니 다른 것은 몰라도 그 박물관만큼은 '대박'이 예감된다. 하고많은 박물관 중 '자장면 박물관'은 특이성도 돋보이지만 인천에

1 옛 자취가 고스란히 남은 청관.
2 자장면의 원조로 알려진 공화춘.
3 개항 이후 인천을 토대로 뿌리를 내려온 중국인들이 정체성을 지키기 위해 건립한 공자상이 서해바다를 내려다보고 있다.

3

딱 어울리는 까닭이다.

감리교 첫 예배당인 내리교회, 근대적 기상관측소인 인천측우소, 1902년에 세워진 서울의 손탁(Sontag)호텔보다도 앞선 서양식 최초의 호텔인 대불(大佛)호텔 등 인천에는 한반도 최초의 것들이 무진장하다. 그 말은 거꾸로 인천이 제국주의 침탈의 길목이었다는 뜻도 포함하리라.

개항 초기에 조계의 자치회의에 속하는 신동공사에서는 엄격한 내규를 규정하고 있었는바, 조계 내에서의 도로개설, 가로등 설치, 건물재료 등까지 규제하였다. 건축 자재로 벽돌, 석재, 철재를 꼭 써야 하고 이를 어기면 벌금을 물었다. 이에 따라 각국의 공관건물이나 호텔 등 서양식 건물이 개항장 곳곳에 화려하게 들어섰다. 고종 2년(1888) 응봉산 일대에 한국 최초의 서구식 공원인 만국공원(萬國公園)이 들어선 것도 이 같은 과정에서다. 그 만국공원이 한국전쟁을 거치면서 자유공원으로 창씨개명하였으니, 자유도 좋지만 본디 뜻대로 만국이 평화롭게 상생조화의 삶을 산다는 공원 조성 당시의 본디 이름으로 복원되었으면 한다.

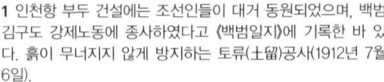

1 인천항 부두 건설에는 조선인들이 대거 동원되었으며, 백범
김구도 강제노동에 종사하였다고 《백범일지》에 기록한 바 있
다. 흙이 무너지지 않게 방지하는 토류(土留)공사(1912년 7월
6일).
2,3 제2갑문 문의 골조를 종료한 상태(1917년). 앞쪽의 흰 받
침기둥은 5촌각의 목재로, 골조 공사가 진행됨에 따라 4개씩
문짝의 좌우에서 지지케 하여, 문의 좌우경사를 방지한 것을
볼 수 있다(조선총독부 官房土木局, 《仁川築港圖錄》, 1918년).
오늘날까지 전해지는 갑문과 대조를 이룬다(2004년 찍음).

4,5 닫혀 있던 인천항 갑문이 열려 뱃길을 여는 모습. 갑문이 닫힌 상태에서 기다리다가 수위를 낮추어 해면과 일치시킨 상태에서 문이 열리고 배가 나아가게끔 설계되었다. 파나마 운하식의 이 같은 운영방식은 참으로 불편하여 사양길에 접어들었지만 인천항의 최대 명물이 아닐 수 없다.

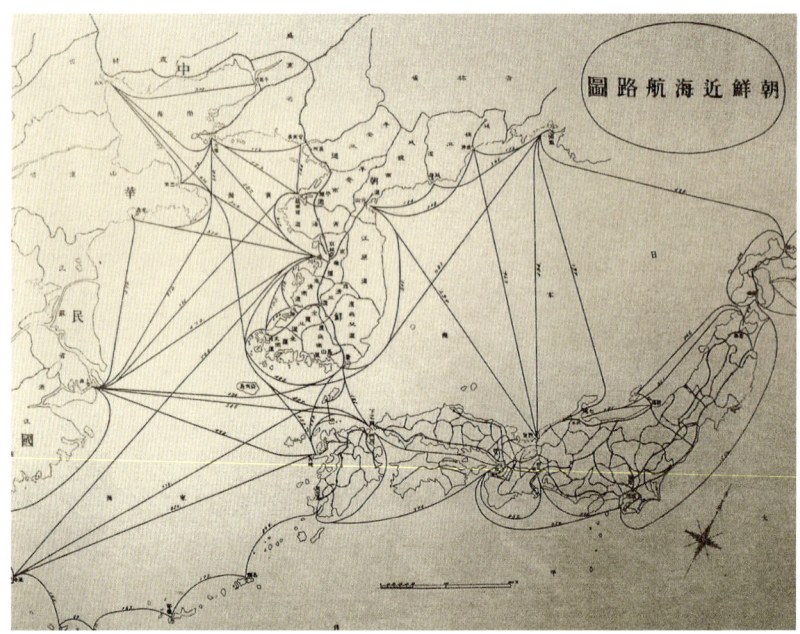

조선 근해 항로도. 인천항을 중심으로 국내는 물론이고 일본, 중국, 러시아 등 동아시아 전역과 교류함을 잘 설명해준다(《인천축항도록(仁川築港圖錄)》, 1918년).

돌고 도는 역사, 동아시아의 중심처

　이제 인천은 일본인 대신 중국인들이 가장 많이 드나드는 길목이 되었다. 역사는 돌고 돈다는 사실을 확인시키거니와 산둥 반도 등지를 오가는 페리에서 사람과 짐을 쏟아내고 있는 중이다. 중국인 거리에 가면 《삼국지》를 연작 벽화로 그려놓아 거리를 걸으면서 책읽기를 끝낼 수 있게 해놓았다.

　김춘선 인천해양수산청장은 "거대한 대중국 서해시대의 거점이기도 하지만 대북 통일시대의 거점이기도 하다."고 말한다. 실제로 남포, 해주 등지를 오가는 화물선이 끊임없이 사람과 물건을 실어 나른다. 북핵문제 등으로 긴장이 조성되고 있지만 바닷길만큼은 항상 열려 있어 민족화합에도 이바지하는 셈이다. 우리 식탁에 오르는 북한산 조개 등의 해산물이 인천 바닷가로 들어오고 있다.

인천항의 고민이 없는 것은 아니다. 파나마식 운하의 물을 가두었다 풀어놓는 갑문이 낙후해 머잖아 막대한 재원을 투입해야 할 형편이다. 갑문으로 가보니 5만 톤, 10만 톤급의 거대한 선박들이 오가는 모습이 보는 이를 압도한다. 그러나 인천항도 이제는 외항시대

인천에 있는 수준원점(水準原點). 해발 몇 미터식의 기준을 잡는 잣대는 인천의 해면에서 출발한다. 1914년부터 3년여에 걸친 측정 끝에 수준원점을 정하였으니, 인천은 한국 측지학 및 지구물리학 등의 원점이자, 한반도의 모든 산들과 평야의 높이를 재는 기준점이다.

로 접어들었다. "인천항도 북항 등을 대대적으로 건설, 미래를 준비하고 있다."는 설명이 뒤따른다.

돌이켜 보면, 일제강점기의 인천은 그야말로 동아시아의 중심이었다. 한때 일본제국주의의 수뇌부는 대동아공영권의 새로운 수도를 인천에 세우려는 계획도 꾸렸다. 패전으로 무산되기는 하였으나 그만큼 인천이 동아시아의 화점(花點)이기 때문이리라.

고베와 나가사키, 쓰시마, 부산, 원산, 톈진, 블라디보스토크 등을 잇는 정기 연락선이 오고 갔으니 지금보다도 훨씬 바다를 통한 국제교역이 활발했음을 알 수 있다. 중국, 러시아와의 교류가 근자에 이뤄졌음을 감안할 때, 바다를 통한 교류는 무려 반세기나 묶여 있다가 재개된 셈이다.

당시 인천은 '완연한 한국의 요코하마'로 불렸다. 국제 첨단 신도시로 개발되는 송도 신도시가 완공되면 인근 인천공항과 더불어 인천은 전혀 다른 모습으로 우리에게 다가올 것이 분명하니 돌고 도는 역사의 변화가 다시 온몸으로 느껴진다.

소금밭도 협궤열차도
추억 속으로

싸고 싱싱한 새우젓으로 소래포구 '북적북적'

겨울의 을씨년스러움이 폐허의 소금밭을 뒤덮고 있다. 수인선 철길이 끊긴 지 오래되어 잡초만 무성하다. 염부(鹽夫)들이 떠난 폐염전이 고즈넉하다 못해 음산하기까지 하다. 무너져 내린 소금창고만이 얼마 전까지 소금을 만들었던 노동의 역사, 염부의 역사를 말해줄 뿐이다.

소금밭에는 갈대가 우거져 있고, 어디서 나타났는지 고라니 한 마리가 갈대 속으로 몸을 낮춘다. 염판에 깔던 옹기편만이 햇빛에 반짝거리며 화려했던 옛 시절을 말하고 있다. "오백 년 도읍지를 필마로 돌아드니 산천은 의구하되 인걸은 간데없고……"라고 했듯이, 오랜만에 둘러본 소래 풍경도 수상하다. 옛 염전을 둘러싼 외곽에는 아파트 단지가 들어서기 시작해 머잖아 마지막 남은 이 소금밭까지 침공을 개시할 태세다. 소래 폐염전은 이렇듯 불안정한 풍경으로 한 해를 보내고 있다.

경인지역에서 자란 사람들은 누구나 기억하리라. 수원 – 인천을 오가는 협궤열차를 타고 가자면 끝없이 펼쳐지던 군자와 소래의 염전을. 조개나 새우젓 따위가 담긴 광주리를 머리에 얹은 아낙들이 오르면 기차는 순식간에 어물전으로 변했다. 화성의 야목 같은 정거장에서도 맛, 굴 등을 준비한 아낙들이 올라타 '어물전' 풍경에 또 다른 색을 덧칠하곤 했다. 사람들은 김장철이 되면 으레 소래포구로 나가 새우젓 등속을 준비했다. 마포 새우젓이 명성을 다해 역사 뒤편으로 사라진 이후 소래포구가 그 역할을 이어 경인지방의 새우젓 물량을 감당해오고 있다. 소래까지 오고 가는 차비가 더 들 수도 있지만 싸고 싱싱한 맛에 멀다 않고 소래포구를 찾곤 한다.

협궤 열차는 낭만의 표상처럼 인식돼 연인들의 단골 데이트 코스가 되기도 했다. 드넓은 염전지대를 거친 뒤, 왁자한 포구를 지나 갯냄새 물씬한 인천항에 당도한다는 것만으로도 이 열차의 낭만성을 보증하고도 남았다. 그러나 이제 염전도 사라지고, 기차도 없고, 남은 것은 추억뿐이다. 시흥시 정왕동에 있던 군자염전 터는 아파트 단지로 바뀌었고 군자역만 남아 옛날을 말하고 있다. 남동염전 터는 인천시 남동공단에 편입돼 공장지대로 변했다. 소래염전만이 어정쩡한 '대기발령' 상태로 남아 있을 뿐이다.

소래염전 터에서는 포동, 일명 새우개라 부르는 마을을 주목해야 한다. 큰 당나무들이 동산 위에 서 있고 당집도 남아 있어 예부터 마을신을 크게 모셨던 곳임을 알 수 있다. 해마다 배치기 신명에 고기잡이 풍어를 만끽하던 포동 당제는 끊긴 지 오래고, 신성 공간이었던 당집 주변엔 온갖 영세

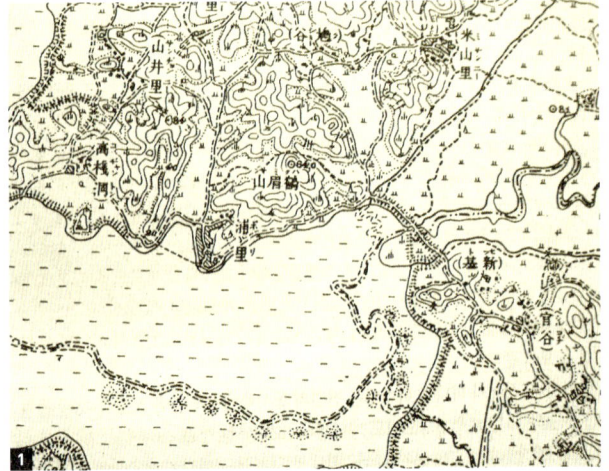

1 소래염전이 들어서기 이전, 100여 년 전 현재 시흥시 포동 새우개의 해변. 이 갯벌을 소래염전으로 바꾸었다(일본 육군참모본부, 《朝鮮地誌略》, 1911년).

2, 3 소래염전이 있던 새우개의 상징이었던 당나무와 당집(**2**: 1950년대, **3**: 2000년대).

공장과 쓰레기가 산더미를 이루고 있다. 당집 바로 옆 컨테이너에서는 외국인 노동자들이 한가롭게 라면을 끓이고 있다. 소래포구가 각광을 받기 전에는 모든 배들이 새우개포구로 몰려들었다. 1930년대까지만 해도 잘 나갔던 새우개포구는 염전이 생기면서 막을 내렸고, 그 임무를 소래포구에 넘겨주었다. 그렇다면 소래염전과 소래포구의 역사는 언제부터 시작된 것일까.

20세기와 더불어 시작되고, 20세기와 더불어 막을 내리고 있는 천일염

이곳의 역사는 곧바로 소금의 역사였다. 천일염이 제일 먼저 도입된 곳은 인천의 주안(朱安)염전이었다. 1907년 일본 대장성에서 주안에 중국인 기술자를 고용하여 시험용 염전(1정보)을 만들고, 부산 동래에는 시험용으로 전통 소금인 전오염(煎熬鹽, 졸여낸 소금)을 설치한다. 주안의 성적표는 비교적 우수하였으며, 그 결과 대대적으로 염전 건설에 나섰으니 천일염전이 다음과 같이 속속 건설된다.

• 염전 제1기(1907~1913년): 주안(99정보), 평안도 광량만(934정보)

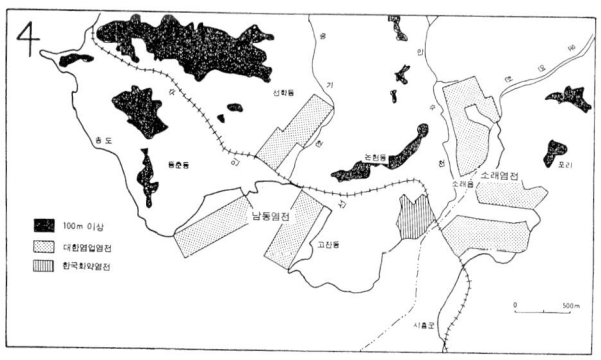

염전이 사라지기 전의 소래염전과 남동염전 분포도(1980년대 초반). 남동염전은 남동공단으로 바뀌었고, 소래염전은 폐염전 부지로 그대로 남아 새로운 선택을 기다리고 있다.

五十八萬圓으로
大鹽田起工
◇富川郡蘇來面에서

소래염전은 일제강점기에 가장 늦은 1934년에 들어섰으며, 크기는 군자염전과 비등하였다. 총경비 58만 원이 들었음을 알 수 있다(《동아일보》 1934. 7. 11. 왼쪽).
일제강점기에는 대개 인력으로 실어 날라 배나 기차로 운반하였다(오른쪽).

- 염전 제2기(1919~1920년): 주안(139정보), 평안도 덕동
  (226정보)

- 염전 제3기(1921~1924년): 인천 남동, 황해도 귀성ㆍ남
  시, 시흥 군자 등(1,241정보)

- 염전 제4기(1934~1945년): 황해도 연백(1,250정보), 귀성(1,036정보),
  시흥 소래(549정보)

　남쪽보다는 평안도에서 제일 먼저 천일염이 시작되었음을 알 수 있다. 20세기 전반기에 축조된 소래염전은 조선시대 이래 전통적으로 제염을 해온 천혜의 입지를 그대로 살려서 축조한 것으로 판단된다. 주안이나 소래, 군자염전 등이 쉽게 천일염전으로 개발될 수 있었음은 이들 지역이 본래부터 염전 설치에 매우 유리한 자연 지리적 조건을 갖추고 있었던 전통 소금 자염(煮鹽)의 생산지역이기 때문이다. 게다가 조선총독부는 조선의 값싼 노동력을 이용하여 압도적인 생산량을 보여주는 천일염전을 대대적으로 개발하고, 이를 전매체제로 통제하여 엄청난 수익을 올리려 했다. 갯벌은 임

자가 없었기 때문에 마음먹은 대로 염전 적지에 노동력을 투입하여 천일염전을 개발하고 이를 총독부의 수입원천으로 삼고자 하였다. 소래염전과 군자염전도 총독부의 식민정책에 따라 대대적으로 조성되었다.

천일염전은 염전을 축조하고 해수를 도입하여 태양열과 풍력 등 자연력에 의존하여 염의 약 44배에 상당하는 수분을 증발시키고 해수 중에 용해된 2~3퍼센트의 염을 결정시키는 제염법이다. 세계적으로 볼 때, 동아시아의 주요 천일염전 지대는 한국의 서해안, 대만, 일본의 세토나이카 해안, 중국의 산둥 성, 아시아 남부의 베트남, 타이랜드 등이다. 우리 서해안에서도 경인권역, 즉 인천과 시흥·화성 등은 천혜의 자연조건을 갖추고 있으며, 지형·기후·토질, 나아가서 서울과 인천항을 근척에 둔 지정학적 유리함도 갖추고 있다. 1900년대 초반부터 중국 산둥성에서 값싼 천일염이 대대적으로 인천항으로 쏟아져 들어오면서 전통적, 수공업적 전오염

염전도구들(《한국수산지》, 1908년).
1 바닷물을 푸는 두레박 **2** 말(斗) **3** 바닷물을 푸는 맞두레
4 소금을 밀어내는 고무래 **5** 소가 끌면서 흙을 부수는 나래 **6** 갯벌을 가는 써레

은 쇠퇴하기 시작하고 이들 천일염으로 대체되기에 이른다.

소래염전은 일제강점기에 가장 늦은 1934년에 들어섰으며 그 면적은 군
자염전과 비등하였다. "58만 원으로 대염전 기공—부천면 소래면에서"라
는 기사가 실려 있어 경비가 58만 원 들었음을 알 수 있다(《동아일보》, 1934.
7. 11). 당시로서는 대단한 액수였다. 오늘의 소래염전 터는 불과 70여 년
전만 해도 갯벌이었다. 조용하던 이곳의 지역적 정체성과 단일성이 흔들

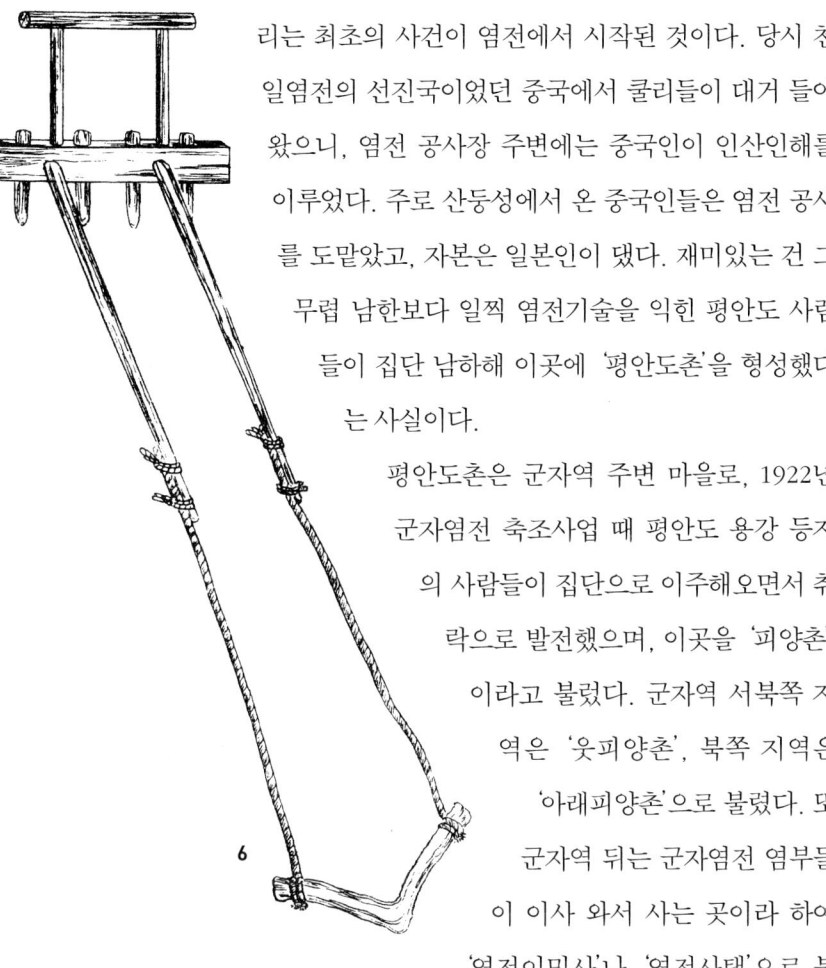

리는 최초의 사건이 염전에서 시작된 것이다. 당시 천일염전의 선진국이었던 중국에서 쿨리들이 대거 들어왔으니, 염전 공사장 주변에는 중국인이 인산인해를 이루었다. 주로 산둥성에서 온 중국인들은 염전 공사를 도맡았고, 자본은 일본인이 댔다. 재미있는 건 그 무렵 남한보다 일찍 염전기술을 익힌 평안도 사람들이 집단 남하해 이곳에 '평안도촌'을 형성했다는 사실이다.

평안도촌은 군자역 주변 마을로, 1922년 군자염전 축조사업 때 평안도 용강 등지의 사람들이 집단으로 이주해오면서 취락으로 발전했으며, 이곳을 '피양촌'이라고 불렀다. 군자역 서북쪽 지역은 '웃피양촌', 북쪽 지역은 '아래피양촌'으로 불렀다. 또 군자역 뒤는 군자염전 염부들이 이사 와서 사는 곳이라 하여 '염전이민사'나 '염전사택'으로 불리곤 했다. 지금의 전철 4호선 정왕역이 바로 이 지역으로, '평안아파트'에 집단촌 흔적이 아직도 남아 있다.

해방 이후에는 대대적으로 황해도, 평안도 등의 월남민이 정착하기 시작하였다. 1960년대 군사정권하에서 염전이 정부 전매제에서 새롭게 설립된 대한염업공사로 불하되면서 부족한 노동력 보충을 위해 충청도, 전라도 등지에서도 노동자들이 이전해온다. 소금 값이 좋았을 때는 금값이라 몰래 내다파는 '야미소금'도 있었으며, 쌀값에 버금갔다. 그러나 1980년대

멀리 여주 인근 내륙까지 경인지방의 소금을 도맡아 생산하며 수인선 협궤 열차의 추억으로 기억된 소래염전. 지금은 생태관광자원으로 활용할 채비를 하고 있는 이곳은 아직까지도 우리에게 근대의 또 다른 풍경으로 기억되고 있다.
1 한적한 포구마을에서 갑작스레 관광형 포구로 발돋움한 월곶포구.
2 폐허가 된 소래염전의 소금창고.
3 소금을 실어 나르던 협궤열차인 수인선이 지나가던 소래철교(소래포구에서 월곶 방향으로 찍음).

들어서면서 중국산 소금 공세를 견디지 못하고 소금 값이 폭락하면서 끝내 염전이 문을 닫게 된다. 오늘날 광활하게 남아 있는 폐염전의 '낭만' 속에는 이같이 20세기 민중생활사의 흔적이 각인되어 있는 셈이다. 소래염전의 역사는 이렇게 20세기와 더불어 시작되어 20세기와 더불어 막을 내렸다.

소래염전 터, 서해안 '마지막 남은 허파'

노인정에서 만난 시흥 토박이 황구인 옹은, "포동 사람들도 지금은 소래포구로 나가 장사들을 하는데, 그때는 소래에 집이나 있었나. 포동이 훨씬 컸지. 소래에 배 닿기 시작하면서 저렇게 커졌는데, 그게 불과 30년도 안 돼. 월곶은 10년도 안 됐고. 포동에 배 없어진 건 소래다리를 놔서 염전다리 놓는 바람에 배가 못 들어와 그리 됐어."라며 이곳 역사를 소개했다.

유흥가로 변한 월곶이나 번화한 저잣거리 같은 소래포구나 모두 근래(20세기) 생겨난 곳임이 토박이들의 증언으로 확인된다. 시흥시 향토자료실 김낙기 위원은 "경기 서해안은 워낙 민감하게 변화를 거듭해 세심하게 보지 않으면 그 역사가 잘 보이지 않는다."고 말한다. 소래염전 터에 우뚝 서 있는 포동(일명 새우개)의 당나무는 그 옛날 유수의 포구였음을 웅변한다. 포동 사람들은 멀리 연평도까지 조기를 잡으러 나갔으며, 매년 풍어제를 풍성하게 마련하였던 일을 추억으로 간직한다.

그러나 염전이 들어서면서, 더욱이 경동철도가 놓이면서 돛배들이 낮은 철교 밑을 통과할 수 없게 되었다. 일제가 소금을 실어 나르기 위해 이곳에 협궤열차를 부설한 결과다. 경동철도는 민간이 부설한 철도로, 순전히 경제적 목적으로 건설되었다. 처음에는 경동철도라 불리다가 후대에 수인선으로 바뀌었으며, 소래포구의 철교도 경동철교에서 나중에 소래철교로 바뀐다. 거개의 사람들은 수인선은 그런대로 기억하지만 수려선(水麗線)은 까마득히 잊고 있다. 당시에는 수원과 여주 사이에도 경제철도가 있어 이곳의 소금이 인천, 수원뿐 아니라 멀리 여주까지 공급되었고, 여주에서 좀더 내륙까지 전해지는 파급효과를 미쳤다.

경동철교가 포동에 미치는 타격이 극심하여 당시 주민들이 철교 건설을 반대하는 '데모'까지 했을 정도다. 포동이 포구로서의 기능을 잃어가는 조건에서 해방을 맞는다. 한국전쟁 이후에 몰려 내려온 월남민들이 오늘의 소래포구에 정착하면서 경기도, 아니 현재로서는 서해안 최대의 어시장인 소래포구가 탄생한다. 월곶포구는 본디 한적한 시골 어촌에 불과하였으나, 행정구역 개편으로 소래포구가 인천시로 넘어가게 되자 그에 대한 대응으로 시흥시에서 만든 신도시일 뿐이다. 그리하여 수인선, 소래철교, 소래와 군자 폐염전, 월곶포구, 그리고 포동과 오이도라는 여섯 가지 화두는 오늘의 시흥 바닷가를 상징하는 역사적 명물이 된 것이다.

무엇보다 소래염전은 경기 서해안의 '마지막 남은 허파'다. 면적도 엄청 넓다. 생태공원 조성 계획이 확정되었지만 토지 분양으로 수익을 올리려는 소유주의 집요한 주장이 가세해, 이 땅의 용도가 쉬 정리되지 않고 있다. 시골 포구 월곶도 번쩍거리는 관광지로 변한 지 오래인 처지에 소래염전마저 아파트 용지로 내주고 만다면, 경기 서해안은 얼마나 더 황량하고 복잡해질 것인가. 천만다행인 것은 시흥시가 생태 용도로 지켜 나가겠다는 의지를 천명했다는 점이다. 경기 서해안에 이만한 땅은 이곳뿐이므로 소래염전의 운명에 모두들 관심을 가져야 할 것이다.

소래염전의 퇴장을 지켜보면서, 또한 전국 곳곳에서 사라지고 있는 염전을 바라보면서 생태학적으로 매우 소중한 해양 미생물의 보고를 잃어간다는 생각을 저버릴 수 없다. 조병철 서울대 교수(해양미생물학)의 염전 연구에 의하면, 이스라엘의 사해 같은 소금 농도를 보여주는 결정지에서도 박테리아가 봄에는 1cc당 1억 마리, 여름에는 무

염전은 사라졌지만 포동의 아파트 축대에 소래포구의 흔적이 남아 있다(위). 채렴된 소금을 담는 군자염전의 염부(1950년대, 아래).

려 2억 7천만 마리나 몰려 사는 섯으로 확인되었다. 극한환경임에도 유기물이 풍부하여 짠물에 적응한 박테리아의 먹이가 풍부하기 때문이다. 외국에서는 이런 짠물에서 신약을 개발하기도 한다. 수익성이 떨어진다고 무조건 방치하고 새우 양식장으로나 쓰는 현재의 염전 관리방식이 아니라 무언가 생태환경의 새로운 보고로 재인식하고 염전 생태공원 조성 등으로 나아갈 필요가 있다. 자연은 엄혹한 질서를 지니고 있어 우리가 한갓 그저 그런 소금밭으로만 보는, 소금 외에는 아무것도 없을 것 같은 결정지에서도 수많은 생물들이 살아가고 있다. 소래염전의 드넓은 부지도 우리의 선택을 기다리는 중이다.

협궤열차도 소금 실어 나르기 위해 생겨

철교 명칭을 둘러싸고 아직까지 인천시와 시흥시의 갈등이 해결되지 않고 있다. 인천시 남동구는 소래철교를 인근 소래포구와 연계한 관광자원으로 활용하기 위해 철도청에 철교 매각 요청서를 제출했다. 인천시가 문화재청에 근대문화유산 지정 신청을 내고 지정예고를 공고하는 과정에서도 논란이 불거졌다. 인천시는 '인천 소래철교', 시흥시는 그대로 '소래철교'를 주장한 것이다. 지자체 간의 문화관광 수입 증대를 노린 어처구니없는 싸움이다. 사실 소래철교의 문화사적 적통은 시흥시에 있는 것이 분명하나, 행정구역 개편에서 역사문화성을 무시하고 소래포구를 인천시 남동구에 편입시킨 데서 비롯된 분쟁이다. 소래철교는 남동구 논현동 소래포구와 시흥시 월곶동을 잇는 총연장 126.5미터, 폭 2.4미터 규모로, 전체 길

염전에서 수인선까지 연결하던 가시렁차(군자염전, 1970년대).

이의 49퍼센트는 남동구, 51퍼센트는 시흥시에 속한다. 이러니 철교를 두 토막으로 잘라내지 않을 바에야 양측이 타협하여 공동의 문화유산으로 보 듬어 나가야 하지 않을까.

소래철교가 관심을 끄는 반면에 가시렁차는 잘 알려져 있지 않다. 군자나 소래염전에서 생산된 소금은 일단 창고에 저장하게 되며, 가시렁차라는 연 계철도에 실려서 군자역이나 소래역으로 가게 된다. 수인선을 통하여 인천 으로 나가며, 수원에서는 다시금 수려선에 옮겨서 내륙으로 운반된다.

일제는 눈치 빠르게도 천혜의 갯벌인 소래와 군자를 주목했다. 소금은 생 필품으로만 중요한 게 아니라 화약제조용 군수품으로도 소중했기 때문이 다. 소래와 군자의 소금은 인천으로 옮겨져 국내는 물론 일본과 멀리 만주 로도 실려 나갔다. 일본인들은 오늘날 시흥시 옥구공원이 있는 옛 옥구도 에 취락을 형성, 집단적으로 모여 살면서 신사까지 지었다. 우리의 '식민지 적 근대'는 이처럼 바닷가에서 먼저 시작된 것이다.

군자염전 터 남쪽으로 조금만 더 내려가면 오이도가 있어 이곳 바다풍경 의 끝자락이 펼쳐진다. 말이 오이도지 더 이상 섬이 아니다. 신석기 패총 이 무더기로 발굴된 곳이니, 선사시대 이래 인간이 터를 일구고 살아온 곳 이다. 오이도 역시 새롭게 탄생했다. 예전의 오이도는 시화호 개발로 사라 졌고, 갯벌을 매립한 곳에 계획도시가 들어섰다. 조개구이집과 횟집이 즐 비한 지금의 오이도에서 수인선의 정취를 느끼기란 쉽지 않다.

시화호가 그림처럼 펼쳐지고 방조제가 오이도에서 대부도 방아머리까 지 연결되어 차량이 쉴 새 없이 오간다. 갯벌 가운데 말없이 졸고 있던 오 이도는 간데없고 그 자리는 나들목 같은 분주함뿐이다. 수인선 협궤열차 에 몸을 싣고 군자역쯤에서 내려 오이도로 걸어 나가면서 굴을 따먹던 연 인들은 모두 장년이 되어버렸다. 협궤열차는 사라졌어도 그렇듯 풍성한 추억거리를 남겨 20세기의 풍경을 따스하게 감싸는 것이리라.

물새 놀던 해변엔 갈대만 무성

시화호 사람들의 마지막 기록

최후를 목격하는 일처럼 불행한 경우가 또 있을까. 낡은 사진첩과 답사 노트를 뒤지면서 시계바늘을 20여 년 전으로 되돌려본다. 시화호가 망가지기 직전을 목격하는 자리에 서 있었다는 이유 하나만으로, 당시에 남겼던 기록을 사회적으로 공개할 의무감을 느낀다.

1987년부터 1989년까지, 틈만 나면 시화호에 가서 살았다. 당시에는 시화호란 명칭도 없었고 그저 옛 화성 지명과 연계된 남양만, 혹은 안산 앞

형도의 물새들. 형도 뒤쪽, 즉 북쪽 해변에서 찍었다. 파도에 씻긴 자잘한 몽돌이 쌓인 곳에 작은 여가 있고 물새들이 그야말로 평화롭게 살고 있었다. 해수욕하기에 좋은 곳이었는데 지금은 갈대밭으로 바뀌었다. 시화호 최후의 사진이다(1986년 여름, 필자 찍음, 위). 밀물이 들어찬 형도. 밀물이 치고 들어왔을 때, 시화호의 우음도, 형도, 어도 같은 섬들은 배를 타지 않고는 갈 수 없었다. 간조 때, 먼 길을 걸어서 갔다(아래).

바다를 지칭하는 일명 '반월만'이었다. 시화호라는 명칭은 댐이 막히면서 시흥과 화성이 연결되어 호수로 변한 상황을 뜻하며 공사를 총괄한 농촌 진흥공사가 정한 이름이니, 인근의 '화옹호', 부안·김제의 '새만금', 홍성과 보령을 연결하는 '홍보호', 당진의 '석문호' 등이 모두 그러하다. 이런 식으로 바다의 만(灣)을 호(湖)로 바꾸는 일은 곳곳에서 벌어지고 있다. 아예 '천수만 A지구, B지구'처럼 천수만의 고유 명칭은 사라지고 신도시의 토지구획처럼 상스럽게 변하였다.

갯벌을 둘러싼 환경운동이나 갯벌환경에 관한 인식조차 공론화되지 않던 시절. 1987년 4월, 역사적인 시화호 방조제 공사가 시작되었다. 엄습해 오는 예감이라고나 할까. 필자는 시화호 내의 음도(우음도)나 형도, 어도, 아니면 화성의 송산면이나 서신면, 우정면 등의 마을을 샅샅이 뒤지고 다니면서 민중생활사의 마지막 기록을 남기고 있었다.

사라진 섬들의 내력

시화호 안에는 지금도 음도, 형도, 어도 같은 섬들이 흔적을 남기고 있다. 소금먼지 날리는 황량한 들판에 예전의 섬들이 남아 있고 아직 이주하지 않은 섬마을도 이어진다. 밀물이 치고 들어왔을 때, 당연히 이들 섬은 배를 타지 않고는 갈 수 없었다. 간조 때, 먼 길을 걸어서 갔다. 당시에도 어도는 매우 가까운 거리인 데다가 콘크리트 포장이 되어 있어 손쉽게 건너갔다. 그러나 형도와 음도는 상당히 멀었으며, 특히 음도는 하염없이 걸어가야 했다. 실제로 물때를 잘못 맞추어 휩쓸려 죽는 사건도 있었다. 세 섬을 걸어 다니면서 남긴 낡은 노트를 펼쳐본다.

저울섬이라 불렀던 형도(衡島)는 물이 썰면 송산면 독지리 쪽에서 30여 분이면 걸어 들어갈 수 있었다. 형도 건너편 독지리 사람들은 봄에는 가무락 · 동죽 · 대합 · 피조개 · 소라 · 낙지를 잡고, 여름에는 맛, 가을에는 낙지 · 주꾸미 등을 채취하였다. 물고기는 숭어 · 농어 · 민어 · 새우 · 꽃

게 · 전어를 잡았다. 1988년, 독지리 사람들은 보상 문제에 골몰하고 있었다. 오래 살아온 어민들이 보상 받는 1등급은 호당 900여 만 원, 분가한 이들은 2등급으로 호당 850만 원, 심지어 최저 100만 원도 있었다. 배 보상도 이루어져 작은 배는 서신면의 용두리, 궁평리 쪽으로 팔려 나갔으며, 큰 배는 소래포구로 팔렸다.

형도에는 30여 가구 120여 명이 어업에 종사하고 있었는데 낙지와 바지락,

오이도의 어민들이 종패를 뿌리고 막걸리로 고사를 지내며 포즈를 취하고 있다. 71.9라는 연도가 새롭다. 시화호가 시작되는 오이도의 이런 갯벌들은 흔적조차 사라졌다(위, 오이도 주민 박이필 사진).
20여 년 전, 오이도 사람들은 이처럼 달구지를 끌고 나가 수십 자루씩 조개를 캐왔다(아래).

형도의 조선시대 봉수대. 정교한 석축으로 계명산 정상에 있었는데 흑백사진만이 남아 있다(1987년 형도 정상에서 필자 찍음).

굴, 피조개, 숭어, 새우, 농어 등을 잡았다. 본디 어부들의 살막[箭幕]만 있던 무인도였는데 기미년(1919) 만세운동으로 쫓겨온 이들이 정착하여 어업에 종사하였다고 전한다. 한국전쟁 이후에 황해도의 피란민이 밀려들어와 섬이 커졌다. 형도 복판에 솟구친 계명산(鷄鳴山)을 허물어 바지선으로 돌을 실어 날라 방조제를 막았다. 그래서 형도 동쪽 해변에는 중동에서 퇴직한 중장비들이 대체 일감을 찾아 빼꼭하게 들어차 있었다.

계명산 정상(140미터)에 올라가니 봉화를 올리던 석축 봉화대가 완형으로 보존되어 있었다. 빛바랜 바닥이 5미터×5미터 크기의 바른 네모꼴로 되어 있고 위로 올라가면서 폭이 좁아지게 쌓은 단인데 북서쪽 일부가 무너져 있을 뿐 완형이었다. 봉수대 위에 올라가 보니 멀리 동북쪽으로는 시흥의 군자산이 보이고, 남서쪽으로는 남양만이 한눈에 들어오는 관해의 요지였다. 바다와 육지로 연결되는 중간지점으로 예부터 중요하게 여겨온 봉수임을 알 수 있다.

형도 사람들은 계명산을 신성한 신으로 모시고 있었으며, 봉화대 밑에는 바위가 겹쳐진 동굴이 있어 이 역시 신성시되었다. 마고할매가 쌓은 봉화대라고 했다. 금실이 좋은 마고할아버지와 할머니가 살고 있었는데 성 쌓기 내기를 하였다. 할아버지는 대부도 황금산에 산을 쌓고, 할미는 형도에 탑을 쌓기로 한 것이다. 한창 정신없이 쌓다가 문득 마고할아버지가 건너편 형도를 바라보니 마고할미가 쌓은 탑이 아름답기 그지없었다. 아무리 해도 할미의 탑을 따라갈 수가 없었다. 이에 심술이 나서 발길로 형도의 탑을 걸어찼다. 탑의 한 구석이 허물어져 있는 것은 이때부터란다.

[관해기·觀海記]

거녀(巨女)신화인 마고 이야기는 탑, 즉 봉화대보다 훨씬 이전에 형성된 화소(話素, motif)다. 후대에 봉화 일부가 무너지면서 신화적 원형질을 지니는 마고와 현행 봉화대 이야기가 자연스럽게 하나로 결합된 것 같다. 동시에 이들 거인들의 내기 경쟁에는 '오뉘 성 쌓기' 같은 태곳적의 이야기들이 겹쳐져 있다. 주민들 말로는 동굴이 비단실 열 꾸러미를 넣어도 바닥이 닿지 않을 정도로 깊었다고 했다. 들여다보니 어두컴컴하여 끝을 알 수가 없었다. 호기심이 동하여 동전을 던져보았더니 실제로 떨어지는 소리가 들리지 않았다. 이 글을 쓰기 위하여 다시 찾았을 때는, 동굴도 없어졌고 유서 깊은 봉화대도 사라졌다. 쉽게 말하여, 문화유산을 깔아뭉갠 것이다.

음도는 형도와 달라 지명 유래처럼 소가 누워 있듯 나지막한 섬이다. 비교적 평탄한 섬인지라 지표조사를 해보니, 통일신라기의 토기편과 고려시대의 청자편이 무수히 산견되는 것으로 보아 일찍이 사람이 주거하던 곳임이 확인된다. 파평 윤씨가 사화 때 역적으로 몰려서 낙향하여 개척한 섬으로 알려져 있다. 인구 밀도가 높아서 160여 명이 살고 있었으며 어업이 주종이었다. 섬 북쪽 선착장에서 뱃길로 안산시 사리포구 쪽으로 빠지거나 화성의 독지리와 고정리 사이에 위치한 목섬을 거쳐서 걸어 들어갔다. 형도 가는 길과 달리 음도는 멀어서 무려 한 시간 이상을 걸었다. 물때를 잘못 맞추면 걸어가다가 조류에 휩쓸려 죽는 이도 많았던 섬이다. 갯벌을 걸어가면서 굴 따는 '자세'로 지천으로 널린 굴을 까먹으면서 지루함을 달랬다.

음도 사람들은 섬 정상의 숲 속에 소당이라 부르는 신당을 모셨다. 조기잡이의 신인 임경업 장군, 각시, 소댕 애기씨, 말구중 등 무속신을 모시고 있었다. 선착장 갯가에는 당나무가 서 있고 바위가 쌓인 곳은 군웅당이라고 했다. 고정리 쪽 갯가의 돌출바위는 각시당(일명 나락부리당)이라 불렀

다. 밀물 때는 보이지 않고 썰물에만 모양이 나타나는 각시당은 갯벌 복판
에 서 있어 갯벌에서 일하는 사람들을 지켜준다고 하였다. 3년마다 한 번
씩 음력 2월 보름 안에 당제를 지냈다.

20여 년 뒤의 음도에도 여전히 신당 건물은 숲 속에 남아 있다. 우거진
가시덤불을 헤치고 다시금 신당 문을 여니 그림들은 간 곳이 없다. 찾아온
길손에게 낙지를 거저 주면서 연신 술잔을 권하던 어민들도 사라지고 쥐
죽은 듯 고요하다. 옛 사람들이 일부 살기는 하지만 예전의 떠들썩함은 찾
을 길이 없다. 초등학교를 찾아가니 아직도 건물은 의연한데 주인 잃은 그
네는 줄이 끊어진 채로 시간이 20여 년 전 그대로 멈춰 섰다.

그 당시에 어촌계장 집에서 하루를 묵었던 기억이 난다. 낙지가 엄청나게 잡히고 있었다. 음도 뒤편, 즉 북쪽에는 작은 선착장도 있어서 아침 녘에 어촌계장과 배를 타고 안산시의 사리포구로 나갔다. 왁자지껄한 포구의 전형적인 모습을 연출하

화성군 송산·서신면 어촌계 양식장 현황도. 지금은 시화호로 갇힌 이곳의 바다가 시
퍼렇게 살아 있었다는 증거다(지화리 어촌계 제공, 필자 1989년 조사).

고 있던 사리도 오늘날에는 완전히 변해버렸다.

화성의 송산면 마산포에서 걸어 들어가던 어도는 음도나 형도와 달리 당시에도 시멘트 포장이었다. 마산포구에는 횟집이 번성하고 있었고 물이 나면 쉽게 어도로 들어갔다. 포도밭을 지나 언덕배기를 내려가면 어도 가는 길목의 해변 초입에 해안초소가 있고 터줏가리처럼 생긴 신당이 바위 위에 모셔져 있었다. 마을에서 어도로 가는 길목인데 일명 '징거바위'라 불렀으며 이런 전설이 전해지고 있었다.

어도는 썰물 때 걸어 다닐 수 있는 연륙섬으로 바위들이 갯벌에 지천으로 깔려 있는 곳이다. 예전에 인근의 부자 김덕문이 딸을 대부도로 시집보냈는데 딸이 친정에 오려면 어도를 거쳐야 하므로 항상 물에 빠지고 맨발로 건너야 했기 때문에 딸의 고통을 생각해서 징검다리를 놓았으며 이를 '어도다리'라 불렀다는 것이다. 고운 최치원의 33대 후손이라고 하는 최씨네들이 경주에서 이곳까지 올 때 말을 끌고 온 말구쟁이(말잽이)의 넋을 어도다리 입구의 '징거바위'에 터줏가리로 모시고 그 안에 투구와 벙거지, 신발을 모셔놓았다. 징거바위는 참으로 묘하여 아무리 물발이 세도 침수되는 경우가 없단다. 어도를 같이 조사했던 선사고고학자 조태섭 박사(현 충북대 중원문화연구소) 팀에 의하여 어섬의 언덕배기에서 무수한 패총더미와 토기편, 석기 등이 발견되었다. 밀개, 긁개 같은 손도구들이 채집되었으니 선사시대부터 사람이 살던 섬이다.

고포리의 마산포는 반월만의 어업 전진기지로서 형도, 어도, 선감도, 탄도, 불도와 연계되었다. 일제시대부터 1970년대 후반까지 인천 가는 연락선이 대부도와 영흥도를 거쳤다. 따라서 대부도 사람들은 마산포를 거쳐서 화성의 사강장을 보았으며, 마산포의 생활권도 뱃길로 인천과 서울로 이어졌다. 이제 대부도와 영흥도는 시화호로 연결된 4차선 도로로 관광객들이 인산인해를 이룬다. 고포리 어촌계는 당시 224호에 도합 1천여 명에 달하는 조합원을 거느린 대단위 조직이었다. 고포리의 굴은 알이 작은 대신에 맛이 뛰어났다. 갯벌에서는 맛이 지천으로 잡히고 있었고, 봄·가을에는 숭어, 여름에는 농어, 그외에 꽃게와 게장용 박하지가 많이 잡혔다.

오랜만에 찾아간 시화호는 정말이지 예전이 아니었다. 상전벽해는 이를 두고 말함이렷다. '남양인천'으로 불릴 정도로 큰 외항이었던 비봉면 유포리(일명 버들무지)는 예전에는 남양관아로 연결되던 중요한 포구였다. 1960년대까지는 조기잡이 중선배가 있어 연근해 어업을 다녔다. 가리맛의 주 생산지였으나 건너편에 반월공단이 들어서면서 어업은 일찍이 막을 내렸다.

남쪽으로 내려가 우정면 호곡리에 들어서니 예전에 없던 어시장이 들어섰다. 호곡리는 '범아지'라 불렀으며 바닷가를 '백년거지(百年居地)'라 했다. '100년을 거처할 수 있는 좋은 곳'이라는 뜻이다. 범아지의 바닷가로 돌출한 산에는 당할머니를 모시고 있었다. 그런데 백년거지는커녕 화옹호에 가려졌다. 수산물이 어획되지 않는 동네에 웬 어시장일까. 거개가 수입산이나 외지에서 들여온다는 솔직한 답변이었다.

우리가 착각하는 것이 하나 있다. 문화유산이란 어떤 특정한 것, 특별한 것만이 아니라는 사실이다. 누대로 살아온 마을 자체가 문화유산이고 역사다. 간척으로 섬마을들이 사라지고 갯벌이 정연한 '바둑판형 신도시'로 변해갈 것이다. 그러한 도시와 도로는 오로지 '부동산'에 긴박된 토지일 뿐 역사적 안거(安居)는 아니다. 슬프게도 그리고 무지하게도 우

죽음의 바다로 변한 시화호 풍경. 갯벌 생물체들의 엄청난 희생을 치르고서 탄생한 이른바 시화호는 준공 이후 불과 수년 만에 '죽음의 호수'로 변하였다.

1 하얗게 죽어버린 조개들의 무덤(1999년, 정동석 사진). **2** 갯벌이 사라진 자리에 탐욕스럽게 들어선 일직선 도로. 개발론의 속도의 미학을 암시한다. **3** 나뭉구는 통발.

1994년의 시화방조제 끝막이공사(왼쪽). 같은 위치에서 찍은 2000년대의 오늘의 풍경(오른쪽).

리 시대는 그러한 역사적 안거들을 파괴하는 일상적 반달리즘(vandalism)
에 젖어 있다.

물고기 쫓겨난 시화호는 사막일 뿐

 물새 노닐던 시화호의 옛 경관은 오늘의 우리에게 무엇을 가르쳐주는가.
우리는 간척이란 직선적 사고로 일시에 '역사의 지문'을 없애버린다. 음섬
이나 형도의 신화·전설도, 봉화대도 현실적 삶의 경제적 미래를 보장해
주지는 않는다. 그러나 역사의 지문을 일시에 없애버렸을 때, 그 미래의
삶은 얼마나 쓸쓸하고 터무니없고 황량한 것일까. 결과적으로 낡은 노트

에 기록된 이러한 이야기들이 그야말로 '최후의 기록'이 되고 말았다. 사진 역시 '최후의 사진'이 되고 말았다. 갯벌 생물체들의 엄청난 희생을 치르고서 탄생한 이른바 시화호는 준공 이후 불과 수년 만에 '죽음의 호수'로 변하였다. 그러나 아무도 그들 죽음에 관하여 책임을 지는 이들이 없다. 누구에게 책임을 물어야 할 것인가. 다시금 새만금이 죽음의 호수로 변하리라는 것은 당연한 귀결로 느껴진다. 그러나 그 새만금 역시 누구도 책임지는 이가 없을 것이다. 20여 년 전, 형도 바닷가를 수놓던 아름다운 물새 떼를 떠올리면서, 오늘의 그곳에서 화석화된 조개껍데기의 무덤만을 확인하는 슬픈 관해의 소감이 이와 같은 것이다.

물새가 노닐던 해변이 갈대밭으로 덮이면서 아예 "우음도 갈대축제, 갈대 보러 오세요."라는 글이 인터넷에 떠 있다. 해초 대신에 갈대라! 문전옥답인 바다밭은 갈대밭으로 변하고, 아직도 죽은 조개껍데기들이 하얗게 뒤덮고 있다. 다른 것은 몰라도 갯벌에 관한 한 한국 사회의 인식은 지난 20여 년간 변한 게 아무것도 없다는 결론이다.

시화호 출신 해양생태학자로서 국회에 진출한 제종길 의원은, "갯벌문제는 간단히 보면 해양생태 보존과 개발론의 싸움이지만, 지역감정은 물론이고 지역정치를 포함한 한국 사회의 총체적 문제점들이 모조리 반영되어 있기 때문에 쉽게 풀리지 않는다."고 말한다.

새만금을 둘러싼 논란이 계속되고 있고 시화호도 끝나지 않았다. 시화호가 미완의 장인데 바로 코밑에서 화옹호를 기어이 막았다. 세인들은 간척의 문제점은 인정하면서도 갯벌문제만 나오면 이제 지겨워한다. "듣기 좋은 노래도 자주 들으면 지겹다(歌曲雖艶 恒廳斯厭)."는데 불길한 예언만 쏟아져 나오니 아무리 취지가 좋은들 약발이 덜 먹힌다. 간척론자들은 호재를 부른다. 결코 사회 공공의 목적을 위해서가 아니라 수자원공사를 비롯한 간척 주도집단의 '밥벌이'를 위해서 간척이 계속되고 있다는 주장은 대단히 설득력 있다.

문제점투성이인지라 종합 성적이 낙제점 이하인데도 책임을 지는 이는 아무도 없다. 잘못한 이들이 분명히 있음에도 아무도 책임지지 않는 '불감증 사회'다. 오랜 세월이 지나면서 나름대로 생태계가 되살아나고 물고기도 돌아오고 심지어 돌고래까지 돌아오고 있다는 밑도 끝도 없는 낭설이 진실처럼 떠돌기도 한다.

유엔환경계획(UNEP)은 2004년 3월 29일 제주도에서 개최한 '제8차 총회 및 세계 환경장관회의'에 전 세계 바다 150여 곳의 해양생물이 심각한 산소 부족으로 질식하고 있다는 보고서를 제출했다. 보고서에 따르면, 질소비료의 과다 사용과 대도시에서 유출된 하수 등의 영향으로 우리나라의 황해 일대 등 150여 곳이 생물이 살 수 없는 죽음의 바다(Dead Zone)로 분류되었다. 죽음의 바다가 비단 시화호만이 아니라 장차 황해 전체일 수도 있음을 보고서는 심각하게 경고하고 있다.

시화호에서 돌아오기 전, 예전에 늘 드나들던 송산면 옛 바닷가로 나갔다. 갯벌로 가던 언덕배기를 넘자 한가로운 오솔길 대신에 신작로가 나타났고 조개를 캐던 갯벌에 농구골대도 들어섰다. 배는 사라지고 연습용 경비행기들이 마중한다. 물고기가 부려지던 선착장은 흉물스럽게 콘크리트 더미만을 남기고 있고, 죽어버린 따개비만이 "여기가 예전에는 잘나가던 포구였소." 라는 무언의 항거를 하는 듯하다.

물고기들이 쫓겨난 시화호는 사막일 뿐이다. 해수유통이 되면서 한결 나아졌고, 온갖 철새들이 몰려오고, 옛 갯벌은 갈대밭이 되어 야생동물의 보고로 변하였다. 공룡 알들이 발견되었다. 고래(상괭이)가 돌아왔다. 오염원만 제거되면 충분히 훌륭한 생태보고가 될 수 있다. 저마다 아우성이지만 어찌 이토록 무정하게 '무단가출'했던 오염된 바다를 다시 받아들일 수 있으랴. 이 책에서 소개한 시화호의 마지막 사진을 본다면, 과연 온갖 감언이설로 떠들고 있는 수자원공사의 주장에 부화뇌동하는 과학자들의 연구자적 양심이 의심스럽다. 시화호를 막은 주역인 수자원공사에서 만든 시화호 환경관리센터의 온갖 친환경적인 구호들에서 허망함, 심지어는 일종의 사후 약방문 내지는 '위선과 사기성'까지 느껴짐은 무슨 까닭일까. 이 모든 해결책은? '무식과격'하게 들릴지 몰라도, 그동안 투자한 모든 것이 아깝더라도 눈 딱 감고 방조제를 허무는 길뿐이다.

관가에 일이 없으면 촌동네도 조용하다

　오랜만의 시화호 외출에서 느낀 소감이 이러하니, 2006년에 막힌 새만금의 운명 역시 시화호의 전철에서 한 치도 벗어나지 못할 것이다. 과거를 거울삼아 오늘의 현실에 살리자는 감고계금(鑑古戒金)의 전범이 시화호일진대, 새만금은 시화호에서 충분히 배웠음에도 아직도 수업료가 부족한 것일까. 쿠스토가 한 말이 떠오른다. 그는 반환경적 행태에 대한 불굴의 비판자로서, "프랑스인이여, 당신들은 바다를 도둑맞았소!"라고 외쳤다. 그의 표현을 빌린다면, 우리는 아름답던 서해 갯벌의 조간대를 도둑맞은 셈이다. 누가 도둑질했냐고? 답변은 하지 않기로 한다. 우리들 모두가 어떤 식으로든지 그 도둑질에 관여했기 때문이다.

　성호 이익은 "관가에 일이 없으면 촌동네도 조용하다(公府無事 村巷方安)."고 하였다. 관청에서 불필요한 간척 같은 일을 벌이지 않으면 살 만하다는 뜻이거니와, "지도가 바뀐다." "5천만 평 땅을 건진다." 따위의 말로 국민을 현혹하면서 8천억 원 이상의 돈을 들이고도 건진 것이 아무것도 없는 '국민 대사기극' 시화호에 해당되는 말이 아닐까.

해일도 바람도
고개 숙이는 숲

겨울바다 관해의 진면목

　김수영 시인은 노래했다. 풀은 바람보다도 더 빨리 눕고 바람보다도 더 빨리 울고, 바람보다 먼저 일어난다고. 바람보다 늦게 누워도 바람보다 먼저 일어나고, 바람보다 늦게 울어도 바람보다 먼저 웃는다고도 했다.

　풀만 그러한가. 영흥도 숲이 또한 이와 같다. 새해 아침 바다를 맞으러 서울에서 가까운 바다를 찾다가 문득 영흥도 십리포 해수욕장의 겨울 숲을 떠올렸다. 겨울바다의 매혹적인 풍광을 좋아하는 이들은 낙엽 떨어진 영흥도 숲을 찾아서 속 깊은 울림을 만끽하고 돌아올 일이다.

겨울바다는 여름의 끈적한 느낌이 없어서 좋다. 날씨 맑고 몹시 추운 날이면 바다는 얼음이 갈라지듯 '쩽' 하는 느낌으로 다가온다. 그만큼 겨울바다는 숨김이 없으며 너무도 솔직하고 분명하여 여름바다의 번잡스러움과는 차원이 다르다. 그래서 관해의 격을 높게 치는 이들이 여름바다 못지않게 겨울바다를 사랑하는 것이리라.

영흥도 숲은 겨울바다의 진면목을 유감없이 보여준다. 화력발전소가 들어서면서 주민의 불만을 무마할 겸 연륙교를 놓아준 덕분에 뭍이 되었다. 한적한 섬에 관광객이 몰려들면서 어느덧 경기도 섬 중에서 여관이 가장 많은 섬이 되고 말았다. 한 집 건너 러브호텔이란 소문이 터무니없는 것만은 아니다. 그렇듯 급격하게 영흥도는 변하고 있지만 숲만큼은 용케 살아남아 이 섬의 역사를 웅변해주고 있다.

130여 년 전 조성, 거대한 분재 전시장

영흥도 숲은 그야말로 바람이 빚어낸 '바람의 숲'이다. 숲이 있는 십리포 해수욕장은 정북방이어서 북풍을 정면으로 맞는다. 이곳에 서면 얼굴을 때리는 바람에서 느끼는 체감온도가 '장난'이 아니다. 바람은 여민 옷깃 틈새로 사정없이 파고들어 뼈를 아리게 한다. 그런데 놀랍게도 숲 뒤에만 서면 그 모질던 바람이 거짓말처럼 고개를 숙인다.

영흥도 숲은 섬 주민들이 130여 년 전부터 조성하기 시작했다. 나이테로 미루어 120~130여 년 전으로 추측되므로, 시기를 비정하자면 조선 후기 쯤 심어진 듯하다. 수종도 소사나무 단일종이다. 한국과 일본에 서식하는 낙엽활엽수인 소사나무(*Carpinus turczaninovil*)는 주로 해안에 분포한다. 경

기 서해 도서에서 집중적으로 자라는 한국 특산이다. 소사나무는 바람의
힘이 아니더라도 뒤틀림이 강하여 아름답기 그지없어 분재용으로 선호된
다. 또 염기에 강해 바닷가 방풍림으로는 그만이다. 나는 본디 분재의 부
자연스러운 강제적 변형을 좋아하지 않는다. 그러나 영흥도의 소사나무는
오랜 세월에 걸쳐서 바닷바람이 빚어낸 자연의 작품이다. 따라서 '자연의
분재'라는 표현이 가능할 것이다.

　서해안을 다녀본 경험으로는 핵폐기장 건설문제로 몸살을 앓았던 굴업
도의 소사나무숲이 인상적이었다. 선착장으로 걸어가다 보면 웅장한 암벽
을 뒤덮은 소사나무들이 바람에 결을 이뤄 이리저리 쏠린 모습이 마치 분
재 전시장을 보는 듯한 느낌이었다. 한마디로 품격이 있는 나무다. 영흥도
숲도 자연이 만든 거대한 분재 전시장이다. 사정없이 바람이 몰아쳐 나무

바다와 바람이 빚은 걸작 영흥도의 '소사나무 바람숲'. 130여 년 전에 조성된 이 숲은 매운 북풍을 막아주는 방풍림의 역할뿐 아니라 물고기에게는 안식의 그늘을, 인간에게는 안온한 휴식과 정서를 선물하는 지혜의 소산이기도 하다(서울신문 손원천 기자 찍음).

방향이 한결같이 육지 쪽으로 뒤틀려 있다. 소사나무로서는 자랄 대로 자란 고목들이 수백여 그루씩 줄지어 있는 모습이 가히 장관이다.

본디 소사나무숲은 현재 위치보다 더 바닷가로 바짝 붙어 있었다. 그랬던 것이 해안 축대를 쌓으면서 적잖이 베어졌다. 백중사리같이 강한 물발이 밀려들면 바닷물은 숲까지 들이쳤다. 그 독한 소금기에 절어가면서도 숲은 용케 살아남았다. 숲을 망가뜨린 것은 자연이 아니라 인간들이었다. 여름이면 해수욕객들이 나무에 텐트를 잡아매고, 숲에서 삼겹살을 굽고, 심지어는 나무를 베어내 캠프파이어를 하는 몰지각한 이들이 없지 않았다. 2004년 몸살을 앓던 숲에 보호철망이 둘러쳐졌다. 볼썽사납기는 해도 달리 방법이 없어 보인다.

바닷가 숲은 단순하게 바람만 막아주는 것이 아니다. 해일 같은 큰 파도가 밀려들면 숲이 1차적으로 막아 파고를 죽인다. 서남아시아의 엄청난 해일도 사실 인간들이 자초한 재앙이다. 바닷가 맹그로브숲 등을 모두 베어내고 새우 양식장이나 관광 리조텔 등으로 '대머리 해변'을 만들었으니 해일을 막아줄 아무런 장벽이 없었던 것이다. 바다숲을 자동차에 견준다면, 최소한의 직접적 손실을 막아주는 범퍼와 같은 것이리라.

박정희시대에 전국에 나무 심기를 강조한 것까지는 좋았는데 바닷가에 나무를 심자는 발상은 아무도 하지 못했다. 고기를 살리려면 숲부터 조성하자는 슬로건은 우리에게 매우 낯설다. 당시 분위기에서 물고기를 위해 해변에 나무를 심자고 했다면 '미친 놈' 취급을 당하기 십상이었을 터다. 해양수산부나 산림청, 그 많은 환경단체, 수협 같은 해양단체도 해변에 나무 심는 운동에는 무관심했고, 지금도 그렇다.

자연을 훼손하는 인간의 힘도 끝이 없지만, 영흥도의 숲에서처럼 자연을 아름답게 복원하는 인간의 힘도 무한대다. 충남 태안에 있는 천리포 수목원을 생각해보자. 어린이 그림책으로도 널리 알려진 장 지오노(Jean Giono, 1895~1970)의 소설 《나무를 심은 사람》에 나오는 노인처럼 어느 한 외국인이 우리가 미처 인식하지 못했던 시절부터 바닷가에 나무를 심어왔다. 지오노의 책에서는, 혼자 구도자처럼 살아가는 양치기 노인이 프랑스 프로방스의 황무지에 나무를 심기 시작한다. 어느덧 메마른 땅이 울창한 숲으로 변하면서 인심 사납고 질병이 그치지 않았던 마을은 살기 좋은 동네로 바뀐다. 귀화한 미국인 민병길은 천리포 수목원을 키운 또 한 명의 양치기 목동이었다. 그러한즉, 바다숲의 아름다움을 떠올릴라치면 천리포 수목원이 동시에 떠오를 수밖에 없는 것이다.

바다숲의 무한한 심미적 가치

물고기만 살리기 위해 나무를 심는가. 사람이 살기 위해서라도 해변에 나무를 심어야 한다. 바닷가 숲은 그 자체로 아름다운 경관이다. 바닷가에 드리워진 숲 그림자는 보는 이의 마음을 따뜻하게 감싼다. 여름철 뜨거운 해변, 숲그늘이라곤 없는 해수욕장을 상상해보라.

자본주의적 사고방식으로 따져도 경관은 엄청난 재화 가치를 가진다. 경제학을 뜻하는 'economics'와 생태학을 뜻하는 'ecology'는 어원이 같다고 본다. 이 두 단어는 그리스어의 가계(家系)를 뜻하며, '모든 것이 모든 것에 의존한다.'는 의미를 지닌다. 경관의 아름다움이 곧바로 돈임을 안다면 바다와 어우러진 아름다운 숲의 값어치는 견적이 나오지 않는다. 같은 값이면 다홍치마(同價紅裳)라고 했다. 같은 값이면 바다뿐 아니라 더불어 숲이 있는 풍경의 가치가 훨씬 뛰어나리라. 그런데 거개의 바닷가는 콘크리트 축대나 여관촌, 횟집촌 등으로 바뀌고 있다. 숲은 없고 오로지 건물숲만 생겨 물고기들이 모여들지 않는 삭막한 환경이 만들어지고 있다. 보라. 수변공간이라는 미명으로 얼마나 많은 전국의 바닷가가 대중없이 망가지고 있는지를.

영흥도 숲은 선인들의 뛰어난 생태환경관을 보여주고 해일과 바람을 막아주고 물고기들이 놀 수 있게 하였으나 우리들 세대에 와서 보호철망으로 근근이 생명을 이어가는 신세가 되고 말았다. 자본의 힘은 이렇듯 바닷가를 서서히 '침략'하고 있다.

2004년 12월의 마지막 일요일, 영흥도를 다녀오는데 심각한 소식을 들었다. 그해 12월 인천시가 영흥도 바로 코앞에 있는 측도에 대해 매각공고를 냈단다. 옹진군 청사를 짓기 위해 군이 소유하고 있는 측도를 팔겠다는 공고였다. 수백 년간 살아온 삶의 터전을 빼앗기게 된 측도와 선재도 사람들이 강하게 반발하자 일단 인터넷 접수를 연기시켰다. 측도의 운명은 아직 아무것도 결정되지 않았다. 수백억 원이 드는 군 청사를 짓기 위해 섬을 팔겠다는 황당한 발상이 도대체 누구 머리에서 나왔는지 궁금하기 짝이 없다. 민간에게 팔아넘기면 또다시 대규모 횟집이나 여관밖에 더 들어서겠는가.

영흥도는 인천광역시 옹진군 소속이라 전화번호가 '032'로 시작된다. 그 영흥도를 가자면 반드시 대부도를 거쳐야 하는데, 대부도는 안산시 소속이라 전화번호가 '031'로 시작된다. 주민 투표에 의하여 영흥도는 인천을, 대부도는 안산을 택한 결과다. 영흥도 사람들의 생활권은 예나 지금이나

청구도(靑邱圖) 제17층 14·15판. 고산자 김정호(金正浩)가 1834년에 만든 전국 지도책의 필사본 중에 수록된 당진 부근 지도에 영흥도가 올라 있다(국립중앙도서관 소장, 왼쪽).
〈팔도지도〉의 남양(南陽). 전문 화공(畵工)이 방안도법으로 그렸기 때문에 관할 면의 명칭과 위치, 산과 하천, 도로 등이 잘 기록되었다. 영흥도가 선명하게 나타나 있다(1785~1800년, 국립중앙도서관 소장, 오른쪽).

인천이다. 인천과 뱃길로 연결되어 상급학교 진학도 대부분 인천을 택한다. 이곳 사람들의 순진한 선택을 인천시가 모질게 배반한 것이다. 인천시와 옹진군은 자신의 피붙이와도 같은 섬을 '잉여자산' 정도로 취급하는 것 같다. 그렇지 않고서야 섬을 통째로 팔아넘기겠다는 위험한 발상을 쉽게 할 수 있을까.

그러한즉, 영흥도를 아름답다고만은 할 수 없다. 영흥도 첨사가 주둔하던 문화유적지를 허물고 그 자리에 화력발전소를 지었다. 대개의 화력발전소들은 바닷가에 짓는다. 여전히 바닷가는 오지이고, 버려진 땅이고, 함부로 해도 된다는 사고에서 나온 행위다. 2004년 12월 23일 준공한 발전기에서 배출될 온배수가 이곳 바다 환경에 어떤 영향을 미칠지도 아직은 알 수 없다. 예부터 경기도에서도 최대 바지락 생산지인 이곳 영흥도와 선재도, 측도의 운명은 이처럼 예측불허다.

자연을 팔아서 행정기관의 청사나 짓겠다는 발상은 그야말로 인도의 환경운동가 반다나 시바(Vandana Shiva)의 표현에 따르면, '자연과 지식의 약탈자'들이나 하는 짓이다. 약탈자는 도처에 있다. 물고기들이 알을 낳는 서식처인 모래를 파내서 팔아먹는 행정기관들도 똑같은 약탈자들이다. 우리는 행정기관이 하는 일에 관하여 약간의 반발이나 관행 수준의 시민사회적 대응은 하고 있으나, 정작 그네들이 관의 이름을 빌린 자연의 약탈자라고는 생각하지 않는다. 너무도 온건한 반응이다. 그네들은 관을 빌린 합법적 도둑떼일 뿐이다. 그네들은 돈만 된다면 영흥도 숲이라도 팔아치우고 싶을 것이며, 문화산업이나 생태관광, 해안재정비, 워터프런트 등등 온갖 미사여구를 끌어들일 것이다. 대학의 교수들이나 연구원들은 환경영향평가라는 전가의 보도로 도장을 꽝꽝 찍어줄 것이다. '지식의 약탈자'들이 아닐 수 없다. 이익(李瀷, 1681~1763)은 《백언해(百諺解)》에서 "관가에 일이

99

없으면 촌동네가 조용하다(公府無事 邨巷方安)."고 하였다. 관청에서 벌이는 일치고 신통한 일이 없으니, 차라리 관에서 일을 벌이지 않는 것이 백성에게 도움을 준다는 뜻이다(《성호전서》권7).

　아메리카 원주민들의 가르침을 귀담아들어야 할 것이다. 연어는 원주민들에게 식량 그 자체다. 숲 또한 부분적으로 연어에 의존한다. 산란을 마친 연어를 곰이나 독수리 등이 먹다가 숲 속에 버리면 숲의 양분이 된다. 연어가 산란하는 하천 주변의 나무는 다른 곳의 나무보다 훨씬 잘 자란다. 숲과 연어의 관계는 근래에 과학적으로 밝혀졌지만, 원주민들은 훨씬 이전부터 이를 잘 알고 있었다. 그래서 원주민들은 산란 개울 주변의 나무를 '연어의 양부모'라고 이해했다. 양부모의 은혜를 입은 새끼 연어는 바다로 나가 몸집을 불린 다음에 돌아와 나무에게 자신을 바침으로써 보은한다는 것이다. 캐나다의 환경교육가이자 임업 컨설턴트인 탁광일 박사(현 국민대 교수)는 "숲과 연어가 별개가 아니라 하나로 연결된 생태계라는, 그들의 생태중심적 전통 지혜를 엿볼 수 있다."고 지적하였다. 오래전에 이미 자연의 약탈자로 돌변한 우리는 그러한 생태중심적 전통 지혜를 왜 애써 거부하는 것일까. 오로지 자본적 귀결, 그것도 천박한 귀결만이 모든 행복의 최종적 목표이기 때문일까.

나무는 바람보다 먼저 눕고 일어나

　선조들이 만들어서 우리 시대까지 넘겨준 아름다운 영흥도의 숲을 거닐며 우리는 다음 세대에게 무엇을 넘겨줄 수 있을지를 생각해본다. 콘크리트 건물숲이나 물려줄 것인가. 바다 환경은 우리 세대가 모두 쓰고 갈 '소비재'나 '시한부 물건'이 아니라 유효기간이 무한대인 세대 간(inter-genera-

관해기 · 觀海記

tion) 자산임을 분명히 깨달아야 할 일이다. 우리는 후손들의 바다를 잠시 빌려 쓰고 있을 뿐이다. 알도 레오폴트(Aldo Leopold)가 만년에 쓴《모래군의 열두 달(A Sand Country Almanac)》에서 지적한 것처럼, "인간은 진화의 오디세이에서 다른 생물들의 동료 항해자일 뿐"이며, "생명세계의 장엄함과 영속성에 대한 경이감을 체득해야 한다."는 역설을 기억하자.

앞으로는 식목일에 삽과 묘목을 들고 산만 찾을 일이 아니다. 모두들 바다로 가자. 숲은 새만 좋아하는 것이 아니라 물고기도 좋아하고, 사람들도 좋아한다는 당연한 사실을 영흥도의 겨울 숲에서 새삼 깨닫는다. 험한 바람은 여전히 소사나무 빈 가지를 모질게 흔들어대고, 나무는 바람보다 먼저 눕고 바람보다 먼저 일어나서 아름다운 자태를 가꾸고 있다. 이곳을 찾아 어떤 모진 바람이 불어와도 바람의 숲처럼 아름답게 살아남는 자연의 지혜를 배우고 돌아올 일이다.

그래서 서울에서 가장 가까운 아름다운 바다숲을 꼽으라면 서슴없이 영흥도 숲을 말하리라. 비록 섬에 화력발전소가 들어섰지만 바닷가에 길게 노출되어 있는 숲은 깊고 어둡다. 눈이라도 내리는 날, 영흥도 숲에서 로버트 프로스트(Robert Frost)의 시〈눈 내리는 저녁 숲가에 서서(Stopping by woods on a snowy evening)〉의 마지막 구절을 조용히 읊어보라.

숲은 아름답고 어둡고 깊다. 그러나 나는 지켜야 할 약속이 있어 잠들기 전에 몇십 리 길을 가야만 한다. 잠들기 전에 몇십 리 길을 가야만 한다.

그렇다. 바다숲은 경관적 가치와 심미적 가치, 게다가 예술적 가치까지 돋보이는 것이니, 잠들기 전에 부지런히 바다에 나무를 심을 일이 남아 있음을 깨닫는다.

간월도 맛은 김장김치, 웅도는 신선한 겉절이

간월도 굴은 알보다 털 날개가 커

21세기 초반의 대한민국에서는 지방자치단체마다 특산품 홍보에 잔뜩 열을 올리는 것이 보편적 풍경이다. 그렇듯 문화산업이 각광을 받는 마당에 특별히 애쓰지 않아도 인지도가 높은 고부가가치의 특산품이 있다면 오죽 좋으랴. 충남 서산 어리굴젓이 바로 그런 대표적 사례가 아닐까. 오랜 역사와 전통을 밑천 삼아 팔아먹을 수 있는 '해양 지적소유권'이 아닐 수 없다. 영덕 대게, 몽탄 어란 등 곳곳마다 해양 지적소유권이 존재하지만 대중성, 역사성, 보편성에서 서산 어리굴젓을 뛰어넘지는 못한다.

여름이 끝나고 아침저녁으로 제법 찬바람이 분다고 느끼는 순간, 어리굴젓 생각이 간절해졌다. 뜨끈뜨끈한 흰 쌀밥에 맵짠 어리굴젓을 올려서 먹는 맛이란! 그런 충동 때문이었

을까. 뜬금없이 천수만 간월도로 향했다. 홍성 나들목에서 불과 15분 거리다. 천수만 간척지에 포함돼 더 이상 섬도 아니다. 대학을 졸업하고 어촌에 돌아와 살면서 '해양벤처'를 주도하고 있는 유명근(섬마을 어리굴젓 대표) 씨는 "어리굴젓이 없었더라면 아마 고향에 돌아오지 않았을지도 모르지요."라고 말한다. 우리에게 어리굴젓은 바로 이런 것, 가

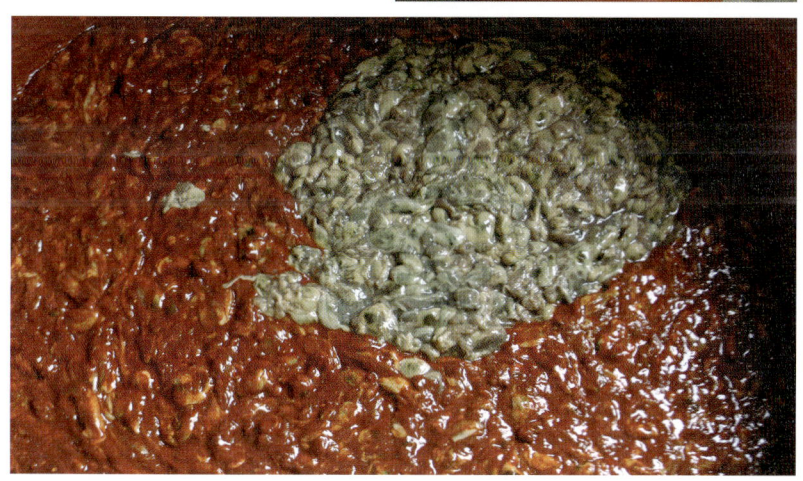

개운하고 담백한 맛이 일품인 간월도 어리굴젓은 '토화'라 불리는 특산 굴과 우리 소금, 태양초에 대물림한 손맛이 더해져 독특하고 깊은 풍미의 전통을 이어오고 있다.

1 굴을 따는 할머니. 대개 여성들의 손노동으로 이루어진다. 《호산록》에 기록되었듯이 석화가 여부는 철이 다르고 맛을 내는 방법 또한 달라 옹도와 간월도 굴젓은 같으면서도 전혀 다른 맛의 세계를 보여준다.
2 태안반도의 굴 양식장(태안군 소원면 의항리).
3 굴 채취 도구는 흔히 '조세'라고 부르나 전국적으로 자쉐, 쪼시게, 죄 같은 다양한 이명이 분포한다.

히 '마력의 혼불'이 아니겠는가.

  제조 과정을 물으니 대답 대신 팔을 걷어붙이고 시범부터 보여준다. 굴과 소금을 버무려 옹기에서 숙성시킨 강굴을 함지박에 쏟아놓는다. 태양초를 물에 개어 만든 고춧가루 범벅을 붓고 손으로 버무린다. 손맛이 중요하다. 이것으로 어리굴젓이 완성된다. 너무 단순해 설명이 더 필요 없다. 의문이 풀린다. 뒷맛이 개운한 것은 들어가는 재료가 소금과 고춧가루뿐이라는 데서 비롯된다. 재료가 많으면 맛은 오묘할지 몰라도 뒷맛의 담백함은 놓치기 쉽다.

  이곳의 굴을 유심히 살펴보면 왜 어리굴젓 앞머리에 '간월도'가 붙어야

관해기 · 觀海記

제격이라고 여기게 되는지 쉽게 이해된다. 굴은 몸체인 알과 날개 부분으로 이루어진다. 그런데 간월도 굴은 알보다도 털 날개가 크기 때문에 고춧가루로 버무릴 때 양념이 스며드는 면이 커서 한결 맛이 좋다. 간월도 주변은 돌보다 개펄이 많은데 자잘한 돌에 붙어살던 굴이 2년쯤 되면 떨어져나가 펄 속에서 자란다. '토굴'이니 '토화'니 하는 말도 여기서 비롯되었으니 깊은 수심에서 크게 키운 양식 굴과는 달라도 많이 다르다.

"다른 재료는 몰라도 소금만큼은 반드시 챙겨야 합니다."

소금이 맛을 결정하는 기준이라는 말이다. 중국 소금을 쓰면 어김없이 쓴맛이 난다. 이곳에서는 천수만 건너 태안군 곰섬의 소금을 들여다 쓰는

데 최소한 1년 이상을 묵히며 간수를 뺀다. 예전에는 소금을 듬뿍 쳐서 아예 '짠젓'이라 불렀으나 냉장고 덕분에 한결 싱거워져 저염도를 요구하는 현대인의 입맛에도 맞다.

천수만이 방조제로 가로막히면서 물고기들이 알을 낳기 위해 몰려들던 '천혜의 만(灣)'이 이제는 새들이 몰려드는 '천혜의 들판'으로 변해 상전벽해를 실감하게 한다. 예전에 조기 떼가 몰려들어 우는 소리에 잠 못 이루던 천수만에 이제는 철새들이 몰려와 임무교대를 하였다. 바닷물고기는 사라지고 하늘 새가 공간을 대신 차지한 셈이다. 천수만 민중의 삶도 급변해 대를 이어 고기잡이를 하던 어민들이 횟집을 차리는 경우가 많아 이제는 어로 수입보다 관광 수입이 훨씬 벌이가 좋다. 어리굴젓만으로는 생계유지도 어려워 근동 몇 집이 어울려 이를 상품화, 내림의 전통을 이어가고 있는 중이다.

간월도에서 건너 보이는 서산의 부석면 창리(倉里)포구에는 지금도 '조기의 신' 임경업 장군을 모신 영신당(靈神堂)이 있어 해마다 정초가 되면 북소리 드높이며 배치기 소리에 맞춰 영신제를 올린다. 간월도 건너편의 안면도 황도(黃島)에도 국가지정 무형문화재 '황도 붕기풍어놀이'가 전승되고 있으니, 간척으로 고기는 줄었어도 오래 지속돼온 천수만의 민속문화만은 잔존해 그 옛날의 영화를 웅변해준다.

간월도는 수산의례가 남아 있는 곳이어서 관심이 배가된다. 정월 대보름에 아낙들이 펼치는 '굴 부르기 놀이'가 그것이다. 이 의례는 생산 주체인 여성 주도의 문화유형이다. 굴 채취는 물론이고 억척스럽게 머리에 이고 홍성 광천장까지 판로 개척에 나섰던 여성들의 힘이 굴 부르기란 축제로 압축되어 유형화한 것이다. 굴을 부르는 주술적 의례의 주도권을 여성들이 쥐고 있다는 사실은 이 섬의 경제행위에서도 여성의 역할과 권한이 막강했음을 말해주는 대목이다. 그래서 "간월도의 남자들은 여자들 덕에 놀고먹는다."는 우스갯소리까지 있었다.

보리 익을 무렵 '밀국낙지', '박속낙지' 별미

어리굴젓을 제대로 알기 위해서는 북쪽의 대산읍 웅도도 빼놓지 말아야 한다. 까닭이 있다. 웅도 어리굴젓 또한 독특한 맛의 세계를 보여주고 있기 때문이다. '맛의 대결'이라고나 할까.

웅도는 물때를 잘 맞춰서 가야 한다. 경기도 화성의 제부도처럼 물때에 따라서 바닷길이 열리고 닫히기 때문이다. 웅도가 자리 잡은 가로림만은 태안반도에서 그나마 오염되지 않은 곳이다. 대호방조제, 석문방조제, 이 원방조제 등으로 태안반도의 지도가 바뀌는 와중에도 가로림만은 겨우 명맥을 유지해 남았다. 간만조차가 심해 해남의 울돌목과 더불어 조력 발전이 늘 거론되는 곳이기도 하다.

웅도에도 '수산 벤처인'이 있다. 체험어장 등을 운영하는 김종희 씨가 그 대표격이다. 바닷물에 배추를 절이는 '해수김치'도 개발해내고 웅도 어리굴젓의 명맥도 이어간다. 간월도 어리굴젓이 '김장김치'라면, 웅도 것은 '겉절이김치'쯤 될까. 잘게 자른 쪽파와 생밤, 고춧가루 등을 넣어서 즉석에서 먹거나 숙성시켜 먹는다. 같은 서산 관내에서도 어리굴젓 제조법이 전혀 다른 것은 해양문화의 지역적 다양성이 매우 중층적이라는 또 하나의 증거다.

생굴을 바로 담근 것이라 맛이 신선하다. 나 같은 도시민은 대개 갓 담은 젓갈을, 현지인들은 조금

한여현의 《호산록》. 서산 관내에서 남북의 굴이 각기 다름을 명시하고 있다.

갯벌로 이루어진 앞바다는 낙지나 조
개 등을 선사하여 어민들에게 바다밭
그 자체다(위, 웅도 마을에서 찍음).
물때에 맞춘 어부들의 귀환. 낙지잡이
를 나갔다가 돌아오고 있다(아래).

발효된 젓갈을 선호한다. 사람의 입맛 기준치도 문화적 다양성만큼이나 중층적이다.

간월도와 웅도의 젓갈 맛이 다름은 단지 제조법의 차이 때문만은 아니다. 광해군 11년(1619)에 서산지방의 풍물을 기록한 한여현(韓汝賢)의 《호산록(湖山錄)》을 보면 재미있는 기록이 등장한다.

> 화변(禾邊)과 마산(馬山, 지금의 간월도 근역)에는 석화(石花)가 가을과 겨울철에 여물고 2~3월에 사라진다. 대산(大山)과 지곡(地谷, 지금의 웅도 근역)에는 3~4월에 여물고 5월에 사라지니 가히 남북 갯벌이 같지 않다.

남과 북의 갯벌이 다르고 같은 굴이라도 생태적 환경조건에 따라 예전부터 변별성이 있었음을 이르는 말이다. 그러한즉 앞으로는 두루뭉수리하게 '서산 어리굴젓'으로만 부르지 말고 '간월도 어리굴젓'이라거나 '웅도 어리굴젓'이라 불러 양자의 개미(個味)와 특성을 인정해줄 일이다.

사실 웅도의 명물은 어리굴젓만이 아니다. 《호산록》에 "홑옷 입은 가난한 어민들이 얼음을 깨고 굴을 따며 눈을 쓸고 낙지를 잡는데, 맨발로 언 갯벌에 들어가 천번 만번 죽을 고생하여 관청에 헌납하면 관리들은 인정도 없이 해산물을 더 배정한다."고 했듯 예부터 낙지잡이가 성행했다. 지금도 인근 중왕리와 더불어 낙지가 엄청 잡히는 곳으로 꼽는다.

남도의 세발낙지와 달리 색깔이 붉고 선명하다. 초여름부터 11월 무렵까지 잡히는데, 맨손어업, 혹은 주낙으로 잡는다. 맨손으로는 한 사람이 한 번에 40~50마리는 거뜬하고, 주낙이라면 한 물때에 200~300마리까지 잡아 올린다. 마리당 4천 원쯤 받으니 하루 벌이가 10만~20만 원에서 운 좋은 날은 70만~80만 원까지 치솟을 때도 있다. 그래서인지 웅도는 인근에서 알아주는 부촌이다.

보리가 익어갈 무렵이면 어린 낙지가 스멀스멀 펄 밖으로 기어 나온다. 이때 잡은 낙지를 넣고 '밀국낙지'를 끓여냈다. 아예 박속에 낙지를 넣어서 끓인 '박속낙지'도 있다. 추억의 어촌 음식인데 이제는 서울 등 대처의 대중음식점 메뉴로까지 변신했다. 웅도 사람들은 고집스럽게 소달구지 전통도 이어오고 있다. '물펄'이라 경운기 바퀴가 빠지는 것도 이유겠지만 전래의 소달구지를 이용해 저물 무렵 바닷가에서 돌아오는 모습은 가히 장관이다. 일명 '달구지마을'이라는 웅도의 별명은 여기서 비롯되었다.

낙지가 지천인 천혜의 가로림만도 이상 징후를 보인 지 오래다. 인근의 대규모 간척으로 만에 유입된 조류가 빠져나가지 못하고 갇히는 탓에 펄이 사라지고 있다. 펄이 사라지자 자갈밭이 드러나고, 해변의 산이 파이고, 경관 자체도 변했다. 지천에 널렸던 갯지렁이도 거지반 사라지고 없다.

갯지렁이가 사라졌다는 것은 가로림만의 생태환경에 적신호가 울렸다는 뜻이다. '부풀'이나 '오리밥'으로 불리는 작은 조개류는 낙지의 먹을거리여서 일명 '낙지밥'으로도 불렸으나 15년쯤 전부터 이 조개가 사라지면서 낙지가 줄어 이제는 예전 같지 않다. 미역, 우뭇가사리, 청각, 톳 따위도 지천이었으나 지금은 흔적도 없다.

세계인의 식탁에 오른 안초비를 생각하며

다시 굴젓 이야기로 되돌아온다. 우리가 통칭명으로 알고 있는 굴젓에는 앞에서 설명한 어리굴젓이 있는가 하면 글자 그대로 굴젓이라 부르는 젓갈이 있다. 8월의 붉은 고추를 따서 곱게 갈아 굴과 소금을 넣고 더운 방이나 따뜻한 볕에 수일간 덮어두어 끓어오른 것이 가라앉으면 굴이 익는다. 그런데 서울, 경기지방에서는 생굴에 소금만으로 담근 젓을 굴젓이라 부른다. 소금만으로 담가서 삭히면 노랗게 돌돌하게 되는데 국물이 별로 없게끔 담근다. 굴젓을 먹을 때는 식초와 고춧가루를 조금 쳐서 그대로 먹고, 때로는 기름 치고 마늘양념을 하여 먹기도 한다. 고추가 조선 후기에 들어왔음을 고려할 때, 생굴과 소금으로만 담그는 굴젓이 가장 오래된 것임을 알 수 있다. 어떤 방식으로 담그건 간에 겨우내 두고 먹어도 맛이 변치 않는다.

단원 김홍도의 《풍속화첩》에 등장하는 행상. 지게를 진 부상(負商)의 통 안에는 틀림없이 새우젓이나 어리굴젓 같은 젓갈이 들어있음 직하다. 골목길을 누비며 젓갈을 팔던 풍습은 1970년대 초반까지도 이어졌었다.

숟가락으로 긁은 무즙과 갖은 양념으로 굴을 버무려 단지에 담아 따스한 온돌방에 묻어 며칠을 두면 알맞게 익는 생굴젓도 있다. 앞의 웅도 어리굴젓은 생굴젓의 일종이리라. 예산지방에서 즐겨 먹는 일명 '예산 어리굴젓'도 이와 비슷하다. 고춧가루나 마른 고추를 불려서 갈아 굵은 체에 내려 설탕과 멸치젓국을 넣고 배, 생강, 파채 등을 넣고 담근다. 설탕과 멸치젓국을 넣으면 뭉치지 않는다고 한다.

굴을 이용한 젓갈은 남도에도 있다. 고흥의 굴은 매우 크다. 굴을 진간장에 담그면 해가 묵으면서 까맣게 고약처럼 찐득거리는 젓갈이 된다. 이렇게 곰삭은 젓갈을 약주 안주로 하면 술의 향취와 굴젓의 새큼한 맛이 어우러져 식도락가의 침을 흘리게 한다. 석화젓, 석화해, 구젓, 꿀젓 등 이름도 다양하다. 영암의 석화젓은 제조법이 이와 다르다. 굴을 소금에 절여 고인

물을 5회 이상 반복하여 끓여 부어 새까맣게 오그라든 석화를 항아리에 담아 1년 이상 땅속에 파묻는다. 노랗게 기름이 떠오르면 양념하여 먹는데 풋고추를 송송 썰어 섞으면 더욱 맛이 있다. 땅속에 있는 동안 김치가 숙성되듯이 '숨 쉬는 항아리' 옹기를 통하여 굴젓이 완벽하게 발효되는 것이나 이제는 좀처럼 먹기 힘든 젓갈이 되었다.

경상도의 고명굴젓(석화젓)은 숟가락으로 박박 긁은 무를 넣고 소금, 실파, 고춧가루, 통깨, 실고추 등을 넣어 숙성시킨다. 아니면 굴젓이라고 하여 진굴에 무를 섞어 담기도 한다. 이 같은 굴젓은 서울에서도 즐겨 먹던 방식인데, 겨울이 끝나갈 무렵인 정초의 차례상에는 묵은 김치를 올리지 않고 생굴을 넣은 깍두기를 올렸다. 봄의 상큼한 냄새를 싱싱한 무와 생굴로 조화시켰던 식문화풍습이다.

단원 김홍도의 《풍속화첩》을 보면, 부상(負商)들이 지게에 나무통을 올려놓고 곳곳을 돌아다니면서 젓갈 파는 모습이 눈에 뜨인다. 내용물은 미루어 짐작하건대 어리굴젓, 새우젓, 조개젓 등이었으리라. 지금이야 짠 음식을 피하는 시대지만 소금조차 귀하고 바닷가 어패류를 제대로 먹지 못하던 시절에 이들 젓갈은 입맛을 돋우어주어 식탁을 윤택하게 해주는 뛰어난 발효음식이었다. 나라는 작아도 이처럼 굴젓 하나만 보더라도 지역적 다양성이 보장되었으며, 앞의 웅도와 간월도의 사례에서 보듯 같은 서산 권내에서도 그토록 차이가 나는 것이다.

이탈리아의 안초비(anchovy)가 별건가. 통멸치에 소금 잔뜩 뿌려서 발효시킨 이탈리아식 젓갈이다. 그런 안초비가 이탈리아 음식의 세계적 진출과 더불어 세계인의 식탁에 오르게 되었듯이, 우리의 젓갈도 각 지역의 차이를 면밀히 분석하고 세계인의 입맛을 연구하고 염도를 대폭 줄인다면 능히 세계인의 식탁으로 진출할 수 있으리라. 한류(韓流)의 장기적 저력은 배우, 가수 등의 힘에서만 나오는 것이 아니라 안초비 같은 일상음식에서도 나올 수 있다.

　서산 젓갈문화의 미래를 생각하면서 돌아오는 길에 황금산(黃金山)을 오른다. 태안반도를 굽이쳐 돌아가며 경기만으로 치고 올라가는 해류가 흐르는 황금곶(串). 서산 남쪽의 천수만 창리에 영신당이 있다면, 웅도 북쪽 방향 끄트머리인 독곶에는 임경업 장군의 신당을 모신 황금산이 있다. 남쪽 천수만에 간월도가 있다면 북쪽 가로림만에 웅도가 있는 격이다. 일망무제로 태안반도에 북쪽 바다가 펼쳐지던 곳이었지만 이제는 임해공단의 굴뚝과 대산항이 먼저 눈에 든다. 미려한 사구가 펼쳐진 독곶은 공단의 그늘에 가려지고 말았다. 밥상머리에서 비벼 먹는 어리굴젓의 입맛 내림만 의연할 뿐, 바다 삶의 조건이 이처럼 곳곳에서 급변하고 있으니, 이런 기록이나마 남겨두지 않으면 후세가 그 단절의 역사를 어찌 알 것인가.

태안반도 전통 소금 자염 :

갯벌서 써레질로 만드는 '격이 다른 짠맛'

소금의 역사는 인류의 역사

눈만 뜨면 물가가 오른다고 해도 소금 값만큼은 요지부동이다. 엄청 싸다. 오히려 갈수록 떨어진다. 한 자루에 잘 받아야 6천~7천 원. 불과 수십 년 전만 해도 소금 한 말에 쌀 한 가마니 값이었으니 그런 금값이 없었다. 조선시대에도 쌀과 더불어 현금에 버금갈 만큼 귀했다. 오죽하면 고대 중국은 물론이고 그리스, 로마에서도 국가 전매품이었을까. 봉급을 뜻하는 샐러리(salary)도 소금을 뜻하는 'salt'에 나왔으니 소금은 현찰과 똑같았다.

서해갯벌에서 원료를 구해 화염처럼 구워내는 전통 소금 자염은 아미노산을 함유하고 있을 뿐 아니라 순백색에다 입자도 고와 우리 전통과학의 결정체로 손색이 없다.

우리도 예외가 아니어서 1960년대에 들어서야 전매제가 폐지되었다. 1950년대만 해도 소금을 배급받으러 동사무소로 가곤 했다. 그만큼 소금이 귀했다는 증거다. 왜 이토록 소금이 귀했을까. 두말할 것도 없이 전통적 생산법으로는 수요를 따르지 못했기 때문이다.

1980년대 이래로 중국 소금이 밀려오면서 기존 소금시장 가격은 완전히 파괴되었다. 지금은 소금 한 가마가 쌀 한 말 값이나 될까. 소금 값이 값이랄 것조차 없게 되자 세인들의 소금에 관한 인식도 '우습다'로 변하였다. 물과 더불어 사람의 몸에 가장 필수적인 소금이 푸대접을 받는 시대가 된 것이다.

서쪽바다

소금 값이 아무리 바닥 시세라 해도 소금이 인간 생존에 절대적으로 중요하다는 사실만큼은 요지부동이다. 그래서 '소금의 역사'는 가히 '인류의 역사'라고 할 만하고, 비단 인간뿐 아니라 동물들도 소금을 찾는다. 모든 음식의 가장 중요한 재료로 이용되어왔으며, 심지어 화약 제조나 각종 약품 제조에도 쓰이는 등 용도가 무한대다. 특히 소금을 이용하여 간장, 된장, 고추장 같은 장문화를 발전시켜왔고, 김치문화를 보듬어온 한국의 식문화사에서 소금의 위상은 절대적이다. 해안가에서는 소금을 이용하여 젓갈을 담근다거나 냉장시설이 없던 시절에 소금 간을 하여 어패류를 저장, 유통시켰다.

우리나라에서 소금이 생산되기 시작한 게 언제인지는 확실치 않지만, 당연히 선사시대에도 소금을 제조하였을 것이다. 《삼국사기》〈고구려본기〉 미천왕조에 의하면, 왕이 젊었을 때 소금 장사를 하면서 망명생활을 한 기록이 있으며, 《삼국유사》에는 소금을 시주했다는 기록이 나온다. 그러나 이런 기록들은 단지 기록일 뿐, 훨씬 이전부터 소금을 국가적으로 제조해왔을 것이다. 고려 충선왕 때는 제염을

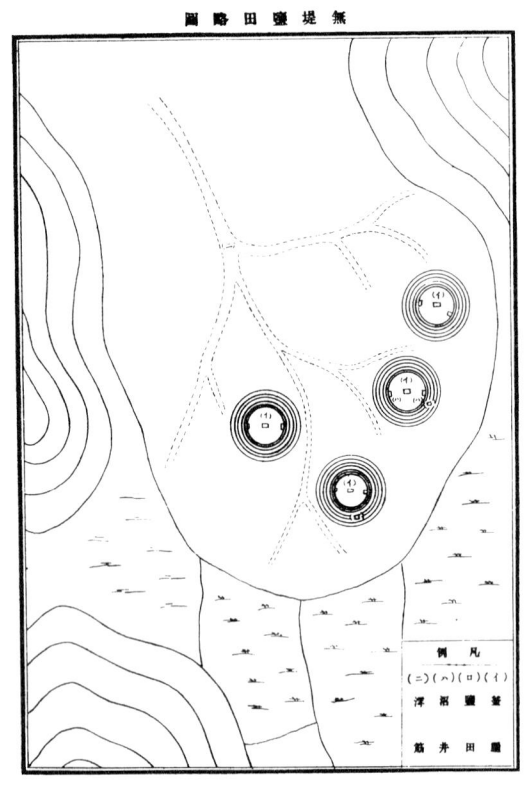

無堤鹽田略圖

관장하기 위해 도염원(都鹽院)을 두었고, 조선시대에는 각 지방에서 관원의 감독하에 자유롭게 소금을 제조하였다.

《세종실록지리지》에 염부 현황이 잘 나와 있다. 가령 인천부의 경우, 염소(鹽所)가 여섯 곳이 있다고 하여 소금을 대대적으로 굽는 지정 장소가 존재했음을 말해준다. 자연도(紫燕島) 염부 30호, 자연도 옆의 삼목도(三木島) 염부 30호, 용유도 염부 20호, 사탄도 염부 5~6호 등 섬마다 염부들이 집단적으로 모여 살고 있으며, 모두 "소금 굽는 것으로 살아간다."고 하였다.

20세기 초반에 발간된 《한국수산지》(1908)에는 염전을 소개하면서 자염 생산 시설물에 관한 지도와 기경(起耕)도구들까지 친절하게 그림으로 보여주고 있다. 이들 그림은 전국적으로 통용되는 모습들이었으리라. 바닷물이 직접 닿지 않는 조금 떨어진 곳에 염정(鹽井)을 설치하고 그곳에서 소금을 구웠다.

예나 지금이나 소금은 바닷물을 말려서 얻는다. 문제는 그 '말리는 기술력'이 시대마다 달랐다는 데 있다. 염전은 적어도 1세기 전에는 상상도 못했던 풍경이다.

《한국수산지》에 실린 염정(鹽井) 지도(왼쪽)와 기경(起耕)도구 그림(오른쪽).

〔서쪽 바다〕

천일염은 1세기가 채 안 되는 '근대의 풍경'인 셈이다. 직선으로 내뻗은 염전 도로, 바둑판처럼 정교하게 각을 세운 염판, 줄지어 선 소금창고 등 천일염전의 '직선적 경관'은 근대의 풍경 그 자체였다. 반면에 전통 소금밭은 직선과는 무관한, 동글동글한 염정(鹽井)이 설치된 '곡선의 경관'이었다.

따라서 교과서에 천편일률적으로 천일염만 나오는 것은 편향적이다. 전통적으로 바닷물을 끓여서 만드는 화염(火鹽), 혹은 자염(煮鹽)이라 부르는 제염법이 본디 우리의 소금이다. 전통적인 제염법은 흡사 서양 중세의 연금술사들이 천 년의 명약을 빚어내는 노고에 버금간다. 그렇다면 과거의 전통 소금은 구체적으로 어떻게 만들었을까. 적어도 조선 후기 문헌이나 《한국수산지》 등에 등장하는 20세기 초반의 기록, 나아가 오늘날 전통 방식을 복원한 현장 조사를 통하여 전통 소금의 원형에 가깝게 다가설 수 있을 것이다.

불과 1세기 전에는 천일염 상상도 못해

비가 적게 내리고 곡식을 여물게 하는 햇볕 따가운 천고마비의 계절에는 소금도 잘 익어간다. 태안반도 낭금리에서는 해마다 '자염축제'가 열려 산 교육 현장으로도 안성맞춤이다. 문화관광부와 문화원총연합회의 '역사문화마을'로도 지정된 행사다. 우리 사회의 해양에 관한 인식이 터무니없어 그렇지 사실은 국가문화재급에 속하는 무형의 유산이 아닐 수 없다. 우리 사회의 해양문화에 관한 눈높이가 고작 이 정도인 것을 어쩌랴!

소금을 끓이는 '집'을 '염벗'이라 부른다. 짚으로 둘러싼 간이 건물인 염벗은 물이 들이치지 않는 비교적 높은 곳에 지어졌다. 자염 만드는 첫 번째 일은 '통자락' 설치다. 깔때기 모양의 웅덩이를 파고서 말뚝을 박아 '간통'을 만든다. 간통 주위는 짚으로 둘러싸고 개흙을 발라둔다.

통자락이 완성되면 함토(含吐) 작업을 한다. 쇠목에 써레를 얹어 통자락 주위의 갯벌을 모판 갈듯이 써레질한다. 이런 작업이 이루어지려면 바닷물이 밀려들지 않는 조금 때라야 안전하다. 소가 갯벌을 갈아서 소금을 만든다면 많은 사람들이 고개를 갸우뚱할 것이다. 모내기철에 써레로 논을 고르고 나무판으로 번지질을 하여 논바닥을 편편하게 하는 원리가 적용된다. 이 번지판에 해당하는 '덩이판'에 사람이 올라타서 그 무게로 써레질한 개흙을 잘게 부순다. 흙이 고울수록 소금가루가 많이 묻어나기 때문이다. 1주일여의 조금 물때에 바짝 마른 개흙가루를 가래질하여 웅덩이를 가득 채운다. 이윽고 사리 물때가 되면 이곳에도 바닷물이 밀려든다.

평균 염도 3.7퍼센트의 바닷물이 웅덩이를 가득 채운 소금기 엉긴 개흙과 섞이면, 놀랍게도 무려 30~37퍼센트로 염도가 높아진 진한 소금물이 통자락으로 스며들게 된다. 이러기를 또다시 1주일여, 사리 물때가 끝날 때쯤이면 통자락 안에는 짜디짠 '함수'가 가득 찬다. 소금의 원재료가 완성되는 순간이다. 매우 단순한 것 같아도 선조들의 과학적인 지혜가 듬뿍 담겨 있어 민속지식(folk-knowledge)의 총아로 손꼽을 만하다.

이제부터 자염 만들기 제2라운드가 시작된다. 비중계라 부르는 현대적인 염도 측정계가 없었던 옛적에는 송진을 대추 모양으로 뭉쳐서 만든 '대름'을 함수에 담가서 곧바로 솟구치면 높은 염도요, 천천히 뜨면 낮은 염도로 판정하였다. 비중을 판단하는 전통 방식인데, 이 역시 대단히 과학적이다. 그 다음 작업은 일사천리로 진행된다. 한 방울의 함수도 유실되지 않도록 바가지 구멍을 작게 판 '털이'를 이용해 소금물을 통에 옮겨 담는다.

이 통을 염벗까지 지고 나르는 일꾼을 '간쟁이'라고 부르는데, 아마도 자염 만드는 과정 중 가장 힘든 역할이 아닐까 싶다. 오죽하면 "간쟁이 똥은 개도 안 먹는다."고 했을까. 그 무거운 간수를 연신 져 날라 염벗에 걸어놓

자염 만들기 먼저 갯벌에 통자락(맨 위)을 만들어야 한다. 1주일 동안의 함토작업으로 통자락에 바닷물보다 10배나 짠 함수가 고이면 염한이라 불리는 사내들이 밤잠을 쫓아가며 여덟 짐의 장작불로 끓이고 달여 희고 고운 자염을 만들어낸다. 이렇게 뼈 빠지는 공정을 거쳐 만들어야 했으니 '하얀 금'이랄 밖에.

은 가마솥에 붓는데, 솥[鹽釜]에 100킬로그램 정도는 나른다. 이어 '염한이'라 불리는 사람이 땔감을 마련하고 아궁이에 불을 지피는데, 밤잠을 떨치고 장작 여덟 짐은 태워야 소금이 된다.

이처럼 힘들고 복잡한 공정을 거치다가 만에 하나 비라도 내리면 만사휴의(萬事休矣)다. 자염 재현을 책임지고 있는 '소금 굽는 사람들'의 정낙추 대표는 그런 상황이면 시쳇말로 "말짱 도루묵이지유."라며 웃는다. 웅덩이를 파 써레질을 해대고, 다시 흙을 채우는 모든 공정이 헛일이 되니, 자염 얻기는 오로지 하늘에 달린 일이다. 그러니 소금 값이 금값일 밖에!

모든 일에는 물주가 있게 마련이어서 자염 작업 때도 '벗주'로 불리는 자금주가 뒷돈을 모두 댄다. 거대한 가마솥과 장작을 장만하고, 일꾼의 밥값도 댄다. 그렇게 구워낸 소금의 4할을 벗주가 챙기고, 나머지를 염한이와 간쟁이가 나눠 먹는다. 그래봐야 염한이와 간쟁이는 가난을 면하기가 하늘의 별따기였다.

한국전쟁 때만 해도 이런 전통 제염법이 남아 있었다. 태안반도 모항의 경우에도 통삼벗, 홀무리벗, 하운리벗, 송현리벗 등 여러 염벗이 존재했다. 평생 염업에만 종사해온 정낙칠(67세)의 증언에 따르면, 그가 열네 살 나던 해에도 전통 소금을 보았다고 기억하고 있다. 역산하면 50년 전까지 이런 전통 제염법이 남아 있었다는 추론이 가능하다. 지금의 자염축제는 그 50년의 단절을 극복하려는 해양문화사적 의미를 지닌 셈이다.

하얀 소금이라고 다 같은 소금일까

일제 통감부는 1907년 염업에 관한 전면적 조사에 착수하여 5년 만인 1911년 조사를 완료한다. 전국적으로 볼 때는 자염 생산량이 전남이 1위를 차지하고 있었고, 그 다음이 경기도, 충청도 순이었다. 20여 년이 지난 1936년의 자료에 의하면 전오염은 급격히 쇠퇴하여 일부 해안가에 남았던 것으로 정리된다.

한말에 청나라에서 값싼 천일염이 수입되면서 우리 소금은 가격 경쟁에서 견뎌낼 수가 없었으며 단위 노동 투입량과 생산량에서 비할 바가 못 되었다. 자염을 생산하기 위한 막대한 양의 장작용 나무를 공급할 재간도 없었다. 그리하여 서해안 일대도 중국에서 도입된 염전기술을 바탕으로 천일염이 본격적으로 시작되었으니, 태안지역도 매우 일찍부터 전통 소금이 사라지고 대대적인 천일염전으로 새로운 전기를 마련하였다.

천일염이 처음 만들어졌을 때 사람들은 왜염(倭鹽)이라 불렀다. 전래 소금과 외부의 기술을 구분하여 부른 말이다. 소금은 배에 실려서 그대로 군산이나 강경, 인천 등지로 팔려 나갔다. 강경의 새우젓이 유명한 이유는 이 같은 고품질의 소금 공급이 원활한 것과도 무관하지 않다. 그렇다면 이 같은 전통 소금은 기존 천일염과 무엇이 다를까. 전통 소금 부흥운동에 열정을 쏟고 있는 정우영 태안문화원장은 맛부터 다르다고 말한다.

"같은 김치를 절여도 김치 맛이 완연히 다르지요."

실제로 소금을 찍어서 맛을 보니 짠맛의 격조가 다르다. 맛만 다른 게 아니다. 전통 소금은 단순히 탄산나트륨만 함유한 게 아니라 아미노산까지 풍부하게 함유하고 있다. 또 입자도 고와 불순물이 전혀 없는 백색의 고운 결정체가 분말가루처럼 묻어난다.

사람들의 소금에 관한 인식이 너무도 무지해 안타깝다. 아닌 말로 '국민 건강' 측면에서도 걱정스러운 일이다. 소금이라고 다 같은 소금이 아니다. 천일염만 해도 격이 층층이다. 1907년에 천일염이 중국에서 처음 도입되었을 때, 염판 바닥은 개흙을 다진 토판이었다. 토판은 햇빛 반사율이 약해 생산량이 저조할 수밖에 없다. 소금 색깔도 거무튀튀해 어지간히 애쓰지 않고는 하얀 결정의 소금을 얻기가 쉽지 않았다.

그런 염판에 옹기 파편이 깔리면서 소금의 생산량과 질이 진일보한다. 토판보다 반사율이 좋아 생산량이 증가하고 때깔도 달라진 것이다. 이후 염판용 타일이 보급되면서 염전에는 흡사 목욕탕처럼 타일이 깔렸다. 그러던 것이 어느새 비닐장판 염판으로 바뀌었다. 비닐장판은 표면이 고르고 틈새가 없어 한결 하얗고 깨끗한 소금을 얻을 수 있다. 게다가 장판의 반사율이 뛰어나 생산량도 높다. 문제는 그렇듯 쉽게 결정되는 소금은 질적으로 상당한 문제를 안고 있다는 점이다. 빨리 한 밥이 설익는 격이다. 게다가 질이 형편없이 떨어지는 중국 소금을 들여와 우리의 염판에 잠시 깐 뒤 이를 되걷어 한국산으로 둔갑시켜 파는 일까지 벌어지고 있으니 이래저래 소금조차 믿을 수 없는 세상이 되고 말았다.

소금이 건강에 얼마나 중요한가는 새삼 재론할 필요가 없다. 웰빙을 논하면서 온갖 건강식품을 권장하는 시대지만 정작 '건강 소금'에는 관심을 보이지 않는다. 같은 천일염이라고 해도 염판에서 나온 햇소금을 그대로 써서는 안 된다. 예부터 "소금과 장은 묵을수록 좋다."고 하였듯, 장을 빚을 때는 반드시 묵은 소금을 썼다. 독에 소금을 수년씩 보관하면 밑바닥에 불그레한 물이 고이는데, 이 물이 바로 소금의 원재료가 되는 간수다. 이 간수를 빼내야 소금의 쓴맛이 없어진다. 사정이 이런데도 간수를 빼지 않아 쓰디쓴 소금을 멋모르고 먹고 있으니, 우리 시대의 소금에 대한 지식이 고작 이 정도로 후퇴한 것이다.

자염은 소금 문화의 마지막 자존심

자염을 문화상품으로 개발할 수는 있어도 어차피 대량생산이 불가능해

123

무작정 전통 소금만을 고집할 수도 없다. 그러나 적어도 태안 낭금리의 자염 재현사업은 우리가 어떻게 바다를 이용해야 하는가를 정확하게 알려주는 모범 사례로 기려야 한다. 자연은 말한다. 천천히, 천천히 이용하라고. 그리고 조금씩 조금씩 아껴서 쓰라고.

물 쓰듯 물을 쓰다가 물을 사먹는 시대가 되었다. 녹두꽃이 떨어지면 청포장수 울고 가듯, 소금 값이 떨어지면서 '소금쟁이'들이 사라졌다. 전통 소금을 만들던 장인들이 사라진 무대에 남은 것은 오로지 대량생산 체제뿐이다. 무조건 대량공급으로 '주어진 소금'만을 먹어야 하는 시대, 소금조차도 선택의 여지가 없다. 그런 점에서 자염은 우리가 그동안 잃어버렸던 소금 문화의 마지막 자존심이다. 세상의 소금이 되기를 희구하기 전에 소금다운 소금부터 되찾을 일이다.

수평선 점점이…
바다 '하이웨이'
나들목

우리가 기억하지 못하는 역사상 두 번째의 공도정책

　격렬비열도에 가면 왠지 '격렬'해질 것만 같다. 신진도 외항에서 '충남 202호'에 몸을 싣고 격렬비열도를 향해 두 시간쯤 난바다로 나서자 조용하던 바다가 '격렬'하게 용틀임한다. 멀고 험난한 바닷길이다. 다도해에는 못 미치지만, 태안반도 서쪽으로도 자그마한 섬들이 열병식을 치르는 병사들처럼 줄지어 자리를 잡고 있다.

　안흥항에서 신진대교를 건너면 연륙교로 이제는 뭍이 된 신진도에 다다른다. 신진도와 마도도 연륙되었다. 신진도 외항에서 출발하면 가의도, 정족도, 옹도, 궁시도, 하사도, 난도, 우배도, 석도를 거쳐 동격렬비열도와 서격렬비열도로 나뉜 군도(群島)에 닿는다. 여기서 좀더 서진하면 두말할 것도 없이 중국이다.

정기 연락선이 없어 일반인의 접근을 쉽게 허락하지 않는 섬들. '바다가 육지라면'이라고 한 유행가가 읊조려지는 그런 섬들이다. 가의도를 제외하면 살림집도 없다. 옹도에 등대지기 몇 사람이 살고 있을 뿐이다. 궁시도도 원래는 민가와 초등학교 분교까지 설치된 제법 번다한 섬이었으나 권위주의 시절, 대간첩작전에 필요하다며 주민들을 다른 섬으로 소개시켜 빈 섬이 되었다. 조선시대 왜구침략 때문에 빚어진 공도(空島)정책을 20세기에 들어와 다시 대하는 감회가 씁쓸하다.

사람들은 역사상 이루어진 조선시대의 공도정책은 잘 기억한다. 그러나 박정희시대의 제2의 공도정책은 거의 기억하지 못하거나 아예 모른다. 돌이켜 보면, 조선정부의 해양정책이 봉쇄로 일관했던 데는 고려 말의 극심하였던 왜구의 출몰을 무시할 수 없다. 끊임없이 노략질을 거듭하는 왜구는 고려를 망하게 하는 결정적 요인이었고, 중국조차도 왜구 등쌀에 견딜 수가 없을 지경이었으며, 남쪽의 오키나와도 왜구로 인하여 나라가 흔들릴 정도의 고난을 맛보아야만 했다. 이 같은 동아시아의 지각변동 속에서 조선왕조는 해상봉쇄정책을 지향하여 섬을 비우게 하는 공도정책을 구사하였다. 태안반도 사람 한여현이 쓴 서산의 고읍지 《호산록》에 이런 기록이 나온다,

바다 도적이 허점을 넘보기 위하여 오가면서 파도를 따라 출몰하고 있으며 그 밖에도 상선(商船)·조선(漕船)·관선(官船)이 왕래하는데 탈취를 당하고 함몰되거늘 만호(萬戶)가 멀리 있으매 듣도 알지도 못하니, 비록

선박이 바닷가에 있으나 조수(潮水)가 일어난즉, 배가 뜨고 조수가 떨어지면 잡지 못하게 된다. 그렇기 때문에 조수가 떨어진 후에 비록 도적의 선박이 지나간다는 소식을 들어도 어느 뭍에 배를 띄우고 노를 저으며 바다 가운데에 있는 도적을 취하겠는가.

난바다에서의 도둑질을 막기 어려웠던 사정을 토로하고 있다. 그러나 외적의 피해를 줄이기 위하여 취해졌던 공도정책이 결과적으로 섬의 발전을 더디게 하는 결정적인 요인이 된다. 오늘날까지 문제가 되고 있는 독도 문제의 근저에도 조선시대의 공도정책이 한몫을 하고 있다.

격렬비열도는 분명히 유인도였다. 뱃전에서 바라보니 궁시도 산중턱에 초등학교 건물이 칡넝쿨에 뒤덮여 있고 사람 살지 않는 민가도 눈에 뜨인다. 해상침투를 감행하는 간첩을 막기 위한 이른바 대간첩방어전략의 일환으로 가구 수가 얼마되지 않는 낙도 주민들을 대거 소개시켰다. 실제로 간첩들이 섬으로 침투한 사례가 많다. 그 후 무려 30여 년 이상이 흘렀으나 낙도의 폐촌들은 복구되지 않고 있다. 교육 · 보건 · 교통문제 등으로 그냥 놔두어도 섬의 인구가 줄어들어 문제가 되고 있는 마당에 강제로 없애버려 무인도를 만들어버렸으니 복원이 쉽지 않은 실정이다.

낙도에 정착한 섬사람들은 섬에서 살아간다는 사실 자체만으로도 우리의 바다 지킴이들이다. 박정희시대에 이루어진, 남북분단이 빚어낸 과잉대응의 결과물인 제2의 공도정책에 관하여 전면적 반성을 하고, 그 토대 위에서 21세기의 섬 정책으로 거듭나야 하지 않을까. 격렬비열도를 달리는 뱃전에서 텅 빈 '어제 같은 옛날'의 유인도들을 바라보면서 내내 떠오른 생각은 그러한 것들이었다.

〈창해수조도(滄海水鳥圖)〉. 굽이치는 바다 한복판에 우뚝 솟은 바위섬, 그 위에 한가로이 앉거나 날고 있는 새에 자신의 마음을 의탁하여 드넓은 바다를 마음껏 날고 싶은 작가의 심정을 화폭에 담은 듯 보인다. 격렬비열도의 섬들에 앉은 새들을 보는 필자의 심정이 그러하다(단원 김홍도, 서강대학교박물관 소장).

중국과 오가는 문명교류의 지름길

많은 섬을 다녔지만 격렬비열도는 참으로 다녀가기 어려운 섬이다. 무인도이기 때문에 무엇보다 배편이 없다. 배편이 있다 한들 난바다라 날씨가 웬만하지 않으면 출항 자체가 어렵다. 얼마나 가고 싶었던 섬인가. 마침 태안군청의 행정선을 이용할 수 있게 되어 옛 중국 사신들이 다녔던 노선처럼 안흥의 백제시대 사찰 태국사(泰國寺)에서 하산하여 안흥항을 출발, '표범처럼 웅크린' 섬들로 거침없이 나아갔다.

중국에서 뱃길을 열어 한참을 달려오자면 드디어 갈매기 떼가 날기 시작한다. 새들이 보이기 시작하면 어딘가 섬이 가까워졌다는 뜻이다. 먼 수평선

위에 소금 몇 알을 뿌려놓은 듯 격렬비열도가 점점이
모습을 드러낸다. 험한 뱃길에 지친 사람들에게 불현
듯 나타나는 이 섬이야말로 사막의 오아시스다. 격렬
비열도에서 직진하면 안흥항에 닿으며, 그 사이에 흩
어진 섬들이 '뭍으로 가는 길'의 길라잡이들이다. 외
양(外洋)의 징검다리라는 사실을 알고도 누가 이들 무
인도를 '쓸모없는 섬'이라고 폄하할 수 있으랴.

　온통 바위로 이뤄진 '불모의 섬들'이지만 국제 해
양교류사적으로 대단히 중요하다. 육로가 발달하지
못했던 시절, 바다는 '국제 하이웨이'였으며, 섬들은
휴게소나 나들목 구실을 했다. 예나 지금이나 바닷
길이 문명교류의 고속도로였던 셈이다. 태안 마애삼
존불이나 서산 마애삼존불이 근역에 자리 잡고 있다
는 사실은 중국으로부터 바닷길을 통한 불교문화의
전래를 생각하지 않고는 상상도 못할 일이다.

　무수하게 많은 구법승들이 당나라를 오갔다. 해양전통이 활발했던 남송
시대에도 태안반도를 통한 한중교류는 매우 빈번했다. 당나라의 승려 법
조(法照)가 신라로 돌아가는 무저사(無著師)를 전송한 시가 중국에 전해지
고 있었으니 먼 뱃길로 돌아가는 이들을 전송하는 인연의 소중함이 잘 드
러난다. 1960년에 당시 공보실에서 편찬한《한중시사(韓中詩史)》에 오롯이
잘 번역되어 있다.

　　　돌아가는 고향길
　　　머나먼 만리
　　　가는 대로 가보자

망망대해를 건너 중국으로 오가는 사신들의 모습을 화폭에 담았다(〈항해조천도(航海朝天圖)〉, 작자미상, 1624년, 국립중앙박물관 소장).

인연을 따라

산에서 백납의(百衲衣)

다 해지고

가벼운 한 술잔

바다에 떴네

밤이 오면 구름에

부처 조울고

새벽 제는 조찰한

물소리 앞에

안흥만에서 가의도-옹도-궁시도-난도-석도를 거쳐 격렬비열도에 이르는 뱃길 주변에는 다도해를 방불케 하는 수많은 바위섬들이 도열해 옛날부터 우리나라 해양교통의 나들목 구실을 해냈다. 왼쪽부터 정상에 등대가 보이는 옹도, 화사도와 궁시도, 새들의 천국인 난도.

어느 해 불경을

짊어지고서

그리던 한가성(漢家城)

당도할까요

이렇듯 서해는 한중 간에 불교문화를 비롯한 문명교류의 지름길이었다. 지도를 펼쳐놓고 중국 산둥 반도와 이곳 태안반도를 직선으로 연결하면 그보다 짧은 해양 항로가 없다. 국제 통신망인 해저 광케이블도 안흥 위의 천리포쯤에서 시작하여 격렬비열도 북단을 거쳐 산둥 반도 밑으로 지나간다. 신라가 중국과 교류했던 남양만의 당항성(唐項城)도 중요했지만 안흥성(安興城)에도 국제교류의 흔적이 곳곳에 남아 있다. 《호산록》에 이르길 다음과 같다,

본읍은 서·남·북쪽으로는 큰 해양이 있고, 남쪽으로는 전라도·경상도

를 통하고, 북쪽으로는 경기도 · 황해도 · 평안도를 바다로 통하며, 서 · 남쪽 건너편에는 중국 접경이니 지금의 절강성(浙江省)과 소주(蘇州) · 항주(杭州) 등의 고을이 바로 이곳이다. 고려 정몽주와 신라 최치원이 모두 서 · 남쪽 해양으로 배를 타고 중국을 드나들며 천자에 조회하고 물자를 공헌하던 길이다.

한여현은 태안반도 바닷가 사람이었지만 여기서는 영락없는 육지중심주의적 사고를 보여주기도 한다. "한편으로는 의주로부터 요동(遼東)을 거쳐 직접 연경(燕京)에 도달할 수가 있는데 하필이면 가이없는 대양으로 길을 취택했을까."라고 하여, 육로길을 권장하는 듯한 느낌을 준다. 그만큼 조선시대 사대부들의 육지중심 사고가 재확인된다. 하여간 태안반도는 중국으로 가는 지름길이었으며, 오늘날 아산만에 만들어진 평택항에서 태안반도 북단을 거쳐서 그대로 중국 산둥 반도로 나아갈 수 있는 바닷길이 그것이다.

산동해변의 파도 속에서

　격렬비열도 길목의 옹도에 배를 들이밀었다. 선착장 공사가 한창인데, 아직까지는 모선에서 보트를 내려야만 상륙할 수 있다. 거센 파도가 일렁거려 보트쯤으로는 감당할 수 없다. 함빡 물벼락을 뒤집어쓰고서야 땅을 디딜 수 있었다. 걱정이 태산 같아 말도 안 나오는데 경력이 20년이라는 항해사는 "이건 파도도 아니다."라며 태연자약하다. 집채만 한 파도들이 줄지어 달려들며 보트를 삼킬 듯 물어뜯는다.《사씨남정기(謝氏南征記)》에 버금가는 고전소설로 평가받는《창선감의록(彰善感義錄)》에 '산동해변(山動海飜)'이란 말이 나온다. 산이 흔들리고 바다가 뒤집힌다는 뜻이니 오늘이 그러한 것 같다. 러시아 속담에, 전쟁터에 나갈 때는 한 번 기도하고 바다에 나갈 때는 두 번 기도하라는 말이 있으니 이런 상황을 두고 말함이렷다. 나 같은 문약한 책상물림은 가히 혼비백산이다. 옷가지는 물론 카메라 가방과 기록노트가 온통 바닷물에 젖어 엉망이다. 그러면서도 이런 곳에 사람이 산다는 사실이 반갑고 경이로웠다.

　옹도등대, 정확한 명칭은 대산지방해양수산청 옹도 항로표지관리소. 1907년에 설치됐으니, 근대문화유산으로도 손색이 없을 이 등대가 100년 가까이 거친 격렬비열도 바닷길에서 불을 밝혀온 셈이다. 들여다보면 등대지기의 삶은 '낭만'과 한참 떨어져 있다. 많은 문인들이 등대를 소재로 낭만의 꽃을 피우고 있지만 정작 등대는 거센 파도와 싸우는 처절한 싸움의 현장이기도 하다.

　이곳 박선우 소장과 두 명의 직원은 보름 간격으로 섬과 육지를 오가며 교대로 근무한다. 어찌 생각하면 '팔자 좋게' 여겨지겠지만 사실은 그만한 고역이 없다. 노도와 풍랑으로 기약 없이 섬에 갇히기 예사다. 생지옥이란 이를 두고 말함이렷다. 그러한즉, 등대의 낭만 운운은 그야말로 동화 속에

관해기 · 觀海記

1907년에 설치돼 100년의 역사를 자랑하는 옹도 유인등대의 어제와 오늘. 부속건물들은 많이 변형되었으나 등탑은 본디 모습 그대로다(해양수산부 항로표지과 제공).

등대에 다다르는 가파른 오르막길을 빼곡하게 뒤덮은 동백나무 군락은 남방계 식물의 영향권임을 말하는 지표다.

서나 가능한 일 아니겠는가.

옹도 등대지기는 세 가지 신호를 보낸다. 통상적으로 불을 밝히는 광파(光波) 표지, 안개가 낄 때의 음파 경고인 무(霧) 신호, 그리고 레이더를 발사하는 전파 표시가 그것이다. 바다가 해무에 젖어들면 10미터 거리도 보이지 않는다. 근대 이전의 국제 선박들이 어떻게 암초 많은 이곳을 통과했을지 되짚어보는 것도 재미있는 연구거리가 아닐 수 없다.

사실, '불이나 밝힐 뿐'이라는 식의 등대에 관한 생각은 그야말로 착각이다. 인공위성의 전파정보를 받아 하늘과 바다를 하나로 잇는 이른바 DGPS 시스템을 활용하는 전천후 첨단 시스템을 활용한다. 옹도등대는 대전 위성항법중앙사무소와 연계하며, 여기에다 서산기상대의 위탁기상까지 떠맡고 있으니, 뉴스 일기예보에서 듣는 '서해안에는 풍랑이 몇 미터일고, 안개는 어떻고' 하는 정보도 알고 보면 옹도 등대지기 같은 바다 지킴이들 없이는 불가능한 일이다.

격렬비열도에는 등대만이 파도를 지켜주는 것이 아니다. 근년에 기상청에서 북격렬비열도에 서해종합해양기상관측기지를 설치하였다. 난바다의 해양감시 및 예측 정확도를 향상시키기 위하여 마이크로센서(Microwave sensor)를 이용한 파고계(波高計)를 실시간 운용하고 있다. 찬 대륙성 고기압이 확장될 때, 서해 난바다에서는 으레 2~3미터 이상의 높은 파고가 발생한다. 난바다의 파고는 대략 2~4시간 후에는 연안지역으로 파급된다.

바다의 파도를 잘 모르는 이들이 날씨가 멀쩡한데 여객선이 왜 뜨지 않느냐고 항의하는 경우가 종종 있다. 비록 연안에서는 잔잔해도 먼 바다로 나아가면 사정은 전혀 달라지므로 관측기지는 이를 사전에 예측한다.

등대의 임무를 강조했지만, 그래도 등대의 멋스러움을 말하지 않을 수 없다. 흰 배롱나무 꽃무리가 은은한 향기를 뿜는 바다 저편으로 외항선 한 척이 지나간다. 인천항이나 대산항, 평택항으로 가는 배이리라. 또 있다. 그 등대에 다다르는 가파른 오르막길을 빼곡하게 뒤덮은 동백나무 군락은 이곳이 남방계 식물의 영향권임을 말하는 지표이기도 하다.

육지에서는 얼어 죽고 마는 동백나무가 경기도의 울도에서 군락을 이룬 것을 본 적이 있다. 평양의 자료를 보니, 평안도 철산 앞바다 대화도에도 군락이 무성하단다. 쿠로시오 난류의 영향으로 해양성 기후가 형성돼 한반도의 바다는 육지와 전혀 다른 식생을 드러내고 있는 것이다. 격렬비열도 길목의 정족도에는 가마우지 떼가 모여 산다. 자그마한 난도는 온통 괭이갈매기 천지다. 섬 곳곳이 하얀 갈매기 똥으로 덮여 있다. 난도 정상에도 동백나무 군락이 우거져서 겨울부터 봄까지 붉은 동백꽃의 자태로 섬 생활의 고독을 물들이고 있다.

그러나 격렬비열도와 궁시도의 압권은 역시나 봄의 유채꽃이다. 제주도의 유채꽃이 푸른 바다와 겹쳐 환상적 풍경을 자아내 뭇 사람들의 시선을 모은다면, 이곳 유채꽃은 은자처럼 숨어 있어 간혹 발걸음을 하는 어부나 낚시꾼들만이 즐길 뿐이다. 자연적으로 피었을 리는 만무하고, 그렇다고 누가 철없이 절해절벽에 유채 씨를 뿌렸을 리도 없으니, 모르긴 하되 아마 새들의 작품이리라. 배설된 유채꽃 씨앗에서 움튼 새싹이 해마다 번창하며 해중화(海中花)의 향연을 펼쳤으리라. 건너편 꽃지해수욕장에서 열리는 꽃박람회에 덧붙여 격렬비열도의 유채꽃밭은 그 자체로 가히 봄바다의 압권이다.

명나라 사신 왕래 때 표지로 삼던 후망봉

　사실 바다는 아름다움이나 낭만과는 무관하게 외롭고 험난하다. 잠시도 빈틈을 허락하지 않는다. 인근에서 해류를 가장 거세게 받는 곳이 안면 외해(外海) 안흥량이다. 일명 관장목이라고도 부르는데, 강화도 손돌목과 더불어 전국에서 가장 물살이 드센 곳으로 손꼽힌다.

　예전에는 격렬비열도를 거쳐서 안흥으로 들어오던 중국 배들이 이곳에서 숱하게 수장됐다. 지금도 안흥의 어부들 그물에는 심심찮게 청자 따위

동서남북으로 돌문을 달고, 그 안에 300채쯤 되는 호화주택을 지었던 안흥성은 명나라에 널리 알려져 "조선에 가거든 안흥성을 보고 오라."는 말까지 생겼다.

가 걸려 올라오곤 한다. 거센 물살을 이기지 못하고 난파된 배들의 흔적이리라. 1981년부터 1987년까지 태안 앞바다에서 고려상감청자 40여 점과 조선백자, 토기 등이 다량 수집되었으며 사적 321호로 지정된 바 있다.

이런 탓일까. 가의도(賈誼島)에 가면 아예 "중국에서 가의라는 사람이 귀양 와 그때부터 가의도라는 이름이 붙었다."는 전설이 전해지기도 한다. 실제로 태안군 남면의 가씨(賈氏)들이 얼마 전까지 가의도에 들어와 시향(時享)을 지냈다고 하니, 가의도가 가씨의 본향인 셈이다. 가의도의 500년 묵은 은행나무가 중국인들이 베어낸 둥치에서 새롭게 자라난 새끼라는 전설 등은 중국과 안흥의 연계설을 증언하고 있다. 안흥이나 가의도 사람들은 일제강점기에도 중국 다롄(大連)까지 가서 밀무역에 종사했다고 전한다. 바다를 길 삼아 교류하고 교역한 역사가 상상보다 활발했다는 증거다.

신진도 외항으로 들어서자면 왼쪽에 마도 후망봉(侯望峯)이 홀로 솟아 있는데, 고려시대에 명나라 사신이 왕래할 때 표지로 삼던 곳이다. 산 뒤에는 능허대(凌虛臺)가 있어 바다를 관해하기에 그만이다. 민간인 출입금지 구역인 국방과학연구소 내에 안파사(安波寺) 절터가 있으니, '파도를 잠재우는 절'이라는 뜻이다. 예전 뱃사람들은 먼 항해에 앞서 이곳에서 공양을 올린 뒤 뱃길을 떠났다고 전해진다.

서쪽바다

139

들리는 얘기로는 이성계가 안흥성을 자주 드나드는 명나라 사신들에게 '잘 보이려고' 성을 쌓았다는 설도 있다. 설마 '잘 보이려고' 성을 쌓았으랴 만 높이 3~4미터, 길이 1킬로미터가 넘는 석성을 쌓느라 10여 년씩 부역 에 시달렸을 민중의 고초가 손에 잡힌다. 동서남북으로 돌문을 달고, 그 안에 300채쯤 되는 '호화주택'을 지었던 안흥성은 명나라에 널리 알려져 "조선에 가거든 안흥성을 보고 오라."는 말까지 생겼다. 한때 영화로웠던 안흥성의 국제적 명성을 가늠해봄직 하다.

20여 년 전, 나룻배를 타고 신진도로 건너갔던 기억이 새롭다. 비가 추적 추적 내리는 바다, 마도는 물안개에 젖은 채 잠들어 있었다. 그런 섬에 다 리가 놓이고 1종 항구가 조성돼 지금은 횟집이 즐비하다. 태안반도 해양 관광 1번지로 손색이 없다.

차를 몰아 안흥성에 올랐다. 수백 채의 집들은 동학혁명 때 모두 불타 없 어지고 지금은 성벽만 남아 있다. 안흥성문 코앞까지 배가 들어와 곧바로 사신과 무역상들이 성내로 들어왔다고 하는데, 지금은 물길과 멀어져 있 다. 새우 양식장으로 쓰던 앞바다는 조만간 골프장으로 바뀐단다. 국제교 류가 활발하던 바다에 골프공이 난비하는 풍경을 생각하니 왠지 낯설고 거북하다.

여승들이 주석하는 안흥성 태국사에서 바라보는 안흥량 풍경은 그야말 로 한 폭의 그림이다. 격렬비열도의 그 모진 파도가 어디 갔을까 싶게 숨 죽인 바다가 졸고 있다. 빗방울 소리, 물안개에 에워싸인 섬이 열 가지 백 가지로 변신하는 바다의 얼굴을 웅변해준다. 바다는 한 얼굴만 보고 판단 할 수 없는 곳이다. 어찌 인간의 힘으로 바다가 가진 천의 얼굴을 이해할 수 있으랴.

관해의 으뜸 절창이 연출되는 안흥성에 오르니 그 옛날 국제 선단이 바 닷길을 내달려 안흥성에 닻을 내리는 환상에 빠져들고 만다. 무심결에 지

나치는 무인도들조차도 이같이 역사문화적 뿌리를 지니고 있는 것이니,
섬이야말로 예전부터 국제 고속도로의 네트워크 아니겠는가.

들물날물 천 년의 힘, '숨 쉬는 방파제' 자갈언덕

전국에서 유일한 자갈방파제

"자주 가보셨겠네요."

"자주요? 우리도 처음이에요."

공무원들도 어쩌다 찾아들 뿐이란다. 안면도 본섬에서 불과 9.7킬로미터 떨어진 내파수도지만 마음의 거리는 머나먼 곳이다. 내파수도의 천연 방파제에 한번은 와보려 했지만 막상 오기까지 여러 해가 걸렸다. 연락선이 닿지 않는 무인도란 도대체가 아무리 가까워도 쉽게 오기 어렵다. 요행히 태안군청의 고종남 과장이 배편을 수소문하여 동행하게 되었다.

섬에 당도하니 언덕배기에 '파수도의 파수꾼 안종훈 선생 공적비'라는 새 비석이 서 있다. 무인도에 웬 비석일까. 여기에는 뜻 깊은 사연 한 토막이 있다. 충남 도지정기념물 제64호로 지정된 일명 '구식(球式) 방파제'를 지켜낸 안옹을 기리는 것이다. 구식 방파제는 전국적으로 유일무이하며 생태적으로도 각별하다. 본디 내파수도에만 있던 것은 아니나 대개의 자갈밭이 업자들 손으로 넘어가면서 살아남은 곳이 드물다. 내파수도만큼은 지킴이들의 완강한 투쟁 덕분에 이렇듯 멀쩡하다.

유감스럽게도 국가의 공헌도는 전무하다. 당대의 천박한 환경인식 수준으로 이 작은 자갈밭의 가치를 알아차렸을 리 없기 때문이다. 그렇다고 '탁상물림' 환경이론가가 해낸 일도 아니다. 두 노인이 초가삼간 짓고 살면서 방파제를 지켜냈다. 얼마나 고마운 일인가. 공적비의 이름값을 충분히 하고도 남는다.

서해안고속도로가 뚫리고 안면도로 사람들이 몰린다. 그런데 안면도에서 지척인 내파수도를 아는 이는 거의 없다. 그야말로 작은 섬이고, '별 볼일 없는 섬.' 그렇지만 보기에 따라서는 해양환경을 가장 잘 간직한 '보물섬'이기도 하다.

대개의 섬에는 방파제가 있다. 견고한 콘크리트 방파제가 수십 수백억, 심지어 수천억 원을 들여서 건설되기도 한다. 섬의 환경은 보통 기암절벽으로 이루어지기 일쑤이며 단애는 어떠한 배도 쉽게 허락하지 않는다. 그러나 내파수도는 사각사각 밟히는 소리, 해조음을 연주하는 조약돌들이 사뿐한 촉감으로 마중한다. 길이 300여 미터, 너비 20~40미터의 좁고 긴 자갈밭이 북으로 뻗어 있다. 남북으로 향하던 조류가 들물에 빙빙 돌며 자갈을 움직인다. 천 년을 두고 쌓인 듯하다. 저만한 자갈언덕이 자연적으로 생기려면 100년 세월로는 어림도 없다.

내파수도 천연방파제의 위용. 길이 300여 미터, 높이 3~4미터, 너비 20~40미터의 좁고 긴 자갈밭이다. 둥근 자갈로 만들어졌다 하여 '구식(求式) 방파제'라고 한다. 조선시대 중국의 상선과 어선들이 폭풍을 피하거나 식수를 얻기 위해 정박한 곳이기도 하다.

파도에 단련된 자갈엔 초록색의 파래

자연의 힘은 강한 듯하지만, 좀체 서
두르는 법이 없다. 한쪽으로 자갈이 쏠
리면 반대쪽에서 밀어붙여 허물어 내
린다. 누적된 조류운동과 파도의 힘으
로 오늘의 자갈밭이 완성되었다. 지금

파도에 단련된 자갈에는 해맑은 초록색의 파래가 번
창하고 있다.

도 자갈밭은 들물에 잠기고 날물에야 모습을 드러낸다. '숨 쉬는 방파제'
인 셈인데, 실제로 파도에 단련된 자갈에는 해맑은 초록색의 파래가 번성
하고 있다.

내파수도의 자갈밭은 학명으로 해빈(海濱, beach)이다. 본디 해빈은 모래
같은 느슨한 입자들이 해변의 일부, 혹은 전부를 덮고 있다. 해빈은 암괴
에서 큰 자갈 · 잔자갈 등의 자갈류, 극세립 모래에 이르기까지 다양하다.
조개껍데기나 부스러기, 혹은 제주도 우도처럼 산호 부스러기 해빈도 있
고, 심지어 사람들이 버린 유리나 플라스틱으로 범벅이 된 해빈도 있다.

내파수도 같은 자갈해빈은 일반적으로 경사가 급하며, 반면에 모래해빈
은 마치 주차장처럼 평편하여 해수욕장으로 많이 이용된다. 내파수도의
해빈도 외형적으로 볼 때는 평평하지만 상층부가 높고 물속으로 가파르게
경사각을 이룬다. 내파수도의 자갈해빈은 그 자체가 살아 있는 해양환경
학습장이다.

자갈해빈의 존립 근거를 이해하기 위해서는 해양과학적 기초 지식이 필
요하다. 고운 모래는 멀리서 이동해오지만 자갈 같은 퇴적물은 비교적 근
거리를 이동한다. 굵은 자갈 입자는 입자 사이의 틈새로 물이 잘 빠져서
자갈해빈을 치고 올라오는 물이 입자들 사이로 빠지고, 다시 경사면을 내
려가는 물은 거의 남아 있질 않아서 바다로 되돌아가는 퇴적물이 상대적

145

으로 적어진다. 큰 파도에 의해서 올라온 굵은 입자들은 해빈의 위쪽에 쌓이고 경사를 급하게 하여 오늘의 숨 쉬는 방파제를 만든다.

전복·가래비 양식하며 해빈 지킴이 대물림

"막상 사람이 손댔다 하면 이 정도 자갈밭이야 허무는 데 1주일도 걸리지 않을걸요."

동행한 태안군청의 이현태 계장이 해빈을 살펴보며 말을 던졌다. 내파수도 지킴이 안종훈 옹과 선동규 옹은 1주일이면 허물어질 해빈을 고집스러운 투쟁으로 지켜냈다. 안옹은 작고하여 공적비를 남겼으며, 선옹은 중풍으로 거동이 불편하다. 그이들은 오랫동안 여기서 해삼과 전복 자연양식업을 했다. 양식이라고는 하지만 종패를 사다가 뿌리면, 좋은 환경조건에서 스스로 잘들 자랐다. 무단 채취를 방지하기 위하여 섬을 지켰던 셈인데, 골재업자의 끊임없는 자갈해빈 허물기 시도도 동시에 막아냈다.

골재업자들은 집요했다. 반면에 관청은 멍청했다. 까딱 잘못하면 자갈언덕이 송두리째 넘어갈 운명이었다. 그러나 두 노인도 집요하게 대응했다. 결과는 성공이었다. 방파제를 지켜낸 것이다. 뒤늦게 충남도청에서도 문화재로 지정하기에 이르렀다.

자연 방파제를 지키는 전통은 오늘날에도 대물림되고 있다. 산자락에 몇 채의 집이 있으니 양식업에 종사하는 지킴이들이 씨앗 뿌리듯이 전복과 가리비 종패를 뿌리며 살고 있다. 낚시꾼과 간혹 실랑이가 벌어지기도 한다. 낚시꾼들의 주장은 "무인도인데 왜 못 들어가게 하느냐?"는 것이다. 그러나 무인도라 하여 아무나 들어갈 수 있다고 생각하면 오산이다. 내파수도는 지금껏 외지인 출입금지다.

생각해보면, 무인도를 그저 '임자 없는 섬'으로 생각하는 가치관이 얼마나 많은 무인도들을 망쳤던가. 무인도란 여러 여건으로 사람이 살지 않고 있을 뿐, 아무렇게나 해도 되는 불모의 섬은 아니다. 요트 문화가 발달한 서구에서는 무인도야말로 최고의 정박지로 환영받고 있으며, 우리도 무인도서 관리법의 통과와 더불어 차츰 인식이 바뀔 것이다.

내파수도에서의 삶은 여느 작은 섬처럼 고단하다. 전기는 태양열 발전이다. 식수는 빗물이 고인 산의 바위 물을 받아서 호스로 내려서 탱크에 저장하여 해결한다. 상주자가 한두 명뿐이므로 그런대로 쓸 만하단다. 내파수도 인근은 우럭, 노래미, 광어, 도다리, 대하, 꽃게, 민어 등의 텃밭이었으나 지금은 예전 같지 않다. 반면에 섬의 식생은 우수하다. 산길을 오르면 동백나무숲이 있고, 오래된 해송도 만난다.

동백나무도 안옹이 기를 쓰고 싸운 결과로 일부나마 남았다. 분재를 즐기는 탐욕이 도를 지나쳐 섬마다 고목 등걸을 파낸 결과 섬의 고풍스러움이 상처 입었다. 분재의 미학을 노래하기 전에 섬에서 무단 채취한 무수한 난초와 등걸의 아픔을 생각할 일 아닌가. 서해안뿐 아니라 남도에서도 무수하게 고목 등걸이 분재라는 이름으로 뿌리째 뽑혀 도시로 팔려 나갔고, 지금도 여전히 그런 일이 벌어지고 있다. 진정한 아름다움이란 제자리에 있을 때 가장 격조 높은 것이 아닐까.

재미있는 것은 꽈리가 무성하다는 점이다. 사람이 심었을 리는 없고, 몇 알의 꽈리 씨가 뿌려져서 야생으로 번창하는 중이다. 천남성이 산재하는 것을 보니, 저런 야생화도 사람 손을 타면 도대체 남을 것이 없어 보인다. 대개의 무인도는 사람이 살지 않을 뿐, 수많은 생물들이 살고 있으므로 앞으로는 '생명의 섬'으로 바꾸어 부를 일이다. 무인도의 '無人'이란 관점이야말로 얼마나 인간중심적 표현인가. 사람이 없더라도 다른 동식물이 살고 있다면, 무인도보다는 생명의 섬이라는 표현이 좀더 본질적이리라.

내파수도 산자락에는 전복과 가리비를 양식하며 자갈 해빈 지킴이들이 살고 있다.

자갈해빈이 굽어보이는 산등성이를 넘어가니 좁고 길게 북고남저(北高南底)의 산자락이 엎드려 있다. 풍광이 뛰어나다. 양측의 해변에 형성된 만에도 자갈이 수북하다. 의문이 풀린다. 내파수도의 바다 밑 지형은 모래와 펄이지만, 일부 자갈밭이 존재하여 자갈이 파도에 따라 움직이고 있다. 자갈은 엉뚱한 곳이 아니라 섬 주변에서 흘러들었다. 정답은 간단하다. 섬 주변 자갈의 총량은 정해져 있으므로 손대지 않았을 때만 천연 방파제가 보장되리라.

2003년 여름, '바다 같은 호수', '호수 같은 바다'인 바이칼의 작은 항구 리스트비양카에서 통나무 방파제를 보았다. 시베리아답게 나무가 흔한 곳이라 콘크리트를 쓰지 않았겠지만 방파제 위에서 자작나무가 자라는 풍경이 인상적이었다. 살아 숨 쉬는 방파제를 본 셈이다. 내파수도의 자갈 방파제도 자작나무만큼이나 살아 숨 쉬고 있으니 파도에 씻겨 빛을 발하는 윤기 나는 돌들이 그 생명력을 증거하고 있다.

그동안 우리는 해빈의 모래나 자갈, 바위 등을 가리지 않고 무참하게 파냈다. 그러나 그것들이 사라진 만큼 자연은 반드시 보복한다. 방파제도 곳 곳에 필요 이상으로 습관처럼 만들었다. 자그마한 방파제로 족할 포구에 도 엄청난 규모로 콘크리트를 퍼부어 곳곳이 항구로 변해가고 있다. 건설 부가 곳곳에 도로 내는 일로 먹고살아간다면, 해양수산부는 항만 만드는 일로 먹고살아간다는 세간의 비판에서 자유로울 수 없다. 꼭 필요한 방파 제를 만들되, 숫자와 범위를 제한하고 스스로 자제해야 하지 않을까.

세수 증대를 위한 골재채취 허가, 밀어붙이기식 방파제 건설 등의 여파 속에서 내파수도의 해빈 따위가 존재할 자리가 있었을까. 그러한즉 이처 럼 소박하고 단순한 자갈더미에 경의를 표할 수밖에 없는 것이다. 옹기가 '숨 쉬는 항아리'라면, 내파수도의 자갈해빈은 방파제도 숨 쉴 수 있음을 증거하고 있는 셈이다.

자연은 사라진 만큼 반드시 보복

내파수도 일원은 2004년에 바다목장화 사업의 적지로 판정받은 바 있 다. 이 기회에 바다목장이라는 참으로 이해하기 어려운 사업, 결론부터 말 하자면 국민의 혈세를 바다에 쏟아붓는 '거짓 사업'에 관하여 몇 줄 명기 하고자 한다. '거짓 사업'이라고 한다면, 일반 대중은 고개를 갸우뚱거릴 것이다. 그 좋은 미래산업이 거짓이라니!

바다목장의 꿈이 실현된다면, 청사진대로라면 내파수도 일원은 고기 떼 가 버글대는 어장으로 바뀐다. 해양수산부가 국력을 기울여 추진해온 바 다목장화 사업은 기존의 '가두리'만으로는 '기르는 어업'의 한계에 봉착한 지 오래라는 현실인식에서 출발했다. 양식어업의 일대전환이 모색되는 가 운데 통영을 비롯하여 이곳 내파수도 일원도 바다목장터로 선정되었다.

서쪽바다

149

내파수도의 생태적 방파제와 더불어 생태적 양식까지 성공한다면, 그야말로 황금바다로 변할 것이라는 장밋빛 꿈도 성립한다. 인류문화사에서 수렵에서 목축으로의 변환은 결정적 의의를 지녔으니, 물고기잡이에서 바다목장으로의 전환도 그에 버금가는 놀라운 변화라는 생각이다.

그러나 바다목장은 투입된 예산에 견준다면 성과는 지극히 미미하다. 물고기는 사람 말귀를 알아듣는 말이나 양이 아니다. 파블로프의 고전적인 조건반사(conditioned) 이론처럼, 정해진 시각에 불빛을 비추거나 어릴 적부터 길들여진 정해진 음악을 들려주면서 먹이를 주면 물고기들이 길들여져서 반드시 모여들 것이다. 만약 예산을 결정하는 국회의원들이 바다목장에 찾아왔을 때, 불빛을 비추면 고기들은 예의 하던 방식대로 모여들 것이다. 물고기가 조건반사로 모여들었다고 하여 바닷가의 물고기 총량이 늘어난 것일까. 물고기의 총량은 그대로다. 바다목장화 사업의 최대 목적이 물고기의 개체 수를 늘려서 어업력을 회복하는 데 있는 것이라면, 만약에 전체 개체 수가 불어나지 않고 단지 한 군데로 모이게 하는 사업이라면 불필요한 투자이며, 조금 심각하게 말하여 '학술적 사기', 혹은 '관료들의 책임 방기'에 속한다.

일본에서는 일찍이 판정이 났다. 그런데도 우리는 일본에서도 불가하다고 판정이 난 엉터리 사업을 위하여 예산을 퍼부었다. TV 등에서도 걸핏하면 '바다목장 현장을 가다' 식의 우호적인 프로그램을 내보냈다. '연구자 – 관료 – 언론 – 국회의원'의 합작품이었다. 어느 시민단체에서도 문제삼지 않았다. 그 좋다는 일을 비판하기 어려웠으리라. '황우석식 연구'는 바다에도 있었던 셈이다.

현실이 이러한데도 사람들은 여전히 바다목장이 반드시 필요하고, 아름다운 결실을 가져다줄 것이라 굳게 믿는다. 신기루는 사라지지 않았다. 바다에 집어넣어 물고기의 집으로 삼는다는 어초(魚礁)도 그 효용성에 관하

여 신랄한 비판이 계속되
고 있다. 어초나 폐어선
투입이 갖는 혼용성도 있
지만 여건을 무시한 투입
은 예산낭비일 뿐이다.
일반은 물론이고 시민단
체나 환경운동단체도 바
다에 무지하기 때문에 아
무런 사회적 비판과 제동
장치 없이 무지한 일들이

바이칼의 작은 항구 리스트비양카의 통나무 방파제. 방파제에서 자라는 자작
나무가 이채롭다(2003년 여름, 필자 찍음).

속수무책으로 바다에서 진행되고 있는 중이다.

내파수도의 살아 있는 방파제를 보면서 새삼 느끼는 것은 관에서 함부로
모래나 자갈 등의 골재채취를 허락할 일이 아니라는 점이다. 만에 하나라
도 관에서 내파수도의 자갈밭까지 눈독을 들였다면, 자갈 한 톨 남아나지
않았으리라. 천만다행으로 지킴이가 있었고, 관에서도 이에 상응하여 도
기념물로 지정하여 생태를 보존하게 되었으니, 관민의 손바닥이 모처럼
제대로 맞은 셈이다. 돌아오는 뱃전에서 내내 그런 생각에 젖어 있었는데,
어느덧 밀물이 들어오면서 우리가 떠난 자갈밭은 기다란 몸통을 물밑으로
밀어넣고 있었다. 다시금 조석운동의 거친 생명력이 무인도를 '생명의
섬'으로 재창조하는 순간이었다.

수염 길고 의젓한 바다의 노인장 새우

새우가 해로가 된 사연

10여 년 전의 일이다. 도쿄 시내 간다(神田)의 고서점거리를 누비는데 에비(海老)란 제목이 눈에 띄었다. 무식하게도, 한평생 바닷일에 종사한 어민, 즉 어사(漁師)의 다른 표기인 줄 알았는데 뜻밖에 새우의 별칭이었다. 길고 의젓한 새우 수염을 빗댄 말인데, 새우의 품격을 그럴듯하게 표현하고 있다. 새우의 수염을 빗댄 그만한 별칭이 없다는 생각이다. 해로라는 명칭은 비단 일본에서만 쓰인 것이 아니다. 부부가 평생을 함께하며 같이 늙

어감을 해로
(偕老)라고 하거니와,
해로(海老)와 발음이 같아
옛 선비들은 새우를 수묵화의 소
재로 즐겨 그렸다는 설도 있다.

대하.

　우리는 '새우눈'이란 속어에서 보듯
조금은 새우를 깔보는 마음이 없지 않아 새우젓만 좋은 줄
알지 우람한 왕새우의 멋은 그다지 즐기지 않는 편이다. 정
확하게 말한다면, 저장·유통기술이 부족했기에 연안 사람
들을 빼놓고는 왕새우를 거의 먹을 수 없었고 염장한 젓갈
이나 말린 새우를 먹어야 했다. 조선시대의 고전소설《메기
장군고담》에도 절벽 위에서 새우가 떨어져 대대로 곱사등
이가 된 것으로 묘사하고 있다. 그러나 시대가 바뀌면 문화
도 바뀌는 법이어서 자잘한 새우젓만 먹던 시절에서 왕새우를 즐기는 문
화로 본격 이동하는 중이다.

　새우는 보리새우류(Prawn)와 생이류(Shrimp), 그리고 새우류에 가까운
가재류(Lobster)가 있다. 보리새우류는 거제도 일원에서 많이 어획되는 보
리새우, 서해의 대하와 중하, 꽃새우, 젓새우 등이다. 생이류는 동해에서
주로 어획되는 도화새우(일명 붉은새우), 북쪽분홍새우(일명 단새우)와 동해
남부 및 남해 일원에서 많이 어획되는 자주새우(일명 진흙새우, 보리새우),
서해에서 많이 어획되는 도떼기새우 등이 있다. 가재류는 제주도 근해의
펄닭새우, 닭새우, 가시발새우 등이다. 그만큼 새우의 종류가 많고 다양함
을 뜻한다.

　예부터 바다새우는 해하(海鰕), 민물새우는 이하(泥鰕), 큰 새우는 대하
(大鰕)라 부른다. 지금은 바다새우만 먹고살지만 강이나 보(洑), 둠벙 등이

오염되지 않았을 때는 민물새우가 엄청나게 잡혔고, 논두렁의 물꼬에서도 새우를 잡았다. 민물새우를 넣고 끓인 된장국은 들밥을 풍성하게 하는 별미였다. 농약 사용 등으로 민물새우가 거의 사라지자 바다새우에만 의존하게 된 것은 불과 수십 년 전부터다.

새우는 인간만이 잡아먹는 것이 아니라 고래를 비롯하여 물고기들, 갈매기나 물오리 등 물새는 물론이고 큰 새우가 작은 새우를 포식하기도 한다. 대하를 제외하고는 대체로 먹이사슬에서 바닥을 기는 서열인데도 멸종되지 않고 버티는 이유는 무엇일까. 새우의 엄청난 생존력 때문이다. 산란기가 되면 암컷이 암내인 페로몬을 방출하게 되며, 생이류의 경우에 수컷은 작은 정자주머니를 암컷 배 밑에 붙여준다. 암컷은 한 번에 60만 개의 알을 낳으며, 1년에 2~3번 번식하니 도합 180만 개의 알이 산출된다. 한 마리가 180만 개를 낳는 이 놀라운 저력 덕분에 새우는 생존할 수 있었다. 물론 그 많은 알들의 대부분은 유실되거나 물고기밥이 되게 마련이며 어린 새끼도 대부분 죽고 말아 생존율이 1.9퍼센트 이하란다. 그러나 워낙 많은 알을 낳기 때문에 생존력 역시 엄청난 것이다.

새우의 대량 소비처는 역시 새우젓이다. 대하를 구워 먹는 식도락은 근자의 풍습이고 새우젓이야말로 서해안 민중들의 필수적인 젓갈이었다. 남도 사람들이 멸치젓을 선호한 반면에 서해안 사람들은 당연히 새우젓이다. 새우를 잡으면 배에서 그대로 소금과 버무려 이름조차도 '새우젓독'이라 부르는 기다란 독에 담아 장으로 팔려갔다. 그래서 예전에는 집집마다 새우젓독 한두 개쯤은 남아 있었다. 해방 이후에 드럼통이 흔해지면서부터는 드럼통에 소금과 버무려 숙성시켜서 김장철에 팔았다. 소래포구나 강경장이 유명한 것은 바로 새우젓 때문이다. 새우가 많이 잡히는 천수만에서는 광천의 토굴에서 숙성시키며 일명 토굴새우젓을 명품으로 만들어내고 있다. 강화도 연안에서 잡힌 새우들은 그대로 뱃길을 따라서 마포까지 운반되었으니 '마포새우젓 동네'는 여기서 비롯되었다.

잡히는 절기마다 이름도 다르다

　새우는 잡히는 절기마다 이름도 다르다. 음력 3~4월에 잡히는 '춘젓'은 몸통이 연하고 약간 붉은빛이 돈다. 5월에 잡히는 '오젓' 역시 몸통이 고르지 못하다. 6월의 육젓은 살이 올라 통통하고 흰색 바탕에 붉은색이 돈다. 여름으로 접어든 7~8월의 '자젓'은 몸통이 작아지며, 9월의 '엇젓'은 잡어가 섞여 있으며, 9~10월의 새우는 '추젓'이라 한다. 11월에는 '동젓', 1~2월 한겨울에 잡은 새우는 '동백하젓'이라고 하여 희고 깨끗하다. 새우젓 중에서 가장 품격이 높은 것은 역시 육젓으로 김장용에 알맞춤하며 오젓은 일반 김치를 담글 때, 선선한 가을에 담그기 때문에 오젓이나 육젓보다 염도가 낮은 추젓은 보통 요리에 이용한다.

남도 사람들이 멸치젓을 선호한 반면 서해안 사람들은 당연히 새우젓이다. 새우를 잡으면 배에서 그대로 소금과 버무려 '새우젓독'이라 부르는 기다란 독에 담아 장으로 팔려갔다(〈고깃배〉, 작자미상, 국립중앙박물관 소장).

그런데 어민들을 조사해보면 조금 다른 견해도 나온다. 가령, 홍성 남당 포구에서는 아랫녘에 가서 잡는 추젓, 육젓을 모두 동백화라 부르기도 한다. 11월에 대때기새우라고 생물로 출하되는 새우를 잡기도 한다. 새우를 절기별로 구분할 수는 있지만, 새우 역시 지역에 따라 종 다양성을 분명히 보여준다는 점이 고려되어야 할 것이다.

충남 보령이나 서천 같은 바닷가에 가면 여름철에 커다란 '사둘'을 이용하여 곤쟁이 잡는 모습을 자주 볼 수 있다. 곤쟁이는 몸길이 1센티미터 이하인 어린 젓새우와 유사한 바다새우의 일종이다. 물에 떠도는 부유생활을 하는 동물성 플랑크톤과 유사한데 곤쟁이젓은 소화가 잘되고 맛이 그만이다. 민물에서 잡아서 담그는 토하젓도 임금님 진상품으로 소문났다. 《증보산림경제(增補山林經濟)》에서, "큰 새우는 쪄서 말려 먹고, 중간치는 살을 가루로 내어 주머니에 넣어서 장독에 담그며, 잔 새우는 젓갈을 담그는 데 쓴다."고 하였으니 이같이 두루 쓰이는 정황을 말함이다. 이렇듯 새우는 젓갈로 먹고, 말려서 먹고, 구워 먹기도 하고, 심지어 일본인들이 즐기는 식으로 '오도리'라고 하여 생식(生食)도 한다. 일상적으로 식탁에 오르는 것은 새우젓이 분명하지만, 가을철 별미로는 역시 왕새우가 아닐까 한다.

워낙 양식산이 많아져서 사계절 먹게 되었지만 역시나 찬바람이 불어올 때면 왕새우 살집도 토실토실 올라 밥상머리를 푸짐하게 한다. 왕새우는 우리나라의 서·남해안에서만 잡히며 세계적으로도 황해와 발해만 등지에 한정된 고급 어종이다. 중국에서는 두이짜이(對鰕), 일본에서는 아예 고라이에비(高麗海老)라 칭하여 조선특산품임을 분명히한다. 그만큼 황해 특산물이니, 그 중에서도 중부 연안의 천수만과 안면도 근해의 왕새우를 높게 친다.

'제철 생선' 대하의 혀끝 감도는 쫄깃함

가을새우의 제 맛은 역시 충청도 내포(內浦)에 있다. 9월 중순 이후에 시작되는 홍성의 남당포구 대하축제는 10월 말까지 열리며, 10월로 접어들면 태안의 안면도에서도 백사장 포구 대하축제가 한창이다. 입추의 여지 없이 차들이 들어차고 골목에는 새우 굽는 냄새가 회를 동하게 한다. 3만 원쯤 주고 1킬로그램을 사면 4인 가족이 그런대로 먹을 만하다. 잘 모르는 이들은 지근거리인 홍성과 태안에서 겹치기 축제가 열리고, 허구한 날 먹을 수 있는 새우를 놔두고 구태여 축제 기간에 몰려드는가 하고 의문을 표시하기도 한다. 그러나 두 곳에서 비슷한 대하축제가 거의 동시에 열리는 데는 나름의 사연이 있다.

왕새우는 봄철 천수만에서 산란한다. A · B지구 방조제로 막히기 전, 만 깊숙이 들어와 부석면 도비산 밑에서 알을 낳고 성장했다. 오늘날 서산 시내 양대리의 쓰레기처리장이 있는 옛 염전 터까지 새우 떼가 몰려들었는데, 그 까닭은 이곳이 모래가 많아서였다. 여름까지 새끼손가락 길이만큼 자란 새우는 추석을 전후해 부쩍 자란다. 이윽고 찬바람이 불라 치면 천수만을 벗어나 바깥 바다로 나간다.

남당포구 어민들 입장에서는 "애써 길러 잡아 먹을 만하니 모두 빠져나간다."고 투덜댈 만하다. 작을 때는 금어기여서 손도 못 대다가 정작 제철에는 밖으로 빠져나가기 때문이다. 홍성에서 9월에 대하축제가 시작되는 것은 제철 대하가 본격적으로 잡히기 시작했다는 신호이기도 하다.

천수만을 벗어난 새우들은 안면도나 원산도 밑으로 진출하며, 조금 더 자라면 격렬비열도나 남서쪽 난바다로 나간다. 새우가 흑산도 어름까지 빠져나가면 남당포구에서는 멀리 흑산도까지 무려 열두 시간이나 걸리는 출어 준비에 바쁘다. 기온이 영하를 오르내리면 따뜻한 동중국해 쪽으로

서쪽바다

157

자잘한 섬과 여가 모여 천연 새우 산란장을 형성하고 있는 천수만에서 새우잡이 그물을 내리는 안면도 백사장의 어민(위). 충남 홍성의 남당포구와 태안 안면도의 백사장포구에서 잡힌 왕새우는 봄에 천수만 일대에서 산란기를 거친 뒤 멀리 흑산도 근해와 동지나해를 오르내리며 단단하게 살집을 부풀려 크고 맛있다(아래).

내려갔다가 이듬해 봄에 다시금 천수만으로 돌아와 산란한다. 남당포구에서 먼저 대하축제가 열리고, 이어 안면도 백사장에서 다시 축제가 열리는 것은 이 같은 자연의 질서에 따른 일이니 축제가 겹친다고 나무랄 일이 못 된다.

남당포구에서 먹는 새우가 조금씩 알이 잔 대신 맛은 쫄깃쫄깃하다. 반면에 20여 일 뒤에 안면도 백사장에서 먹는 새우는 훨씬 크고 푸짐하다. 서로들 우리 동네 새우가 맛있다고 주장하나, 내 입에는 한결같이 맛있고 싱싱하니 어디를 편들 수가 없다. '제철 과일'이 존재한다면 '제철 생선'도 있다. 적기적작(適期適作)의 농법이 있듯 때맞춰 잡아들이는 어법도 존재하기 때문이다.

왕새우를 이처럼 먹을 수 있게 된 것도 근래의 일이다. 과자 가운데 최장기 히트상품이 '새우깡'이지만 정작 우리는 새우젓이나 찬거리용 건새우는 몰라도 큼직한 왕새우를 새우깡처럼 일상적으로 먹을 수는 없었다. 그러던 것이 어느새 새우깡만큼이나 흔하게 먹을 수 있게 됐다. 남홍식(59세) 안면도 백사장 대하축제 준비위원장의 말이다.

> 옛날에는 전량 일본으로 수출했지요. 우리가 먹을 게 어디 있었겠어요? 당
> 시에는 10톤급 대형선들이 격렬비열도에서 삼중망(일명 삼마이)으로 잡아
> 급랭시킨 뒤 모두 일본에 보냈어요.

불과 10여 년 전만 해도 지금 우리가 먹는 새우는 거지반 '수출용'이었단
다. 지금은 국내 소비량도 부족해 수출할 물량이 없다. 오히려 수입산이
증가해서 필리핀, 베트남, 중국산 등이 속속 들어온다. 새우 양식이 확산
돼 양식새우 총량이 자연산을 앞지른 지 오래다. 100여 년 전, 한말에 중국
배들이 이곳까지 진출하여 새우를 잡아가던 것을 생각하면 격세지감이다.
양식산이 흔해져서 비교적 싼값에 왕새우를 먹게 되어 고맙기는 한데 정
작 동남아 현지 사정을 조금이라도 들여다보면 좋은 일만은 아니다. 필리
핀이나 인도네시아 등 남방의 연안에서 새우양식장을 만들기 위하여 맹그
로브숲을 베어냈다. 일본이나 한국으로 수출되는 새우 외화벌이를 위해서
인데 덕분에 해일이 몰려오면 맹그로브의 숲 방파제가 사라진 마당에 속
수무책으로 당하고 만다. 새우양식장 덕분에 아시아 맹그로브숲의 상당
부분이 결딴나고 있는 중이니 수입산이라 싼 덕분에 먹기는 하지만 마냥
즐거운 일이 못 된다.

자연산·양식 맛 비슷해 굳이 안 따져도

새우는 수온에 민감한 어류다. 자연산이 흉년이라 사실상 양식새우만으
로 대하축제를 치르는 경우도 있다. 가격도 만만찮아 자연산 1킬로그램에

7만 5천 원을 호가했으나 2004년의 경우는 그 절반 수준이었다. 거의 5년 만의 대풍어였으니 제철 새우를 원 없이 먹고픈 이들은 새우 풍년 소식이 들려오면 때맞추어 당장 달려갈 일이다. 어느 해에 새우가 많이 잡힐지는 누구도 장담을 못하니 흔할 때 제철 과일 먹듯 실컷 즐기시라.

양식과 자연산을 둘러싼 많은 시비에서 새우도 예외는 아니다. 자연산은 전반적으로 흰빛이 도는 가운데 약간 불그레한 자갈색을 띠며 수염이 길다. 반면 양식새우는 검은빛이 강하고 수염도 짧다. 크기에서는 양식과 자연산의 차이가 없다. 밀식으로 양식하면 알이 잘고, 밀식을 피하면 커질 뿐이다. 중국산은 머리 자체가 거뭇거뭇하며, 필리핀이나 베트남산은 상당히 큰 데다가 남방의 수온 때문에 살집의 탄력이 떨어져 쉽게 구분된다. 그러나 불에 구우면 새우 껍질이 모두 진홍색으로 변해 분간이 어렵다.

새우는 성질이 급해 그물을 끌어올리면 대부분 죽어 있다. 수족관에서 생생하게 살아 움직이는 놈은 십중팔구 양식이다. 방금 배에서 내린 자연산 새우를 '죽은 새우'라며 외면한 이들이 수족관의 양식새우를 싱싱하다며 선뜻 골라잡는 모습은 사실 촌극일 뿐이다. 새우축제 현장에 가서는 오히려 '죽은 새우'를 선택하는 것이 현명하다.

사실 자연산 공급이 충분하지 못한 처지이니 양식이라도 많이 해 눅은 가격으로 먹을 수 있게 하는 게 옳다. 자연산과 양식을 구태여 구별할 것도 없고, 먹어보면 맛도 비슷해 구분도 쉽지 않다. 다만, 늘 문제가 되는 것은 맛의 차이가 아니라 양식 과정에서 항생제를 남용하지나 않았을까 하는 의구심이다.

왕새우는 삶기, 튀기기, 매운탕, 구이, 생으로 먹기 등 온갖 요리법이 가능하다. 소금구이는 근래 10여 년 안짝에 생긴 식습으로, 바닥에 붙지 않고 간이 적절하게 들도록 소금을 이용한 것이다. 새우의 영양가는 머리에 쏠려 있다. 갑각류는 게, 가재 할 것 없이 체외에 알을 싣는 반면 새우만은

남당포구의 뱃사람들. 새우잡이 출어를 준비하면서 그물을 손질하는 남당포구 풍경.

머리 부분에 알을 싣는다. 일본인은 새우 껍질을 그대로 씹어 먹는 경향이 있는데, 우리는 벗겨내서 먹는다. 콜레스테롤 걱정만 하지 말고 노화방지에 '한 역할' 한다는 키토산이 풍부한 껍질을 함께 씹어 먹는 습관을 기를 일이다. 어느 위인들이 만들어냈는지 대단히 잘못된 정보가 난무하는바, 새우 껍질을 벗겨서 먹는 그릇된 식생활이 만연하고 있다. 오히려 새우의 가장 중요한 성분은 단백질과 칼슘, 필수아미노산이며, 불포화지방산과 타우린이 들어 있어 동맥경화, 고혈압, 심장병 환자들에게 권장해야 한다는 학자도 있다.

새우는 그야말로 건강식이다. 중국에서는 오죽하면 "총각은 새우를 먹지 마라."는 식담까지 생겨났을까. 그만큼 남성의 양기를 돋아주는 스태미나 원천으로 친다. 성기능 장애에도 효과가 있는 것으로 예부터 높게 쳤다. 키토산을 생각한다면 바삭하게 튀겨 껍질과 수염은 물론 꼬리까지 남김없이 먹어둘 일이다.

물고기들에 '그들만의 땅' 돌려줬으면

새우축제로 내포만이 온통 법석이지만 그 기세가 예전 같지는 않다. 40여 년간 남당리에서 어업을 해온 김영태(65세) 남당리 축제위원장은 "예전에 남당리에만 연안 안강망 배가 50척이 넘었지요. 천수만이 막히기 전에는 개가 물고 다닐 정도로 고기가 흔했는데, 댐이 막히면서 고기들 알 낳을 장소가 송두리째 사라진 거예요."라며 아쉬운 듯 입맛을 다신다.

지금도 새우들은 남쪽에서 겨울을 보낸 뒤 4~5월이면 어김없이 천수만을 찾는다. 천수만 안쪽의 거대한 개간지가 모두 새우 산란장이었다. 그만이 막히자 새우들은 천수만 복판의 죽도나 황도 부근의 '상펄'이라 부르는 모래등으로 길을 바꿨다.

이곳을 찾는 새우의 종류도 많아 7~8월에는 새끼손가락 길이에 푸른빛이 도는 고급 새우 중하, 중하와 비슷하지만 맛이 조금 떨어지는 6월의 독새우, 빨간 꽃처럼 예쁘고 맛도 좋은 꽃새우, 색깔이 거무스름하고 맛도 없어 사료용으로 쓰였던 일명 송장새우, 젓국용으로 쓰는 껍질이 두툼한 됫때기새우, 몸통이 작아 젓갈에 그만인 곤쟁이, 그리고 철 따라 잡아들이던 오젓과 육젓, 추젓 등 세기도 어렵다. 천수만 간척으로 새우들의 낙원이 사라진 것이다.

어패류는 급감한 반면 해산물 선호도는 급작스레 높아지면서 어촌 풍경도 변하고 있다. 안면도 백사장이나 남당포구 같은 현대적 파시촌이 대거 등장하는 것도 이런 추세를 반영한 결과다. 불과 30여 호의 한적한 어촌이었던 백사장 포구는 1990년대 중반부터 현대식 건물이 즐비한 거촌으로 변해 주말에는 발 디딜 틈이 없을 정도다.

남당포구도 불과 50여 호였으나 해변에 어패류를 파는 파라솔이 늘더니 이제는 무려 200여 호가 밀집한 거촌으로 변신했다. 그 옛날 작부의 노랫

천수만 한복판에 자리 잡은 새우 산란지 죽도(위). 시장을 보고서 홍성의 남당포구에서 배를 몰고 돌아가는 죽도 어민(아래).

가락 드높던 파시촌과 달리 서해안고속도로를 타고 밀려드는 자가용 행렬 속에 새로운 풍속도를 만들어내고 있으니 그야말로 21세기의 신어촌 풍속도가 아닐 수 없다.

배편이 없어 가까우면서도 먼 섬 죽도로 길을 잡았다. 열두 개의 자잘한 섬과 여가 모여 산란장답게 오밀조밀한 곳이다. 동발이, 띠섬, 멍데기, 오가리, 큰달섬, 작은달섬 같은 섬들이 떠 있는데 시누대가 우거져서 죽섬이라 부른 이유를 알겠다. 예전에는 '대섬'이라 불렀다. 윗마을 여덟 집, 아랫마을 열네 집, 도합 스물두 집이 살고 있는 한적한 섬으로 멀리 고정리

163

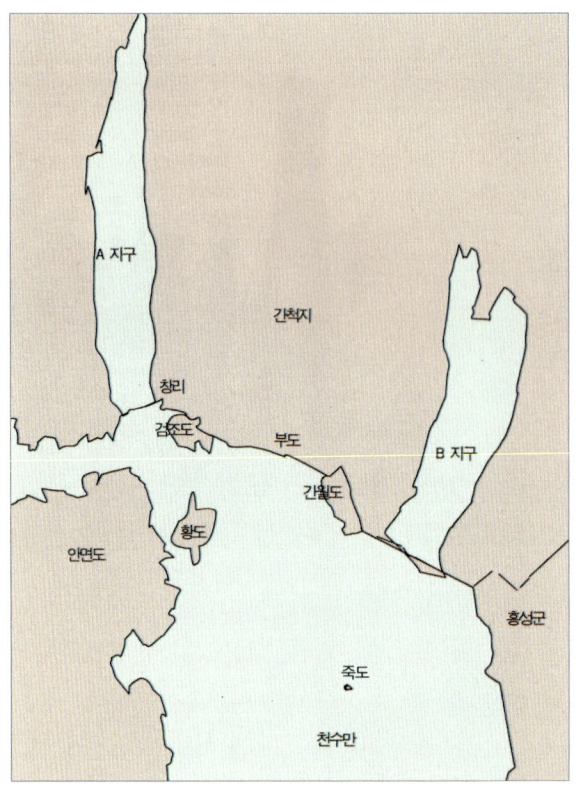

화력발전소와 원산도, 안면도, 간월도와 천수만 방조제가 보이는 천수만 복판에 떠 있다. 천혜의 서식장이자 황금어장인 천수만이 절반쯤 허리가 뚝 잘려 몸살을 앓은 지 오래인 그 중심에 죽도가 있다. 천수만의 복판에 자리 잡아 엄청난 어획고를 자랑하던 섬이었다. 그러나 한때 잘나가던 마을회관에는 '하면 된다'는 구호만이 덩그러니 걸려 있고 고기는 씨가 말랐단다. 배를 타고 나가서 형망으로 바닥을 훑어 잡는 새조개잡이가 그나마 주 수입원이다. 집집마다 갑오징어 몇 마리가 걸려 있는 쓸쓸한 풍경이다. 죽도 어민이 뼈아픈 한마디를 던진다.

천수만 땅을 도시민에게 분양한다고 하는데, 본디 주인인 물고기에게도 분양하면 어떨까요?

　차라리 댐을 무너뜨려 만을 복원하자는 '폭탄선언'인데, 그 말이 '폭탄'으로만 느껴지지 않음은 웬일일까.

수직적 숲과
수평적 섬의 만남

숲으로 에워싸여 하늘조차 안 보여

대천해수욕장을 끼고 있는 보령항에서 배를 띄워 한참을 가다 보면 바깥 바다에서 외연도와 만난다. 연근해의 원산도, 장고도, 삽시도 등을 비껴 달리다가 이윽고 섬들이 사라지면서 원해(遠海)의 고독감을 느낄 즈음 호도 와 녹도가 다시 모습을 드러내고, 거기서 한참을 가야 이르는 곳이 외연도 다. 섬다운 곳이다. 먼 섬이라 오가기에 불편하지만, 모든 섬이 뭍과 가깝 다면, 영토가 그만큼 좁다는 뜻이므로 섬이 멀리 있다고 탓할 일은 아니다.

'섬다운 곳'이라는 표현은 모든 외로움과 절박함, 신성함 따위를 담고 있으며, 때로는 처연하기까지 해 사실 '바다의 낭만성' 따위와는 무관하다는 말이기도 하다. 외연도는 고도(孤島)의 제반 조건을 두루 갖춘 섬이다. 파도가 거칠고, 사람 살기 척박한, 한마디로 가진 게 바다밖에 없다.

그런데도 외연도에 처음 발을 디딘 사람들은 놀란다. 천신만고 끝에 섬이 시야에 들어올 무렵, 갑판에서 보노라면 바다를 압도하며 그늘을 드리운 깊은 숲이 다가온다. 포구가 의지하고 있는 당산(堂山) 숲이다.

섬에 닿자마자 서둘러 당산엘 든다. 말 그대로 당숲이다. 숲으로 에워싸여 하늘조차 보이지 않는다. 아열대의 짙푸른 상록수가 울창하게 자라 한겨울에도 바다를 초록색으로 물들이는 곳. 쿠로시오 난류 영향권인 이곳은 남방계 식물이 진을 쳤다. 동백나무·후박나무·돈나무·보리밥나무·송악·마삭줄·자금우·방기·먼나무·붉가시나무 같은 상록활엽수, 상수리나무·자작나무·팽나무·찰피나무·고로쇠나무·산초나무·푸조나무·구지뽕나무·사위질빵·자귀나무·화살나무·딱총나무·회나무·광대싸리·초피나무·예덕나무·닥나무·붉나무·두릅나무·황칠나무·때죽나무·계요등 같은 수목류, 담쟁이덩굴·노박덩굴·칡·댕댕이덩굴·청미래덩굴 등 그 밖의 수많은 초본식물, 해안식물이 자생한다.

9,950여 평에 이르는 상록수림, 수령 800여 년에 수고 10여 미터, 둘레 4미터인 팽나무 고목과 동백나무가 눈에 뜨인다. 외연도의 숲을 보다 보면 과거 서해안의 대개의 숲들이 이와 같았을 것으로 유추된다. 인간의 손을 타기 이전의 서해안의 섬들은 따뜻한 해류를 타고 들어온 남방계 식물들에게 점령되어 원시림을 이루면서 사계절 아름다운 경관을 연출하였을 것이다.

깊고도 깊은 숲이다. 숲 속에 들면 나무들이 가지를 잇대 하늘을 가리고

서
쪽
바
다

167

선 바람에 신문조차 읽기 어렵다. 적어도 수백 년 이상 이렇게 외연도의 당숲을 이뤄왔다. 숲이 훌륭하다 보니 정부에서 '천연기념물(137호)' 팻말까지 달아주었다. 그러나 많은 사람들에게 이곳은 숲으로 다가섰을 뿐 당숲의 의미는 널리 알려지지 않았다. 식물학자들이 찾아와 식물만 보고 가는 식으로 각각의 필요에 따라 살폈을 뿐 누구도 이 숲의 역사민속학적 의미를 조망하지 않았기 때문이다.

'소 바침' 당제 살림축제의 압권

살펴보면 외연도의 '숲 모심'은 유별나다. 1960년대까지만 해도 해마다 세 차례씩 당제를 지냈다. 어장이 열리는 음력 4월과 어장이 닫히는 11월의 당제, 그리고 8월 햇곡식철의 노구제가 그것이다. 당제를 모시는 정성도 극진해 마을 살림이 축날 정도였다. 그러나 지금은 제의가 연 1회로 축소돼 정월 열나흘날 정일로 바뀌었다. 일시 당제가 끊겼다가 다시 시작하면서 정월달 한 번으로 축소 조정된 결과다. 4월 당제는 돌김을 따서 얻은 수입으로, 11월 동지살 당제는 대구·도미·홍어 등을 잡아서, 노구제만큼은 햇곡식으로 올렸으니 바다와 땅에서 나온 신의 선물을 올린 셈이다. 이 같은 제물은 반농반어(半農半漁)적인, 즉 바다에 의존해 살면서도 농사를 짓지 않고는 살 수 없는 섬사람들의 삶을 잘 반영한다.

외연도 당제의 압권은 역시 '소 바침'이다. 소를 신성하게 표현하여 '지태'라 부르는데, 이 지태를 잡아 피를 뿌린다. 당제가 열리면 특별히 정해둔 '지태 잡는 장소'로 소를 끌고 가 죽이는데, 죽은 고기를 바치는 제사와는 질적으로 다르다. 더러는 죽은 지태를 측은해하지만 이곳 사람들은 '절 받고 죽는 소'라며 부러워하기까지 한다. 통념을 뒤엎는 의식이다. 인도의 힌두교도

쿠로시오 난류 영향으로 남방계 식물이 울울창창 진을 친 외연도 당숲. 이곳에는 아직까지도 해마다 소를 잡아 치르는 '숲 모심'의 희생제의가 남아 절해고도에서 이어가야 했던 외롭고, 절박하고, 때로는 처연하기까지 했던 어로의 삶을 웅변하고 있다.

들이 모시는 신성한 암소 태모(太母)에 비견된다. 소는 대지의 생산력과 풍요, 생식, 모성본능의 상징이다. 제의가 사라져가는 21세기에 외연도의 희생제의는 우리들이 잃어가고 있는 '원초적 본능'의 마지막 유형이 아니겠는가.

외연도 당제는 살림의 축제다. 아무도 없는 섬에서 피의 카니발이 열린다. 소의 낮고 우렁찬 울음이 바다에 멀리 퍼지면 새롭게 태어난 제관이 해마다 당숲의 주인공이 된다. 누구든 숲의 나뭇가지 하나도 잘라서는 안 되며, 스스로 자라고, 스스로 쓰러져 숲의 자연적 질서를 정연히 관리하고, 조직해 숲에서 살림의 축제를 완성한다. 제의가 파하면 짚으로 만든 배에 제물을 차려 얹어 먼 바다로 띄워 보낸다. 인간의 재앙을 싣고 또 하

서쪽바다

169

나의 희생양이 바다로 사라져가는 것이다. 숲은 이 모든 축제를 묵묵히 지켜보고, 관장하고 그래서 마지막까지 증인이 되는 것이다.

외연도의 당숲을 인문학적 학명으로는 생명의 나무, 혹은 우주나무(Cosmic Tree)라고 한다. 이름을 붙이자면 '세계수(世界樹)'쯤에 부합하는 말이다. 영원불멸의 '스스로 살아 있는 나무', '생명을 주는 나무', '우주의 축(Axis)', '세계의 중심'이 바로 이 당숲이다. 뿌리는 땅속 깊은 곳, 세계의 중심에서 뻗으며, 지하수와 접촉하는 나무는 '시간'의 세계로 자라는 나무다. 나이테는 나무의 수령을 알려주며, 가지는 하늘과 영원에 가닿는다. 머나먼 바다에 천연기념물 당숲이 있어 바다 가운데에서 세계수가 '살아 숨 쉼'을 알려주는 것이다.

당숲 말고도 신성한 공간으로 해막(解幕), 혹은 피막(避幕)이라 부르는 장소가 있었다. 아마 이두용 감독이 만든 〈피막〉이란 영화를 기억할 것이다. 물론 그 영화의 피막과 당제에서의 피막은 많이 다르다. 해막은 당제

외연도 당숲 안에 세워진 당집.

를 지낼 무렵에 산기(産氣)가 있는 여성을 마을 밖으로 피난시켜 당제 기간에 생길 수도 있는 '피부정'을 가리는 공간이다. 엄동설한에도 반드시 마을에서 벗어난 해변가의 해막으로 피신해야 했다. 친정어머니나 시어머니가 동행하여 허름한 가건물 같은 집에 기거하면서 밥을 해먹고 거기서 아기를 낳고 당제가 끝나야 되돌아온다.

비단 외연도에만 해막이 있던 것이 아니다. 서해안 일대 대개의 해안가에서는 동제를 지내면서 피신하는 해막들이 존재했다. 대개 1960년대 산업화시대로 접어들면서 사라진 오랜 풍습이다.

산모는 바다를 바라보면서 아기를 낳았으니 그 아이를 특별히 '해막동이'라고 불렀다. 여성을 피부정이라고 하여 피신시키는 행위 자체를 선뜻 동의하기 어려운 대목이 있지만, 그만큼 제의의 신성함이 살아 있던 섬의 풍속을 웅변해주고 있어 21세기의 아이들에게는 그야말로 '어제 같은 옛날'의 이야기가 되고 말았다.

전횡 장군은 왜 외연도 신이 됐나

외연도 일대에 전해지는 전설이 있다. 고대 중국, 한나라의 득세로 밀려난 제(齊)나라의 전횡(田橫) 장군이 이곳으로 망명해왔다. 그는 한나라의 줄기찬 회유와 협박을 물리치고 가신들과 함께 바다로 나와 반양산에 숨어들었다가 종국에는 부하들을 지켜내기 위해 낙양으로 소환당해 스스로 목숨을 끊었고, 섬에 있던 500여 명의 부하들도 그와의 의리를 지키기 위하여 모두 죽음을 택했다. 이곳 당집의 전공사당기(田公祠堂記)는 이런 사연을 전하고 있다.

전횡은 패장(敗將)이 분명하다. 외연도 사람들이 언제부터 중국 고대사회의 장수를 신으로 모시게 되었는지는 분명하지 않다. 임경업이 연평도에서 조기의 신이 되었다면, 전횡은 보령 앞바다에서 당숲의 신이 되었다. 둘 다 희생양으로 죽은 장군이라는 공통점이 있다. 패장이라 할 수 있는 장군들이 서해의 어업신으로 숭앙받는 것은 해양문화사적으로 대단히 흥미로운 대목이다.

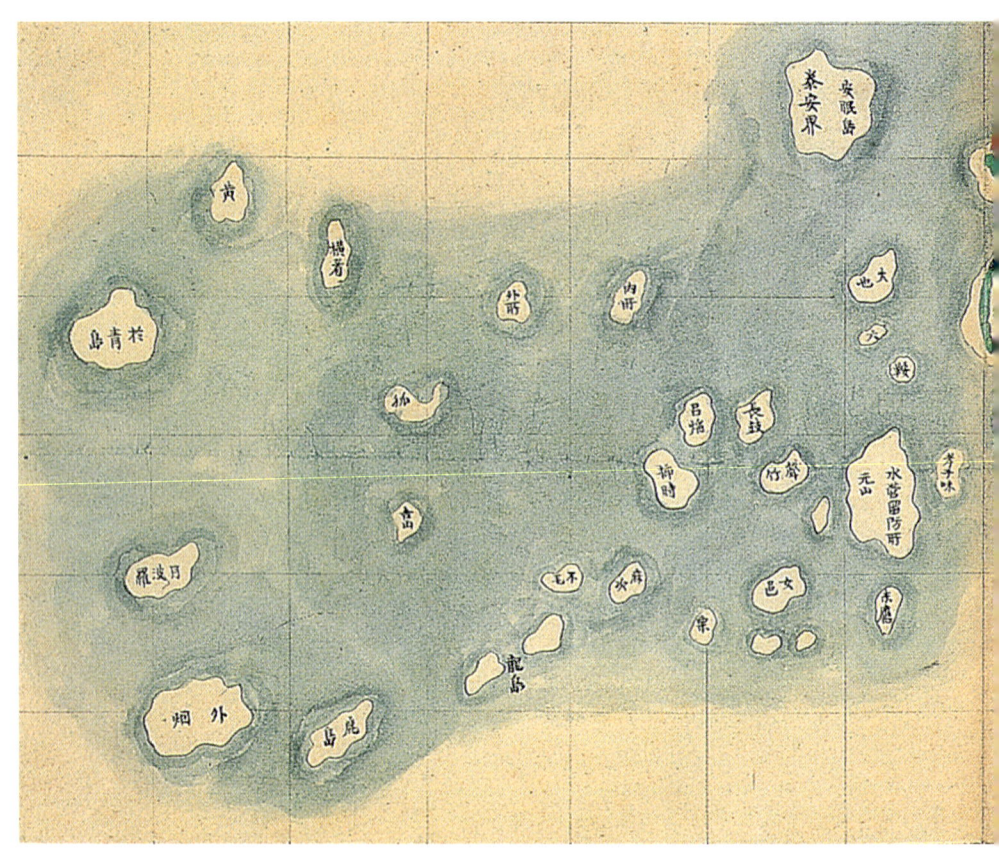

왜 하필 머나먼 이국 땅에서 신이 되었을까. 중국 고대사의 수수께끼가 머나먼 외연도에서 하나의 드라마를 펼치고 있는 셈이다. 혹시 고대사회에 이루어진 중국과 한반도의 활발한 해상교류가 빚어낸 결과는 아닐까. 아니면 중국과 가까워서 '산둥 반도에서 닭 울음소리도 들린다.'는 지정학적 위치를 감안하여 신앙화된 것은 아닐까. 머나먼 섬 같지만 외연도의 역사는 상당히 오래되었다. 외연도의 패총은 삼국시대 전기 또는 원삼국시대의 조개더미 유적으로 패각총은 주로 섭조개와 굴 껍데기다. 전횡 장군 시절에도 외연도에 사람이 살고 있었다는 증거다.

그래도 그렇지, 왜 난데없는 고대 중국의 장군인가. 의문은 풀리지 않는

172

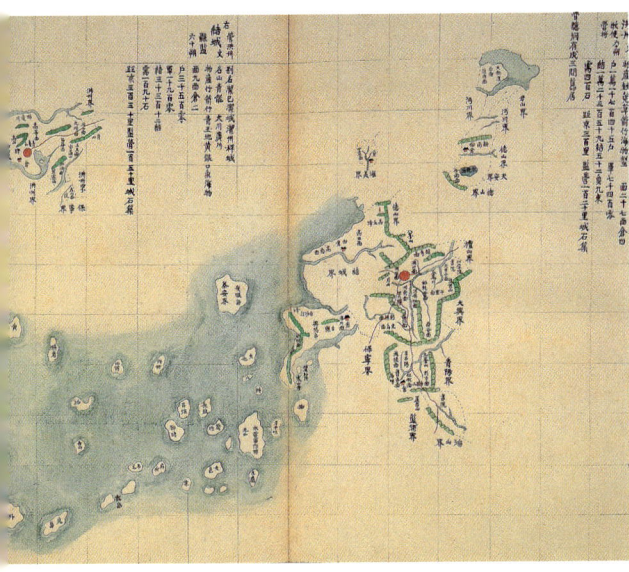

호서지도(湖西地圖) 4책 중 제1책 홍주(洪州), 결성(結城) 부분에 외연도, 녹도, 어청도 등 오늘날의 보령시 소속 도서들이 잘 나타나 있다(19세기 후반, 고려대학교 도서관 소장).

다. 유사무서(有史無書)의 역사이므로 정확한 근거는 들이댈 수 없어도 무언가 이곳 바다와 인연을 맺은 사실이 있으니 신앙화된 것이리라. 어쨌든 그는 고기잡이의 풍어와 해상의 안전을 도모해준다는데, 인근 어청도와 녹도에도 그를 모신 제당이 있다. 머나먼 중국 땅, 그것도 제나라까지 거슬러 가는 고대의 한 장군이 우리나라 서해의 신이 되었다는 점은 당대 사회에서 중국의 동해, 우리의 서해 사이에 무언가 알 수 없는 모티프적인 사건이 전개되었음을 암시하는 것으로도 읽히지만, 애석하게도 문헌 증거가 없어 모호할 뿐이다. 그러나 '모호하다'는 말은 그만큼 신화적 진실에 가깝게 다가서 있다는 증거일 수도 있다.

외연도에서 개신교 선교사와 한국인이 최초로 마주치다

《한국수산지》(1908) 발간 당시 외연도는 38가구 120명의 인구를 품고 있

었다. 인근의 횡견도, 황도, 오도에서도 어업이 활발했다고 기록하고 있다. 지금의 외연도는 곳곳에 까나리젓통이 즐비할 뿐 외지에서 오가는 사람이 많지 않아 인구도 거의 고정적이다. 예전의 외연도는 조개딱지 같은 지붕 낮은 초가 움막집이 처마를 맞대고 있는 작은 포구였다.

오죽이나 먼 바다였으면 네덜란드 선교사 카를 구츨라프 (Karl Gutzlaff, 1803~1849)가

외연도 포구의 전경. 섬에서의 삶은 오로지 뱃길을 여는 이 포구에서 시작되고 포구에서 끝난다(위). 외연도 옆 녹도에서 만난 까나리 삶는 화덕(1996년 8월 찍음, 아래).

이곳을 거쳐 들어왔을까. 1832년 7월, 서해안을 탐사하고 있던 동인도회사의 로드 애머스트호의 통역 및 의사로 외연도를 일시 방문하였으니, 하멜 이래로 대항해시대의 서세동점하는 파장이 이곳 외연도까지 미쳤음을 알 수 있다. 이로써 그이는 개인 자격이기는 하였으나 최초로 한국인과 접촉한 개신교 선교사가 되었으며, 감리교회에서 봉헌한 기념 성당이 외연도에 세워져 있는 것이다.

외연도는 정말 오지다. 사람들은 예전부터 '선 것', '갯것'만 먹어왔으니 노구제의 햇곡식은 대단히 깊은 의미가 있다. 곡식이라야 산비탈에 보리 농사가 전부였다. 흉년이 들면 칡뿌리를 메로 쪄서 거른 다음에 가루로 만들어 먹었다. 잔대, 더덕, 지녀풀, 원추리, 달래, 고사리, 참나물, 엄나물 같은 나물류가 그나마 흔한 먹거리였다. 물도 풍부하지 않다. 예전에는 꽃게 같은 것을 잡아도 상품화시키지 못하고 모두 버리는 실정이었으니, 그때에 비하면 오늘날은 상전벽해의 삶이다.

오지의 섬사람들이 겪는 현실적 어려움은 상상을 초월한다. 배 타고 대천으로 나아가 대천장을 이용하는데 도서지방을 끼고 있어서 물가는 전국에서 수준급이다. 돈 벌어서 모두 대천에 갖다주는 심정들이다. 뭍에 나가면 1주일을 예상하고 나가야 한다. 바람이 불면 꼼짝 못하고 대천에 있어야 하는데, 술 마시고 하다 보면 돈이 많이 든다. 섬사람들이라 호기심도 많고 충동구매도 있어 한 번 샀다 하면 돈 값어치를 못 느끼고 사늘인다. 벌 때는 많이 벌어들이지만 낭비도 심한 편이다. 사람에 따라서는 몇백만 원도 우습게 아는 풍조다. 또한 섬에는 달리 노는 문화가 없으니 화투를 많이 치는 편이다. 도서민들에게 뱃삯을 절반 이하로 깎아주면서 대천 나가는 일이 더욱 잦아졌다. 뱃삯 내린 것이 좋아진 것인지 나빠진 것인지 모르겠다는 푸념도 나온다. 머나먼 섬에서의 삶이란 이처럼 '낭만'이 아닌 '현실'일 뿐이다.

외연도 교회. 한국 최초로 개신교와 조우하였던 역사적 사건을 기념하고 있다.

그래도 먼 섬의 여행은 각별한 멋이 있다. 산이 거기 있기에 오르듯이, 섬이 거기 있기에 우리는 그 섬으로 가야만 한다. 지루한 뱃전에서 장 그르니에(Jean Grenier)의 '섬(Les Iles)'의 한 구절을 읽는 것도 어울림 직하다.

바다 위를 하염없이 떠도는 꽃들이여, 거의 잊어버리고 있을 쯤에야 다시 나타나는 꽃들이여, 해조들이여, 시체들이여, 잠든 갈매기들이여, 뱃머리에서 떨어져 나오는 그대들이여, 아, 나의 행운의 섬들이여! 아침의 충격들이여, 저녁의 희망들이여,—내가 또한 그대들을 언제 다시 볼 수 있으려나? 오직 그대들만이 나를 나 자신으로부터 벗어나게 해주는구나. 그대들 속에서만 나는 나를 알아볼 수 있었으니, 티 없는 거울이여, 빛 없는 하늘이여, 대상 없는 사랑이여……

풍어와 해상의 안전 지켜주는 영원한 '생명나무'

숲으로 좀더 깊이 들어가 본다. 숲은 길게 하늘을 향해 있으며, 그 바다의 하늘은 유난히 맑고 푸르다. 밤에는 당숲으로 별빛이 부서져 내려 숱한 나무들이 별빛으로 멱을 감는다. 숲은 당산에 깊게 뿌리를 드리우고 있다. 뿌리는 섬의 속살을 파고 들어가 심연 깊은 물길과 닿는다. 섬은 봉우리로 솟아 있지만 빙산의 일각일 뿐이다. 섬은 밑으로 밑으로 심연에 가닿는다.

마땀, 지픔금, 마당배, 노랑배, 큰명금, 돌살금, 금배, 당산너머, 관쟁이, 고래자지뿌리, 본당산매, 대룻뜰뿌리 따위의 고유 지명과 번지를 지닌 바다밭들이 섬을 감싼다. 바다 가운데 당숲이 지니는 의미는 이렇게 정리될 수 있지 않을까.

'숲의 수직적 세계관과 바다의 수평적 세계관의 만남.'

신앙심만으로 당숲이 지금까지 보존되어온 이유를 모두 설명할 수는 없을 것 같다. 숲이 싱그러운 물을 주고 있으니, 섬사람에게는 더할 나위 없는 귀한 생명의 원천 아닌가. 지금도 빗물을 받아 쓰는 그들이기에 숲의 의미를 더욱 절실하게 체득하고 지켜온 것은 아닐까. 물은 모든 '생것'들의 생명을 지탱해주는 근본이다. 물과 흙, 공기의 순환, 외연도의 나무와 숲은 이 순환구조의 중심 고리에 자리하고 있는 셈이다.

못내 아쉬워 당숲의 진실을 찾는 일에 좀더 땀을 보태고 싶다면 인근 어청도나 녹도로 나가야 한다. 외연도에서 어청도 가는 뱃길은 하루 한 차례씩 있다. 어청도에도 이곳처럼 전횡 장군 당(堂)이 전해지고 있으며, 아름다운 숲도 있다. 전횡 장군이 이곳과도 인연을 맺고 있으며, 보령의 끝섬답게 해군이 주둔하는 군항까지 있어 오히려 번화한 감이 있다. 보령항으로 되돌아올 요량이면 녹도에 들르길 권한다. 그곳에서도 예의 당숲을 만날 수 있다. 가파른 산등성이에 마을이 형성된 녹도, 그곳의 아름다운 낭숲과 늘 푸른 사철나무가 겨울에도 초록으로 나그네를 마중한다.

외연도의 당숲에서 '천지가 나와 한 뿌리이며, 만물이 나와 한 몸(天地與我同根 萬物與我同體)'임을 깨닫고 돌아온다. 섬이 먼 만큼 깊은 바다, 먼 섬이 주는 깨달음의 격 역시 깊고도 먼 여정이다.

수탈첨병 은행건물엔
불 꺼진
카바레 간판만

탁류째 좌르르 쏟아버리면서 대처 하나가 올라앉았으니

에두르고 휘돌아 멀리 흘러온 물이 마침내 황해 바다에다가 깨어진 꿈이고 무엇이고 탁류째 얼러 좌르르 쏟아져버리면서 강은 다하고, 강이 다하는 남쪽 언덕으로 대처(시가지) 하나가 올라앉았다. 이것이 군산이라는 항구요, 이야기는 예서부터 실마리가 풀린다.

한국 문학사의 금자탑인 채만식의 《탁류》는 이렇게 시작된다. 오늘날 그를 기리는 '채만식 문학관'은 소설 대목처럼 금강이 끝나면서 황해와 만나는 그곳에 서 있다. 문학관에서 조금만 서쪽으로 내려가면 '째보선창'이 나온다. 소설 속의 정주사는 서천 땅을 처분한 뒤 똑딱선을 타고 째보선창으로 건너온다. 하지만 쌀 현물을 가지고 투기하는 미두장에서 돈을 다 날리고는 선창에서 자살을 기도한다.

'째보선창'은 지정학적으로 '옆으로 째졌다'고 해서 붙은 이름이다. 실제로 백마강과 금강이 합쳐지면서 바다로 흘러드는 길목에 자리 잡아 Y자로 째진 곳이다. 구한말까지도 삼남의 농수산물이 이곳에 집산했다가 서울로 보내지던 중요한 선창이었다. 채만식 시절까지만 해도 제 몫을 다하던 선창이 금강하구언이 축조되면서 쌓일 대로 쌓인 퇴적물 때문에 항구 기능을 거의 상실해 문화원이 세운 입간판만이 그 역사를 말해줄 뿐이다.

《탁류》는 당연히 픽션이지만 역사적 전형성을 고스란히 획득하고 있지요. 둔뱀이산 정상에 있는 정주사 집터, 한참봉 쌀집, 콩나물고개 같은 소설 속의 역사 현장을 짚어가면 식민지시대 군산의 풍경이 오롯이 제 모습을 드러냅니다.

'군산 지킴이' 이복웅 군산문화원장의 증언이다. 탁류는 식민수탈의 가장 전형적인 공간이었던 군산으로 몰려들던 군상들의 삶을 증언하고 있다. 군산은 본디 금강을 따라 내려오던 조운선이 잠시 숨을 돌리고 한양으로 가던 길목이었다. 《세종실록지리지》 만경현조에 "군산은 병선(兵船)을 정박시킨 곳으로, 섬이 둘 있는데 군산도와 망입도가 있다."고 했다. 군산진(群山鎭)은 본디 군산도(현재의 선유도)에 있었다. 그 후 군산진을 오늘의 군산시 영화동 해변의 진포로 옮기면서 이름도 따라와 군산으로 확정됐으며, 과거의 군산진은 고군산(古群山)이 되었다. 그러니 고군산군도는 본디

179

군산의 원적지인 셈이다.

　1899년 개항과 더불어 전혀 새로운 역사가 쓰이기 시작한다. 영산강 하구의 목포, 낙동강 하구의 부산, 한강 하구의 인천, 대동강 하구의 진남포처럼 강과 바다를 연결하는 길목들은 모두 우선 개항을 강요받았으며, 식민통치 내내 수탈의 본거지로 작동한다. 개항장을 둘러싼 외세의 토지침탈은 당대인들에게 심각하게 다가오는 두려운 사건이었다. 《독립신문》에 '제 나라 토지를 지키는 것이 우선'이란 기사가 등장한다(1899. 11. 15).

　　이때는 어느 때인고 하니 마음을 단단히 먹고 정신을 가다듬어 전후좌우를 도저히 살펴보아야 자기 앞에 있는 떡 한 덩이라도 남에게 뺏기지 아니할 터이지, 만약 조금이라도 게을리 하여 잠을 아니 깬 모양으로 어리석게 보였다가는 집안에 있는 여간 가산(家産) 집물(什物)을 다 잃어버릴 뿐만 아니라 필경은 방 안에 내놓은 문방제구까지 간 곳이 없을 터이니, 어찌 겁내고 조심할 때가 아니리요.

　한말, 군산에 당도한 일제는 입을 벌리고 말았다. 그네들은 드넓은 갯벌과 천혜의 항구조건, 풍부한 노동력 등이 장차 군산의 운명을 예고하는 담보물이 될 것임을 직감했다. 갯벌은 간척지로 둔갑하였으며 무수한 일본

인 농장들이 들어서고 전국에서 몰려든 소작인들이 농노처럼 식민지 착취에 시달렸다. 전북은 물론이고 전남의 일부, 그리고 천안 이남의 충남 사람들도 대처에 일자리가 있다는 소리를 듣고 군산 개항장으로 몰려들었다. 물론 그들에게는 풍부한 일자리가 있었다. 갯벌을 간척하기 위한 값싼 노동력 동원, 간척지에서의 작인, 쌀을 일본으로 빼돌리기 위한 미두장 주변의 잡노동꾼 등 막노동 일자리들이 기다리고 있었다. 일제는 조선인 지주의 제한적인 권한을 인정함으로써 식민통치에서 과거 전통적인 지주계급의 지위를 이용하여 식민내부 통치술로 활용하였다. 일부 조선인 지주들은 인력거를 타고 거들먹거리며 군산 미두장을 출입하였고 기생집에서 하루해가 저물어가며 돈을 탈탈 털렸다.

아깨나 낳는 년 갈보짓 하고, 힘깨나 쓰는 놈은 목도질한다

 일제는 유일하게 지평선을 볼 수 있는 만경평야의 곡식을 군산항에 모았다가 일본으로 실어냈다. 1907년에 건설된 노폭 7미터의 전군가도(全群街道), 즉 전주 – 군산 직선도로는 당시로서는 엄청난 규모와 속도전을 자랑

1964년의 군산 앞바다 풍경. 군산으로 접어드는 길목의 장항제련소 굴뚝. 정박한 배들이 고기를 잡고 있는데 범선이 남상 쪽으로 향하고 있다(군산시, 신철균 촬영, 《사진으로 보는 군산 100년》, 2004년).

하는 식민도로였다. 식민지 근대는 '직선의 창출'로 시작되었으니 신작로는 식민지배의 대표 상징이었다. 마치 로마가 로마제국을 건설하면서 사통팔달의 직선도로를 건설하여 모든 도로가 로마로 통하게 한 것과 같은 이치였다. 각각의 개항장은 도로는 물론이고 철도로 연결되어 육상 및 해상교통의 요지로 자리 잡는다.

전주 – 동산촌 – 대장촌 – 목천포 – 대야 – 군산에 이르는 대로로 벌써 1913년 무렵이면 승합차(택시)가 다니기 시작한다. 일직선으로 뻗은 신작로는 수탈을 위한 토목공사의 확실한 증거였다. 총독부의 명령으로 도로 관통이 결정되면 수용된 토지는 강제로 탈취당하고 심지어 사람이 살고 있는 집이 도로건설로 두 쪽으로 갈라져 나가도 항변할 수 없었다. 인근 주민의 강제 노역은 두말할 것도 없었다. 오죽하면 당대 민중들이 "아깨나 낳는 년 갈보짓 하고, 힘깨나 쓰는 놈은 목도질한다."며 신작로 건설을 둘러싼 식민의 애환을 읊조렸을까.

일본영사관이 설치되고 일본 거류민단이 세력을 확장해갔다. 각국 조계(租界)를 표방하였지만 대부분 일본인들이어서 개항 당시부터 일본 단독의 조차지 성격을 지녔다. 일부는 갯벌을 개간하여 개항장을 늘려 나가기도 했지만 본디 살던 조선인 살림집을 강제 철거시켜서 신도시를 건설해 나갔다. 목포나 인천에서 했던 수법이 여기도 예외 없었으니 숲 좋고 전망 뛰어난 곳은 일본인촌이 되었고 조선 사람들은 산동네의 토막살이로 연명해갔다. 《탁류》에 등장하는 게딱지 같은 살림집들이 바로 그것이다.

일제의 수탈은 금강을 거슬러서 상류인 부여 위쪽의 부강(芙江)까지 미쳤다. 부강은 쌀 집결처로 유명하던 곳이다. 지금은 금강하구언이 막혀서 강상루트가 단절되었지만 멀리 부강으로부터 하구 쪽의 입포에 이르기까지 뱃길이 연결되었다.

추수철이면 충청도와 전라도의 황금 곡창지대에서 개땅쇠처럼 일만 했

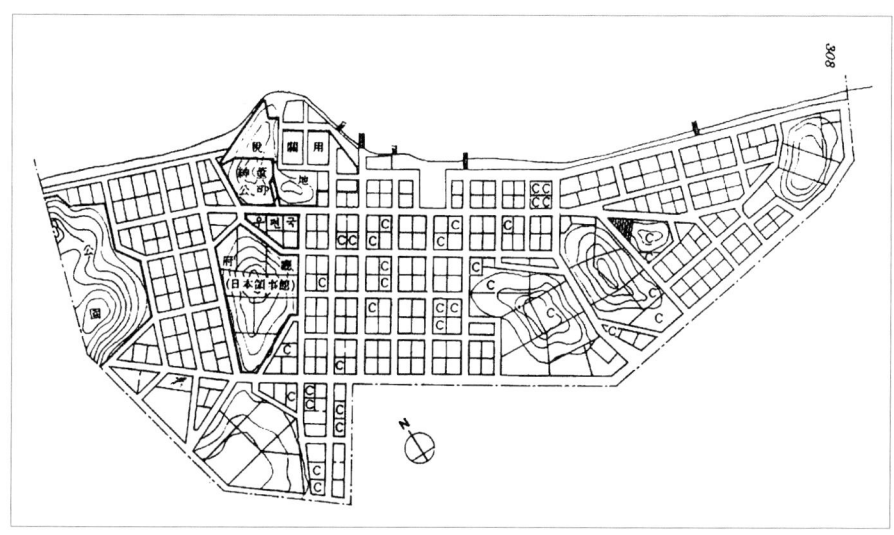

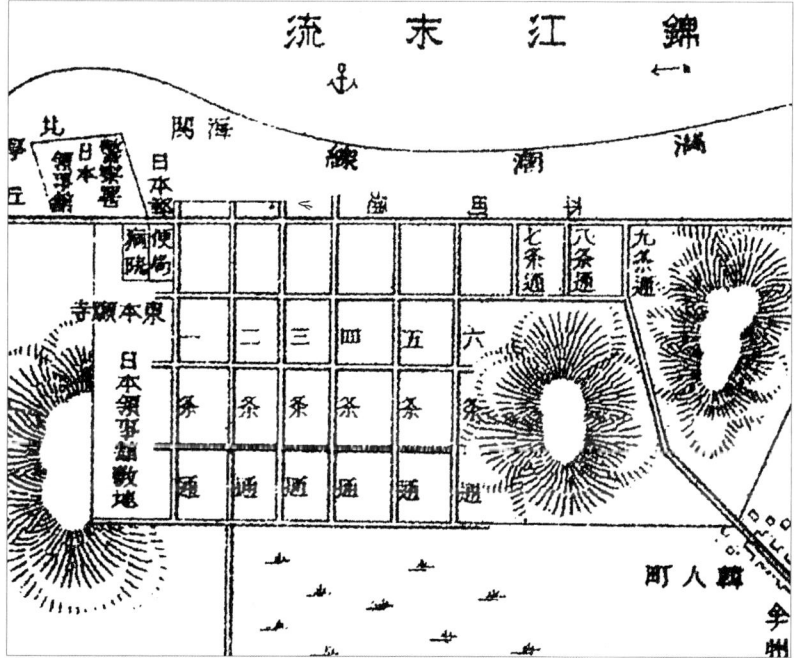

군산항도(1904년). 개항장답게 바둑판처럼 조성되었으며 중앙에 일본영사관이 위치하여 의도가 엿보인다(위).
군산각국조계도(1911년). 각국조계라고 말만 그럴듯하지 기실 일본인만의, 일본인을 위한 항구였다. 하단 우측에 한인정(韓人
町)이란 글씨가 보이는바, 일본인과 거주 지역부터 달랐음을 의미한다(아래).

던 소작인들은 피땀 흘려 거둔 알곡을 바리바리 싣고 지주 집으로 향했다. 소작 떼일 것을 걱정한 작인들은 굶주리면서도 정성껏 엿을 고아 바쳐야 했으니, 참으로 '엿 같은 세상' 아니었을 것인가.

조선인 지주는 일본인 지주에 비하면 수나 양 모두 '별것' 아니었다. 전국에서 전북처럼 일본인 농장이 많은 곳은 없었다. 전북은 일본의 기업형 농장이 가장 많이 진출한 일본 식량조달의 거점이었다. 금강, 동진강, 만경강의 3대 강 유역에 펼쳐진 30만 정보의 대평원, 그 곡창의 문호인 군산 일대를 오쿠라, 이와사키 등 수많은 토지재벌들이 지배했다. 그들은 땅만 소유한 것이 아니라 고리대금업도 겸했으니, '허리에 권총 차고, 손에 망원경 든' 무장 상인, 바로 약탈자였다. 폭력적 토지겸병 과정을 보노라면 사무라이 낭인집단의 건들거리는 풍경이 되살아난다.

가령, 1904년에 이곳에 들어온 가와사키는 옥구군 서수면 일대를 자신의 향리인 일본 니가타현 모형으로 일본화할 계획을 가지고 온 골수 국수주의자였다. 일본 고향의 지주들을 서수면에 불러들여 농장 건설을 권유했는가 하면 서수에는 신사까지 세웠다. 그리하여 가와사키 농장이 모체가 된 이엽사(二葉社) 농장이 탄생하는데, 이엽사는 전주의 삼례, 익산의 황등, 옥구의 서수면 일대에 논 1천 정보, 밭 200정보, 소작인 1,700여 명을 거느린 대농장주로 군림하게 된다. 이들이 농장을 순찰할 때는 말을 타고, 승마복에 권총까지 찬 채 말채찍을 휘두르며 다녔다고 한다. 봉건시대의 영주와 다를 바 없었다.

개항장에 들어온 일본인들은 쌀을 값싸게 사들여 일본으로 수출하여 엄청난 차액을 남겼으며, 제2차 상품을 조선에 내다팔아 여기서도 수익을 남겼다. 김제의 '징게멩게' 만경평야를 비롯하여 강경, 삼례, 금마, 오산, 함열, 황등, 임피, 성산 등지의 곡창지대에서 속속 쌀가마니들이 군산항에 쌓여갔다. "모든 길은 로마로 통한다."는 말처럼 모든 곡창지대의 쌀은

일본인 대지주 중의 하나였던 군산의 불이농장 용수로 공사(1920년대). 조선인 노동력이 이런 식으로 대거 헐값에 동원되었다.

군산으로 통하였다. 저임금에 시달리는 조선인 노무자들에 의하여 배에 실린 쌀은 제국주의 일본을 살찌우는 경제적 토대가 되었다. 일제는 손 하나 까딱하지 않고 코를 푸는 격이었으니, 식민수탈과정은 대개 이와 같이 손쉬운 것이었다. 물론 경찰서, 헌병대 등이 군산항에도 예외 없이 주 둔하면서 불량선인(不良鮮人)을 감시하기 위한 눈길을 멈추지 않았다.

초기 자본을 축적한 일본인들은 조선인 토지를 대거 매집하였으며 고리대 에 쫓긴 조선인 자작농의 몰락을 부추겼다. 그리하여 군산과 옥구, 김제 등 의 농민들은 대부분 소작인으로 전락했으며, 일본인 농장에 가족들까지 예 속되어 노예 같은 삶을 이어갔다. 보릿고개 때는 굶어죽는 사람이 속출했으 며, 그 고통을 이겨내지 못해 북간도 허허벌판으로 야반도주하는 사례도 부 지기수였다. 아니면 소작쟁의를 벌여 죽기 살기로 저항하는 수밖에 다른 선 택의 여지가 없었다.

1934년 통계를 기준으로 무려 200만 섬 이상의 쌀이 군산항에서 일본으로 반출됐다. 1930년대 일본 농업공황을 계기로 조선은 일본의 식량 공급 기지로 전락했다. 황금 쌀은 일본으로 나가고 조선 사람들은 만주에서 들여온 콩 같은 잡곡, 일제 말기에는 그것도 모자라 기름 짜고 버린 깻묵으로 연명했다.

일본인들이 끊임없이 수탈을 감행하는 동안 '멍청한' 조선인 지주들은 미두장에서 몰락의 길을 걸었다. 공인 도박장격인 미두장에서 실의에 빠진 조선인 지주들과 자본가들이 조상 대대로 물려받은 유산과 토지를 탕진했다. 《탁류》의 정주사가 바로 그런 인물이다. 한쪽에서는 거대한 기선에 수천 섬의 쌀이 실려 나가는 동안 다른 한쪽에서는 영양실조에 걸린 아이들이 빈 밥그릇에 멍한 눈길을 주던 곳, 바로 군산이다.

째보선창에서 바라보면 정주사가 배를 타고 넘어왔던 금강 건너편 서천 땅이 보인다. 예나 지금이나 한결같이 장항제련소 굴뚝이 위용을 자랑한다. 장항제련소는 일제의 수탈이 단순하게 미곡에만 있지 않았음을 웅변한다. 금, 은, 동 같은 고급 광물들을 제련하여 일본으로 빼돌렸으며, 거기서 나오는 산업폐기물들이 아무런 환경인식 없던 시절답게 그대로 금강 하구로 쏟아부어졌다. 아마도 하구 연안 생태계 오염의 제1번지가 장항제련소 앞바다가 아닐까 한다.

일본인은 평지 살고 조선인은 산동네 살고

개항 당시의 군산은 산으로 둘러싸이고, 갈대밭이 무성한 비좁은 곳이었다. 일제는 이 갈대밭을 매립하고, 시가지를 일본식 마치(町)체계로 바꾸었다. 본정통, 명치정, 강호정 따위가 그것이다. 메이지(明治), 에도(江戶) 같은 이름에서 식민지 냄새가 물씬 풍긴다. 일제는 군산을 강제로 개항시킨 뒤 대규모 항만시설을 서둘러 건설한다.

일본인들은 도로와 수도, 전기, 통신시설 등이 잘 갖추어 학교, 병원 등이 들어선 현대적 도심에서 살았다. 반면에 조선인은 산동네에 얹혀살았다. "언덕 비탈에 의지해 오막살이가 생선비늘같이 들어박힌 개복동, 그 중에서도 산꼭대기에 올라앉은 납작한 토담집, 방이라야 안방 하나 건넌방 하나 단 두 개뿐인 것을 명임이네가 도통 5원에 집주인한테서 세를 얻어가지고 건넌방은 먹곰보네한테 2원씩 받고 세를 내주었다."고 채만식은 묘사했다.

실제로 조선인들은 흙구덩이 홍남동, 신흥동, 신영동, 개복동, 중동 일대에 겨우 집자리를 마련하고 토막집 같은 집에서 살았다. 군산은 식민수탈의 가장 전형적인 공간이었다. 식민공간답게 전통과 근대가 공생하고, 강요된 근대의 기형적 뒤틀림이 강한 흔적으로 남아 있는 공간이기도 하다. 전 세계적으로 개항장은 제국주의의 의도가 적나라하게 관철되는 시험장이었다. 네덜란드가 건설한 바타이유 같은 해양 식민도시처럼 일본이 건설한 목포, 군산, 마산, 원산 등이 그랬다.

잊지 말아야 할 것이 있으니, 이곳은 수조차 파악할 수 없을 만큼 숱하게 징용 나간 이들의 눈물이 넘치던 항구였다는 점이다. 쌀만 수탈당한 것이 아니라 목숨까지 수탈당한 곳이다. 군산항에서도 곡창지대의 수많은 농민들이 징용, 징병으로 떠나갔다. 돌아온 자는 일부였으며 죽거나 병신이 된 자가 부지기수였다. 해방 직후 군산항에서 노무자들의 퇴직금 요구와 귀화 노무자의 착취에 대한 격렬한 보상요구 투쟁이 벌어진 것도 이런 배경에서 비롯됐다. 식민지 근대를 논하면서, 이러한 식민수탈의 '눈물의 경제적 가치'까지 따지지 않고 오로지 계량경제학적 수치만을 가지고 역사를 반동으로 되돌리는 움직임에 대하여 이들 민초들은 무어라고 항변할까.

징용, 징병의 희생은 한일협정 과정에서의 반민족적인 협상으로 그만 영

구 미제사건으로 덮이고 말았다. 재미있는 점은 조선에서 살다가 8 · 15 해방 후 일본으로 되돌아간 일본인들은 '인양자(引揚者)'라며 일본에서도 차별대우를 받았다는 점이다. 실로 아이러니한 대목이 아닐 수 없다.

식민지를 체계적으로 지배하기 위해 경찰, 군대, 식민 경영기관, 거류민 단, 금융기관 등이 필요하다 보니 으레 항구에는 이런 흔적이 남아 있게

금강, 동진강, 만경강 유역에 펼쳐진 30만 정보의 광활한 경작지는 일제에 의한 식량수탈의 대상이었고 군산은 그 전진기지였다. 이런 수난의 역사를 증언하듯 당시의 건축물들이 곳곳에 남아 있어 뒤틀린 근대사를 고스란히 보여주고 있다.
1, 2 조선은행 군산지점의 위풍당당한 모습과 카바레로 쓰이다가 방치된 현재의 모습.
3 군산행정을 좌우하던 1920년대 군산부청 건물.

마련이다. 군산도 예외는 아니어서 당시로서는 거대했을 조선은행 건물, 번듯한 세관 건물이 지금도 남아 있다. 가히 근대문화유산의 보고답게 뒷골목에는 이른바 왜정시대의 적산가옥이 즐비하다.

단순하게 건물 몇 개만이 근대문화유산이 아니다. 군산항으로 나가면 '뜬다리' 같은 옛 항만의 흔적이 고스란히 남아 있다. 미두장 자리, 개항 100주년 공원이 들어선 조선은행 건물과 그 주변, 심지어 일본인 농장주의 살림집에 이르기까지 일련의 식민지시대 역사문화벨트가 형성되어 있다. 건너편 장항제련소와 굴뚝 역시 산업문화유산으로 대단히 중요하다. '어제 같은 옛날'의 근대문화유산들이 군산항에 잠들어 있는 중이다. 옛날이기는 하되 바로 엊그제의 흔적들이다.

방치된 수탈의 흔적들, 박물관으로 재활용해야

그러나 어쩌랴. 극장식 카바레로 쓰이던 조선은행 건물은 방치돼 있다. 카바레가 웬 말인가. 갈비집으로 쓰이는 일본식 고건물, 전자제품 가게로

군산 뜬다리(왼쪽). 1954년 해망동의 피난민촌. 한국전쟁이 터지자 군산수용소에는 진남포에서 LST를 타고 내려온 무려 5만여 명이 수용된다(오른쪽).

쓰이는 은행건물 등등, 안 될 일이다. 식민지시대를 비판하는 것과 별개로 그 시절의 흔적을 이런 식으로 방치해서야 되겠는가. 식민지의 역사적 교훈을 위해서라도 말끔히 복원하여 박물관이나 자료관 등으로 재활용할 일이다. 사적 소유관계와 시의 재정이 문제가 되겠지만, 가능한 범위부터 근대문화유산으로 속속 받아들여 정비하는 일이 필요하지 않을까. 가령, 중국 상하이의 푸둥(浦東)에서는 과거 서양 제국주의 근대 건축물들을 고스란히 보존하여 국제적 관광명소로 열심히 세일즈하고 있다.

군산항의 역할은 일제강점기로 끝난 것이 아니었다. 한국전쟁이 터지자 군산수용소에는 진남포에서 LST를 타고 내려온 무려 5만여 명의 피란민이 수용된다. 이곳 미군 기지와 공군 비행장은 전쟁의 흔적을 고스란히 증명해준다. 미군 기지촌 주변은 이른바 양공주들이 목숨을 부지하고 살아가고 있었으니 개항장 이래 근현대 군산 100년사는 이처럼 부대끼는 민초들의 부초 같은 삶으로 일관되었다. 군산항은 이처럼 한국 사회변동의 축소판이다.

군산은 더 이상 화려한 곳이 아니다. 서해안시대를 부르짖지만 침체한 경기는 살아날 기미가 없다. 영화롭던 영화동에는 을씨년스러운 기운이

감돈다. 항구는 먼 외곽의 신항으로 밀려났고 토사가 쌓이는 본래의 군산항은 그저 자그마한 배들만 오갈 뿐이다. 대중국 전진기지를 부르짖지만 생각만큼 물동량이 오고 가지 않는다. 금강을 부지런히 오가던 강상루트는 하구언으로 끊긴 지 오래이며 무심한 철새들만 오갈 뿐이다. 예부터 백제의 도읍지인 부여 길목에 자리 잡아 대중국 전진기지였던 천 년 역사의 군산은 그렇게 정중동의 움직임만 보이고 있다. 건너편 장항에 오래된 제철소만 남아 옛날의 영화를 증명할 뿐.

개항 100년을 기념하는 백년광장에서 우리는 과연 개항 100년의 기념비적 의미를 제대로 챙기고 있는가 자문하게 된다. 또 좋든 싫든 근대 100년의 음지와 양지를 모두 지닌 군산항의 21세기를 어떻게 설계할 것인가. 입으로만 서해안시대를 부르짖을 것이 아니라 군산 같은 항구에서부터 그 해답을 찾아야 하지 않을까.

김제 심포갯벌과 망해사 :

관해기를 버리고
관륙기를 쓰다

유효기간이 너무도 짧은 글쓰기의 비극

현재의 이야기를 하면서 다가올 미래의 비극을 반드시 염두에 두고 글을
써야 하는 것처럼 불행한 글쓰기도 없다. 끝내 새만금이 방조제로 막힌 상
태에서 그 어떤 글쓰기도 '시한부 인생'일 뿐이며, 글의 '유효기간'이 너무
도 짧다. 오늘의 기록이 불과 며칠 뒤면 과거의 기록으로 바뀔 것이기 때
문이다. 밀물 썰물의 운동이 사라지고 난 상황에서, 오늘까지 살아남은 갯
것들이 내일, 아니 몇 시간 뒤면 마지막 숨을 거둘 가능성이 짙기 때문이

|관해기 · 觀海記|

192

겨울이면 깊이를 모를 눈 속으로 잦아들며 심포갯벌을 지켜선 망해사도 새만금 간척사업이 마무리되면 '망륙사(望陸寺)'의
참담함을 맛볼지도 모른다.

다. 지금부터 '유효기간'이 너무도 짧은 관해기를 시작하고자 한다.

고깃배 두어 척이 심포항에 닻을 내린다. 어선이 겨우 닿는 자그마한 포
구가 제법 커져서 민박집, 횟집이 즐비하지만 불황 탓에 찾는 사람이 거의
없다. 김제 땅에 들어서면 늘 찾게 되는 곳, 바로 심포갯벌이다. 심포갯벌
은 새만금갯벌의 깊숙한 안쪽을 말한다. 사실 '억만금'을 발견이라도 하듯
억지로 지어진 새만금이라는 명칭부터 작위적이고 거북스럽다.

군산에서 김제를 거쳐 부안까지 망망대해로 이어지는 흑갈색의 '바다
들판'이 펼쳐지고, '징게맹게 외야미들'의 누런 들판이 비슷한 넓이로 물
을 덮는다. 1,700년 역사를 자랑하는 최고의 치수시설인 벽골제가 지척이
니 예부터 쌀농사와는 불가분인 곳이다.

지평선 없는 나라에서 유일하게 '지평선 축제'가 열리는 곳이다. 그러나
일제의 수탈적 농업정책에 의해 동진 만경강이 간척되고, 가난한 농민들

이 피땀을 흘리면서 일본인 농장주와 척식회사의 채찍에 내몰리면서 개간한 들판이다. 전국 각처에서 이주해온 사람들이 헐벗고 굶주리면서 게딱지 같은 집에서 짐승처럼 살면서 울부짖던 통한의 땅이기도 하다. 그렇게 생산된 쌀은 지금의 새만금을 빠져나가 군산에 집결돼 모조리 일본으로 실려 나갔다.

황금들판의 끝에 황금갯벌이 이어지다가 이윽고 갈색의 바다로 수렴되는 심포갯벌의 망해사(望海寺)를 찾아든다. 바다를 굽어보는 뛰어난 절이라면 으례 양양 낙산사, 여수 향일암 따위를 내세우리라. 바위 끝에서 그대로 부서져 내리는 낙산사의 씩씩하면서도 장엄한 우조, 미려청고(美麗淸高)하고 애원처절한 향일암의 계면조, 이 모두 빼어난 절창임이 분명하다. 그러나 망해사의 해조음(海潮音)도 그에 못지않다. 이유는 단 하나, 망망대해로 펼쳐진 갯벌을 마주 보고 있어 밀물 썰물에 따라 소리가 끊어질 듯 이어지고, 이어질 듯 끊어지는 까닭이다.

앞마당이 갯벌인 망해사

망해사에는 앞마당이 없다. 정확히 말하면 없기도 하고, 무한히 넓기도 하여 무량(無量)이다. 무망한 갯벌이 모두 앞마당인 탓이다. 그래서 망해사 앞에서 이렇게 말하곤 한다.

"바다가 절을 부르고, 절이 바다를 부르나니!"

김제 땅 진봉반도의 윗자락에 자리 잡은 작은 암자, 처처불불(處處佛佛)인데 초가삼간이면 어떻고, 거창한 내력이 또한 무슨 소용 있겠는가. 이곳에 눈발이 나부끼고 절집의 큰 나무가 바다로 굽이쳐서 흔들린다. 눈발에 감싸인 낙서루에 앉아 눈을 감는다. 그 옆에는 청조헌(聽潮軒)이 있다. 말

그대로 물결의 소리를 듣는 곳이다. 소녀들의 시구에 등장하는 해조음보다도 청조음은 얼마나 걸쭉한가. 가히 서해다운 표현이다. 계곡물이나 강물소리를 듣는 정자나 불당은 널렸지만 앞마당에서 밀물 썰물이 흐르는 소리를 들을 수 있는 곳이 어디 흔한가.

질퍽거리는 갯벌로 나간다. 20분쯤 걸었을까. 북쪽으로 군산항이 손끝에 들어오고, 서쪽으로는 고군산군도의 섬들이 줄지어 서 있는 그곳에 새만금 간척지의 둑방이 멀리 시야를 가로지른다. 해가 지고 있다. 망해사 앞마당 갯벌에서 마주하는 일몰, 서해 낙조의 말할 수 없는 슬픔이 갯벌 위에 깔리고 있다. 끝내 갯벌이 사라지고, 아스팔트 포장이 깔릴 것이다.

서해는 애초부터 바다가 아니라 중국과 연륙된 뭍이었다. 빙하가 흘러내려 서해가 창조되었다. 운동은 사물을 변화시켰다. 뭍에서 실려온 미세한 퇴적물이 쌓이면서 갯벌이 형성되기 시작했다. 전 세계적으로도 희귀한 8미터에 이르는 조석간만의 차이는 드넓은 조간대를 형성했다. 오랜 조석운동의 결과는 양과 질의 변화를 가져와 바닷가에 변증법의 지평을 쌓았다. 그리하여 세계적으로 손꼽히는 갯벌이 형성된 것이다.

인간에게는 억겁이지만 지구 나이로 보자면 서해 갯벌의 나이는 청년기에 불과한 고작 8천여 년. 갯벌 생성은 서해안의 조석 변화를 끊임없이 반복해온 '청년운동'이라고 표현함이 어떨는지. 너무 흔하면 소중한 줄 모르는 법일까. 영국 · 독일 · 네덜란드를 포함한 북해 해안, 캐나다의 동부 해안,

우리나라 기간경작지로 손꼽히는 김제 · 만경평야에는 일제의 수탈을 상징하는 '하시모토 농장' 건물이 남아 역사의 아픔을 증언하고 있다.

세계적으로도 드물게 8미터나 되는 조석간만의 차이가 낳은 변증법의 지평. 부안 거전갯벌의 이 아름다운 풍광도 개발지상주의에 밀려 종말을 맞았다(위). 이 드넓은 갯벌을 경작지로 바꿀 새만금 간척지의 거대한 댐이 수평선처럼 하늘과 맞닿아 있다(아래).

독일이나 네덜란드에서 더 이상의 간척은 사라졌으며, 오히려 방조제의 전부, 또는 일부를 허무는 복원사업이 추진되고 있다. 갯벌로는 세계 최초로 국립공원이 된 독일 슐레스비히의 홀스타인 갯벌(《Germany's Biosphere Reserves》, photo by Martin Stock).

미국 동부의 조지아 해안, 남아메리카 아마존 하구 등 일부 지역에서만 갯벌을 볼 수 있다는 사실을 뒤늦게야 배운다. 수차례 새만금을 찾았던 독일 홀스타인갯벌센터의 켈러만 박사는 새만금의 종 다양성에 관해, "세상에, 이런 갯벌이 있다니……."라며 놀란 입을 다물지 못했다. 그는 2002년 새만금 법정의 증인으로까지 출석하여, "땅을 얻으려고 간척하는 것은 독일의 경우 나치시대에나 있던 일이다."라고 말하였다. 독일이나 네덜란드에서 더 이상의 간척은 사라졌으며, 오히려 방조제의 전부, 또는 일부를 허무는 복원사업이 추진되고 있다고 하면서, 갯벌을 지키면서 관광·어업 등으로 벌어들이는 경제적 이득이 땅으로 인한 이득보다 높다고 하였다.

그러나 증산·수출·건설을 지고의 좌표로 삼고 자란 우리는 여전히 간척지가 우리를 먹여 살릴 유일한 해법인 양 인식하고 있다. 소중함을 깨닫기 시작했을 때, 바다는 이미 결딴이 나 있었다. 우리 시대는 끝내 새만금

계화도 어민들의 생명줄이었던 동죽.

방조제를 막아버렸다. 무수한 사람들이 반대했지만, 또한 무수한 사람들이 지지하였다. 우리 시대의 수준이 그 정도인 것이다.

갯벌이 어둠 속으로 잠겨들었다. 동죽을 캐던 심포 아낙들이 부지런히 서두르는 것을 보니 물이 들어올 시간인 듯하다. 망해사 불빛이 하나둘 켜지기 시작한다. 흡사 등대처럼 느껴진다. 갯벌을 마구 없애버리는 혼돈을 일깨우는 등대 같다. 동죽을 하나 집어든다. 나이테가 분명하다. 나무만 나이테가 있는 게 아니다. 여름 나이테는 성기고, 겨울에는 촘촘하게 선이 그어져서 삶의 흔적을 뚜렷이 보여준다. 연륜뿐 아니라 조석에 따라 물이 들어오고 빠질 때 나타나는 성장의 결과물인 일륜(日輪)까지 온몸으로 보여준다.

일륜은 조간대에서 살아가는 생물체의 생존조건이 얼마나 각박한 것인가를 잘 알려주는 증거물이다. 겉으로 보기에 울퉁불퉁한 조개의 테두리를 성장륜(成長輪)이라고 하거니와 모든 조개들이 성장륜을 가지고 있다. 물이 들어온 동안에는 물속의 먹이를 취하며 자랄 수 있고, 물이 빠진 동안에는 먹이를 취할 수 없어 자라지 않는다. 따라서 하루 동안의 자라고 자라지 못함이 성장선으로 나타나 있다. 이러한 성장선은 조개뿐 아니라 물고기에도 있다. 아가미 위쪽에 있는 이석(耳石)이 그것이다.

조개들은 물이 들고 나는 매일매일의 일기를 자신의 몸에다 직접 쓰는 셈이다. 고작 생년월일, 주민등록번호, 생일잔치, 출생신고 따위의 통과의례로 연륜을 확인할 수 있는 인간과는 그런 점에서 확연히 대비된다. 조개 같은 미물에도 생명의 숨겨진 역사가 각인되어 있다. 조개껍데기에 조석의 역사가 아로새겨져 있듯이 조간대의 들물 날물에는 지구와 생명 탄생의 역사가 아로새겨져 있다. 지구의 역사를 돌이켜보면, 조간대는 일찍이 바다에서 살던 생명체가 육지로 올라오던 길목이기도 하였다. 간척사업은 그러한 장엄한 역사에 역행하는 인간들의 자연을 향한 무모한 '장난'일 뿐이다.

물때와 물때감(感), 움직이는 불이(不二)의 세계

조간대에 의존하는 어민들의 삶 역시 장엄한 역사를 지니고 있다. 조수 간만에 의지하여 생계를 유지하고 있는 어민들의 갯벌과 바다 생태계에 대한 인지는 대단히 체계적이다. 그네들의 민속지식이 오랜 세월의 경험, 그 경험의 축적과 구술(口述) 전통에 바탕을 두기 때문이다. 조석에 대한 어민들의 인지는 '물때'라는 상징체계로 나타난다.

조간대 해양환경에 대한 어민들의 인지 내용은 공간과 시간은 물론 그 속에서 삶을 영위하는 해양생물에 대한 주관적인 관념에까지 이른다. 이것은 다시 시간적 조건으로서의 물때와 공간적 조건으로서의 조간대, 그리고 바람과 어류에 관한 지식 등으로 확장된다. 어민들의 바다 생태계에 대한 인지는 현대적 용어로 설명할 수 없지만 매우 체계적이다. 조석 · 조간대는 '불이적(不二的)' 관계이며, 어민들로 하여금 공생의 삶을 살게 하는 현실적 조건이 된다.

어민들의 바다 공간에 대한 인지의 실례로서 제주도의 경우를 살펴보자. 제주도에서는 조간대를 갯곳이라 부른다. 돌살이 설치된 완만한 갯곳은 무수기(물때)에 따라서 다르게 드러난다. 간만의 차가 심한 때를 웨샷, 간만의 차이가 거의 없을 때는 육지와 같이 조금이라 부른다. 세물날에 드러나

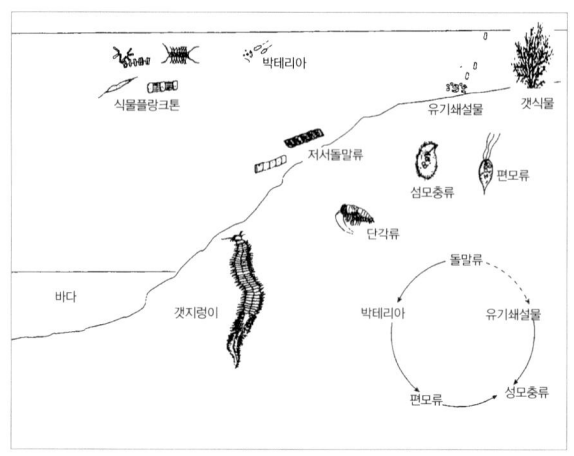

갯벌의 미세생물 먹이망(고철환 엮음, 《한국의 갯벌-환경, 생물, 그리고 인간》 중 최중기의 〈갯벌의 미세생물〉, 서울대학교 출판부, 2001년).

는 바다밭을 웃밧, 다섯물날부터 드러나는 바다밭을 중간밧, 그리고 일곱물부터, 곧 웨샷 때만 드러나는 갯곳을 알받이라 한다. 수직적 나눔에 따라 생태계는 커다란 차이를 드러내며, 그에 걸맞는 어로기술이 펼쳐진다.

제주도의 사례에서 보이듯, 새만금 사람들의 물때와 조간대의 이용 관행은 철저하게 지역적 조건에 부합하게 발달해왔으며 그러한 자연적 조건 때문에 문화적 종 다양성의 보고로 작동하여왔다. 새만금 사람들이 '생금밭'이라 부르는 갯벌은 고정적인 땅이 아니라 늘 '움직이는 땅'이다. 계화도 주민을 상대로 오랫동안 참여 관찰하여 계화도의 움직이는 갯벌 지도를 최초로 그려내어 학계에 발표한 이기복(국립수산과학관 큐레이터)은 "밀물 썰물의 움직임, 뻘의 움직임, 그리고 생물체의 움직임, 이를 물때감으로 인지하여 조개를 채취하는 어민들의 움직임, 이 모든 것을 정지시켜버린 것이 간척입니다."라고 한다. 갯벌 지도가 송두리째 사라지고 어민들의 지혜도 사라졌다고 하였다.

간척은 이같이 '바다중심의 사고'를 포기하고 '육지중심의 사고'로만 생각하는 세계관의 초보적인 한계에서 비롯되는 것이며, 그 어떤 명분도, 구호도, 청사진과 마스터플랜도 '사기'일 수밖에 없는 것이다.

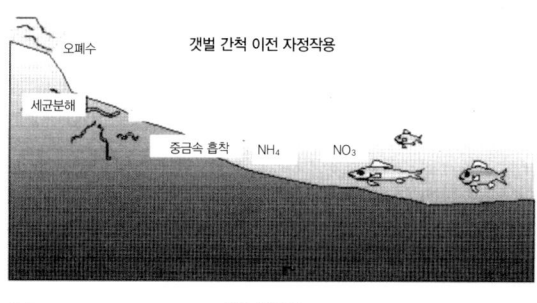

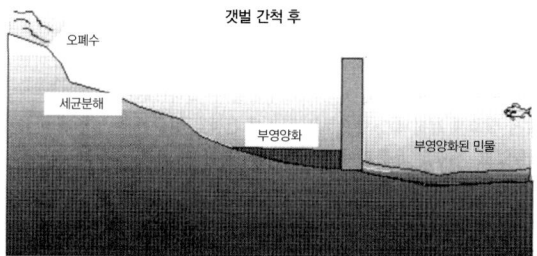

갯벌 간척 이전과 이후의 환경 변화 모식도(고철환 엮음, 앞의 책 중 이태원의 〈천수만 갯벌: 간척 후 어류의 변화〉).

만경강 · 동진강은 탯줄, 갯벌은 태반

물이 들어오자 갯벌의 수많은 구멍마다 난리가 난다. 먹이사슬 속에서 적자생존의 삶을 체득해 살아남기 위해 갯벌에 은신처를 마련한 게. 구멍 깊숙이 밀물이 채워지자 마침내 은신처에서 몸을 뺀 미물들의 시간이 된다. 그들이 죽도록 파헤치는 노동 덕분에 신선한 물이 구멍을 통해 갯벌 지층의 썩은 흙을 정화시킨다.

구멍들의 어마어마한 정화작용은 우리의 상상력을 뛰어넘는다. 무심코 잡는 갯벌의 게, 별다른 경제적 이득이 없는데도 게들을 잡아다 파는 무심한 '살생'은 이제 그만둘 일이다. 심포갯벌만 하더라도 게들이 정화공장 수십 개 이상의 역할을 공짜로 해준다.

갯벌 전문가 고철환 서울대 교수는 "찬반 논란을 떠나 생명체를 살리는 것은 인간이 자연에 갖출 수 있는 최소한의 예의"라고 정리한다. 서해안 갯벌 연구의 메카로 나아가고 있는 서해수산연구소 갯벌연구센터 조영조 소장은 "만경강 · 동진강은 탯줄, 갯벌은 태반"이라고 말한다. 탯줄과 태

서쪽바다

201

반, 그보다 적절한 비유가 있을까. 새만금 일대를 샅샅이 조사하면서 찬반 논란을 넘어서 실사구시적으로 데이터를 축적, 분석하고 있는 송재희 박사는 "해수 유통만 제대로 보장된다면 새만금을 충분히, 그것도 일시에 되살릴 수 있다."라고 말한다.

적어도 새만금 방조제를 완전히 막기 전까지만 해도 위의 이야기들은 유효기간 내에 담긴 진실이었다. 해수를 유통시켜 갯벌과 생명체들을 영구히 살릴 것인가, 아니면 갯벌을 땅으로 만들어 농사라도 지을 것인가. 환경운동연합의 장지영 갯벌팀장은 "쌀이 남아도는 마당에 갯땅으로 국가적 투기판이라도 벌일 것인가?"라고 되묻고 되물었다. 반면에 '새만금완공연대'라는 지역조직에서는 '끝까지 밀어붙이기'를 선언하고 있었다.

새만금을 둘러싸고 서로 다른 시각을 보였던 이들에게 마지막 답이 제시될 시간이 다가오고 있었다. 어떤 선택을 해야 할까. 한 가지는 분명한 것 같았다. 모든 선택권이 양측에만 있지는 않다는 점이다. 법원도 사실 최종적 결정권한이 없었다. 인간은 왜, 수경스님의 표현대로 '망둥이거사'와 '조개보살'에게 선택권을 주지 않는가. 정작 그들이야말로 이 갯벌의 주인 아닌가.

끝내 새만금은 막혔다. 일찍이 1997년에 쓴 위 초고(《주강현의 우리 문화기행》 참조)의 효력은 정지당하였다. 일부 희망 섞인 이야기들은 그야말로 '어제 같은 옛날' 이야기가 되고 말았다.

갯벌의 주인은 '망둥이거사'와 '조개보살'

완강하기만 한 '토건(土建)국가'에서 풍전등화의 석양을 지켜보는 망해사의 저 등대 불빛이 꺼져가고 있다. 서해안의 8천 년 청년 운동사를 우리는 단 몇 년의 간척사로 대체시키고 있다.

새만금 해창갯벌에 세워졌던 솟대(최병수 작). 조개보살과 망둥이거사를 상징하며, 왼쪽의 조각은 이곳을 방문한 뉴질랜드 마오리족들이 세웠다.

'너희는 장장 16년 만에 막았다고? 우리는 8천여 년간 갯벌을 만들어왔다.'

자연은 그렇게 항의하고 있다. 법원 결정을 놓고서 사회적 논란이 재연되고 있으나 토론하고 동의를 구할 시간은 이미 없다. 죽어가는 '망둥이거사'와 '소개보살'늘에게 남은 시간, 선택의 여지는 아예 없다.

문득 망해사와 인연을 맺은 진묵스님을 떠올린다. 비승비속(非僧非俗)처럼 살다간 그의 행장은 거의 알려지지 않다가 다산 정약용과 늘 마주하였던 대둔사의 초의선사가 편찬한 《진묵조사유적고》를 통해 겨우 세상에 알려졌을 뿐이다. 조선 중기에 바람처럼 나타났다가 한 소리를 남기고 떠난 거인. 초의는 그를 두고 '석가여래의 응신(應身)'이라는 헌사를 올렸다.

남은 기록이 몇 줄이라면 민중의 구전 역사책은 수십 권이니 그를 생불

극명하게 대조되는 두 장의 사진
불과 수년 전만 해도 '바다밭'에서 조개를 캐던 사람들(위). 갯벌을 막자마자 죽어 자빠진 조개들의 처참한 모습(아래).

(生佛)로 여기는 전설이 지금껏 유전되는 것 아니겠는가. 김제 만경의 심포에서 지척인 불거촌 사람으로 알려진 그는 "고기를 잡은 뒤에는 통발을 잊는 법(得魚忘筌)"이라고 했다. 본디 이 말은 《장자》 외물(外物)에 나오는 말이거니와, 우리 시대는 고기를 잡은 뒤에도 통발을 잊고 살 뿐더러 강을 건넌 다음에도 뗏목을 이고 가는 구차한 삶을 살고 있다. 이제 새만금의 생물들은 '가마솥의 물고기', 즉 부중지어(釜中之魚) 신세가 되었다. 아직 물이 덜 끓어 목숨을 유지하고는 있지만, 숨 가쁜 일부는 죽어 나갔고, 나머지도 초미지급(焦眉之急)의 신세인데 빠져나갈 구멍도 없다.

갯가의 변두리부터 빠짝빠짝 뻘이 타들어가고 거북등짝처럼 갈라지고 있다. 조개들은 숨을 헐떡거리며 폐사하고, 망둥이들은 내장을 드러내놓고 마지막 숨을 거두었으니 갯벌이 공동묘지로 변해버리고 만 것이다. 밀물과 썰물의 드나듦이 사라지면서 민물이 새만금을 뒤덮고 갯벌 생물 대부분이 사라진다. 부패한 생물체의 사체 분해과정에서 산소가 고갈되며 무산소현상이 발생한다. 여름철의 따뜻하고 염분도가 낮은 금강물과 차고 염분도가 높은 방조제 바깥쪽의 바닷물이 만나서 수직 성층이 형성되면서 물의 상하 섞임을 차단하여 바다 바닥의 산소가 사라진다. 만경강 등에서 유입되는 오염된 물이 새만금을 한층 썩게 만들며, 이 썩은 물들은 끝내 갑문을 통하여 배출되어 고군산군도로 유입된다.

위의 구절은 새만금 해양생태계를 모니터한 해양수산부의 네 번째 보고서(2006년 4월 5일 공개)로, 대법원의 판결이 내려진 이후에야 공개되었다.

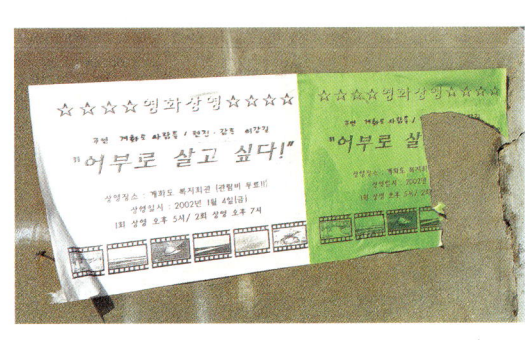

어부로 살고 싶다. 계화도민들의 간절한 소망이 포스터 찢기듯이 찢어졌다(2002. 1. 4. 계화도에서 찍음).

최악의 상황이 예견되는 보고서를 은폐하다가 법원 판결이 끝나자 공개한 것이다. 설령 이 보고서가 없더라도 상황을 예견할 수 없을까. 정답은 바로 엊그제의 경험인 시화호가 말해준다. 시화호의 갯것들이 모두 무사한가, 갯벌들이 살아 있는가, 그 갯벌들을 막아서 주변의 어민들이 모두 행복한가…… 이에 대해서는 재론할 필요가 없으리라.

토건국가를 그만 지향해도 될 법한데 여전히 토건만이 살 길이라고 믿는 우리 시대의 부끄러움에 관하여, 만약 진묵이 살아 있다면 무어라 했을까. 좀더 솔직해질 수 없을까. 새만금 방조제 완성을 토목 건설의 승리라고 외쳐대는 현대건설을 비롯한 자본의 계산, 유권자의 표를 따지는 정치권의 계산, 토착 언론이나 연계된 토호들의 계산 따위를 치르기 위하여 우리의 세금을 대신 지불하고, 바다 자연의 모든 살아 있는 것들을 목숨으로 바치는 것이 아닐까. 끝내 바다를 굽어보는 망해사가 아니라 어처구니없는 '망륙사(望陸寺)'를 택한 우리 시대. 조만간 이곳에 다시 와서 관해기가 아닌 관륙기(觀陸記)를 써야 할 판이니, 이 얼마나 참담하고 민망한 일인가.

아! 고군산…
별처럼 빛나던
신들의 섬이여

호수에 뜬 섬들

선유도, 무녀도, 장자도, 신시도, 곶리도, 말도, 횡경도, 방축도, 야미도 등이 별처럼 모여 있다. 섬들이 오밀조밀하게 모여 앉아 있어 고군산군도 는 '호수에 뜬 섬들'이라고 불렸다. 난바다로 나아가다가 고군산군도의 안 쪽으로 들어서면 섬들에 둘러싸인 아늑한 만이 흡사 다도해라도 온 듯한 느낌이다.

서긍의 《고려도경(高麗圖經)》(1123)에는 중국 사신들이 서해를 건너오면 고려 군사들이 고군산까지 영접을 나왔다고 기록돼 있다. 서긍이 탄 배가 당도하자 여섯 척의 배가 맞아주었으며, 무장병을 싣고 징을 울리고 호각을 불며 호위하였다. 배가 섬으로 들어가자 연안에서 깃발을 잡고 늘어서 있는 자가 100명이나 되었다. 군사전략적으로 고려조에서 중시하던 요충지였음이 확인된다. 이처럼 고군산은 중국과 한반도가 뱃길로 연결되는 길목이었음은 물론이고 서남해안 쪽에서는 개경이나 한양으로 가는 중간 허리였다.

고려 말에 이르면 고군산군도는 왜구들이 번번이 출몰하는 비극적인 섬으로 폐허가 되어간다. 왜구들이 이곳을 즐겨 찾은 것은 남도에서 개경으로 가던 조운선이 풍랑을 피해 정박하는 중간 기착지이기 때문에 세곡을 노략질할 목적에서였다. 《신증동국여지승람》에 "벼랑에 배를 감출 만한 곳이 있어 조운하는 자는 모두 여기서 순풍을 기다린다."고 한 기록이 바로 그것이다.

그렇다면, 왜 고군산일까. 글자 그대로 '옛날 군산'이라는 뜻이니, 현 군산시의 원적지는 고군산이다. 당연히 조선시대에도 고군산은 전략적 요충지였다. 일찍이 태조 6년(1397)에 수군 만호영(萬戶營)을 군산도에 설치한다. 당시에 군산도는 선유도를 뜻하였다. 그러나 세종조에 현재의 군산 위치인 진포(鎭浦)로 군산진이 옮겨가면서 진포는 군산포진(群山浦津)이 되고 기존 군산도는 옛 '古'자를 붙여서 고군산이 된다.

왜구들의 출몰은 조선 전기에도 계속되었다. 임진왜란 때(1597), 이순신 장군이 위도를 거쳐 선유도를 찾아 12일간 머물면서 전진을 살피고 돌아갔다는 기록이 《난중일기(亂中日記)》에 보인다. 조운선이나 해랑적(海狼賊, 왜적)이나 모두 반드시 거쳐야 하는 길목이었던 만큼 전란의 피해도 극심하였음을 알 수 있다. "위도와 고군산은 모두 바닷길의 문호"라는 대목이 그것이다(《인조실록》 20권, 인조 7년 3월 15일 기사). 중국과 가까운 탓에 조선

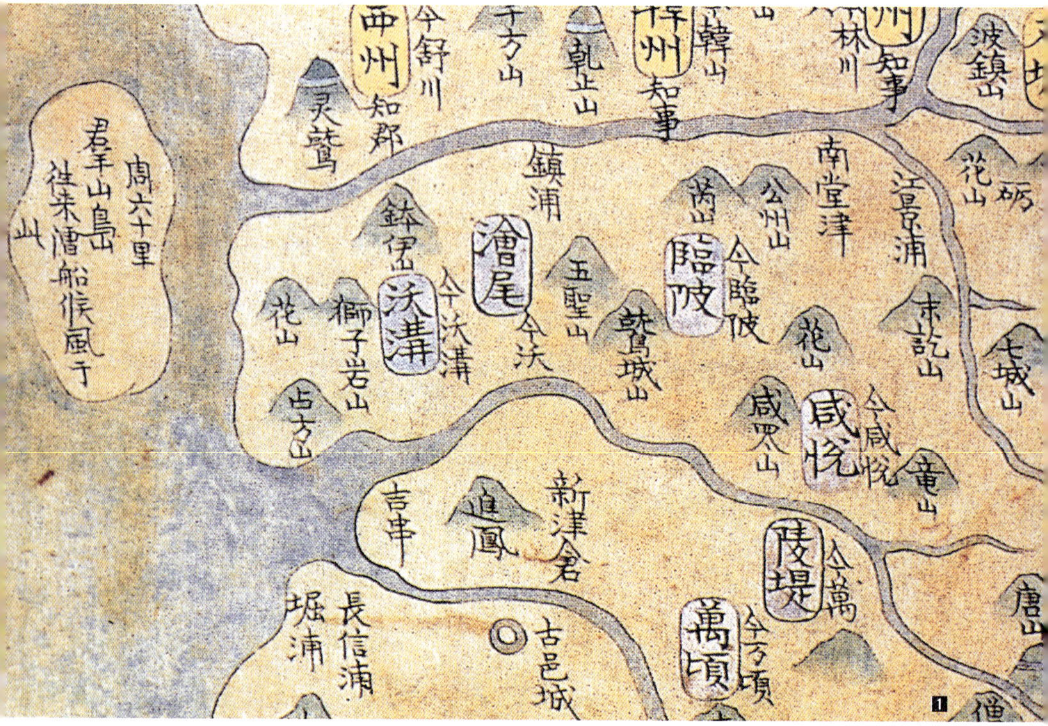

고군산군도가 명기된 고지도들.
1 고려시대의 군산. 군산도라 칭하였으며, 금강으로 들어가는 길목임을 암시한다(《동여비고(東輿備考)》, 1682년, 양산 대성암 소장).
2 팔도도(八道圖).《동람도(東覽圖)》(16세기 추정)의 팔도총도를 보고 그대로 피사한 지도. 여전히 군산도란 명칭이 등장한다(18세기 초, 양산 대성암 소장).
3 팔도총도(八道總圖).《동람도》제1면에 수록된 우리나라 전도. 군산도가 등장하고 있다(목판본, 16세기 후기, 영남대학교박물관 소장).

시대에는 걸핏하면 황당선(荒唐船)이 출몰하는 '황당한' 일도 자주 벌어졌다. 통감부 시절인 1906년, 군도 끝자락 말도에 등대를 세워 올해로 100여 년째 불을 밝히고 있다. 이렇듯 이곳은 일찍부터 서해 항로의 요충지였다.

사람과 배만 그러한가. 물고기에게도 필수 코스였으니, 유명한 칠산어장의 북단이 바로 고군산이다. 때맞춰 북상하는 조기 같은 회유 어종의 통로라 함은 역으로 남하하는 홍어나 대구 같은 한류 어종의 통로라는 말도된다. 그래서 일제강점기에 창립된 군산수협조차도 애초에는 육지가 아니라 고군산군도의 장자도에서 출발했다고 한다.

군산진만 육지로 떠난 것이 아니라 20세기 후반에는 물고기들이 떠나가는 일도 벌어졌다. 황금어장 칠산이 고갈되면서 섬사람들은 서울이나 군산 등지의 저잣거리로 떠나갔다. 모진 세월은 이 천혜의 섬들을 가만두질 않았다. 새만금 간척사업이 본격화되면서 공사용 차량들이 하루도 쉬지 않고 분진을 일으키더니 온갖 반대를 무릅쓰고 야미도와 신시도가 방조제

고군산군도 신시도에서의 새마을운동(1970년대).

로 이어졌고, 그 바람에 승용차들이 몰려들기 시작했다. 고군산의 수천 년 역사 속에서 '단군 이래 최대의 변화'가 밀어닥친 것이다. 약삭빠른 업자들은 관광 유람선을 띄웠고 부동산업자들은 '새만금 새 땅'식으로 서부 개척시대를 방불케 하는 거품경쟁에 나선다. 물고기가 사라진 바다에 땅 장사꾼들이 몰려든 셈이다.

새만금 바깥의 수중세계는 도외시하는 편향된 환경운동

수산과학원 산하 갯벌연구소의 전용 조사선에 몸을 실었다. 분기별로 행하는 정기 탐사 일정이었다. 연구원들은 항해 내내 포자망으로 해파리 유체를 채취하고, 멸치 난어를 조사했다. 예전에 없던 아열대성 해파리 떼가 한반도를 휩쓸어 그물 가득 해파리만 든다. 20세기 초반 시인 김억이 '해파리의 노래'를 상재했으나 이런 '괴물'은 예상하지 못했으리라. 남방 해파리의 알이 고군산 근역에서 보이는 것은 수온 상승의 반증 아니겠는가.

바닷물고기들의 동향도 수상쩍다. 조기, 갈치는 물론이고 여타 고급 어종들이 대거 사라진 자리를 멸치 떼가 채우고 있다. 고급 어종 비율이 1967~69년도 39퍼센트에서 33년 만인 1999년에는 23퍼센트로 줄었으니 엄청난 감소다. 멸치는 1992년 군산수협 위탁 양이 88톤이었던 것이 2002년에는 2,359톤으로 급증했다. 먹이사슬 상층부를 차지하는 큰 물고기들이 사라지자 아래쪽 개체인 멸치 떼가 극성을 부리는 것이다.

생태계의 적신호가 울리고 있다. 이러다가 물고기가 아예 없어지는 게 아니냐며 진반 농반의 걱정을 전하자 동행한 김수관 군산대 교수는 "충분히 가능한 일"이라고 동의한다. 상하이를 비롯한 중국 동해안의 엄청난 인구 증가와 산업화로 서해에 쏟아부어지는 오염 총량을 계산할 때 서해가 죽음의 바다로 바뀌는 것은 시간문제란다. 일제시대에 고군산 근역에서 미역, 김, 해삼, 상어, 가오리, 넙치, 고등어, 멸치, 조기, 삼치, 대구, 도미, 청어,

높아지는 수온과 더불어 서해안과 남해안을 습격하는 해파리 떼. 뒤에 보이는 잠수부와 견주어 엄청난 덩치임을 알 수 있다 (수중세계 이선명 제공).

서쪽바다

전광어, 새우, 숭어, 참장어, 가사리, 병어, 민어, 홍어, 오징어, 뱅어, 갈치 등이 잡혔다니, 종 다양성이 해체된 비극이 현실로 나타나고 있다.

"바다의 젖줄인 동진강, 만경강을 끊어놓으니 바깥 생태계에 엄청난 부담이 가해지고 있다." 갯벌연구소 조영조 소장의 부연 설명에 고개가 끄덕여진다. 새만금 간척의 부당성을 지적하고 반대해온 환경운동가를 비롯하여, 많은 뜻있는 이들이 잠시 반성할 지점이 있다면, 바로 고군산 같은 방조제 바깥 섬들의 안위를 도외시했다는 점일 것이다.

막는 쪽이나 반대하는 쪽이나 바깥 바다는 고려 대상이 아니었다. 환경운동조차 언제나 육지중심이었던 것이다. 현재 군산 쪽이 완전히 막힌 상태에서 남쪽 일부만 트여 좁은 수로로 조류가 엄청난 속도로 드나든다. 그래서 신시도 아래쪽 무녀도와 비안도 사이는 거대한 물골이 패였는데, 이곳에서는 어떤 어업도 불가능하다.

무녀도 어민 김용문(55세) 씨는 "조류가 빨라 그물 설치가 불가능한 것은 물론 양식이나 조개 채취도 다 지난 얘기"라며 "방조제 안쪽은 그래도 보상이나 넉넉히 받았지만 바깥쪽은 단돈 천만 원이 고작이었다."며 말꼬리를 흐린다. 어류가 산란을 위해 새만금 안쪽으로 들어가는 길목을 거대한 장애물이 가로막으니 애당초 어업은 결딴난 것이다. 무녀도를 둘러보니 물고기 못지않게 자연 경관의 훼손도 심하다. 왕왕 경제적 가치만으로 간척의 폐해를 계산하느라 대개 경관 가치는 무시되기 일쑤다.

야미도와 비안도에서는 펄에 묻혔던 침몰한 배들이 모습을 드러내어 청자 등 '보물찾기'에 한창이다. 침몰선의 유물이 드러남은 수중고고학의 입장에서는 대단히 반가운 일이지만, 마냥 기뻐할 수만은 없다. 적어도 수백년 이상 펄에 덮였던 배가 드러나는 만큼 그 펄에 의지하여 살던 모든 생물체들이 집을 잃었다는 역설 때문이다.

더욱 이상한 일도 벌어지고 있다. 물속의 거대한 숲인 잘피군락이 날로

고군산군도에서 날로 번성하는 잘피군락. 물고기들의 집이기도 하다(수중세계 이선명 제공).

번성하는 중이다. 이곳 방언으로 '진지리'라 불리는데 도다리가 거기서 산다. 미역, 다시마 등 해조류(seaweed)와 달리 바다에 넓은 초지를 형성하는 바다풀인 해초(seagrass)이니 강한 수질 정화능력을 갖고 있다. 바닷물 속에 있는 질소, 인 등의 오염물질을 빠르게 흡수하고 뿌리조직은 퇴적물층을 안정시키는 기능을 갖는바, 잘피들이 새만금 방조제 공사로 불어난 뻘층에 집중 증식하기 시작한 것이 왠지 불안하다. 본디 꼬시래기, 톳, 멀, 지충이, 뜸부기, 새미, 파래, 미역, 우뭇가사리, 돌김 등 다양한 해조류가 서식하던 해조류의 본향이기는 하지만 잘피가 이처럼 많았던 적은 없다. 혹시나 다가오는 오염의 위험을 예감하면서 정화기능을 지닌 잘피가 부적자라나는 것은 아닐까.

양식굴처럼 큰 굴이 나타난 것도 이상 징조다. 잘피군락은 생태계에 고마운 존재인데 홍합, 즉 담치가 늘어난 것을 보면 오염이 심해졌다는 말

서
쪽
바
다

215

2 고군산군도는 옛적부터 대륙과의 문물교
류 통로이자 어족자원의 지나칠 수 없는
경유지였다. 그러나 지금은 물고기조차 이
곳을 떠나고 있다. 군도의 야미도와 신시
도가 방조제로 이어졌고, 고깃배 대신 관
광유람선이, 물고기 대신 부동산업자들이
몰려들어 또 다른 거품을 일으키고 있다.
고군산군도의 **1** 무녀도 **2** 장자도 **3** 말도 .

이다. 이런 '뒤죽박죽'은 새만금 방조제가 가져다준 후과인바, 수중생태
계도 급격한 변화에 어쩔 줄 몰라하면서 심각한 고민에 빠져 있는 것이 아
닐까.

　비슷한 일은 울산 온산만에서도 벌어지고 있다. 각종 석유화학공장이 들
어차 '불임(不姙)의 바다'로 익히 알려진 온산공단 앞바다에서 파래와 초
대형 미역이 번창하고 여느 굴보다 훨씬 크게 자라고 있을 뿐더러 해양종
이 오히려 다양해지고 있다. 넘쳐나도록 쌓인 영양물질이 가져온 후과 같
다. 새만금도 드러난 방조제 안쪽만이 문제가 아니라 이같이 수중세계까
지 본격적으로 앓는 중이다. 왜 우리의 관심은 오로지 방조제 안쪽에만 머
물까. 혹시나 '갯벌 땅'이냐 '육지 땅'이냐는 육지중심의 사고가 아닐까.
바다 밑의 세계에서 이루어지는 이 놀라운 변화에 둔감한 환경운동은 실
로 편향적, 혹은 무지라고 하지 않을 수 없다.

예부터 신들의 본향

무녀산 중봉의 '삼각형'이란 곳까지 올랐다. 왼쪽으로 선유팔경이 펼쳐지고 무녀도 서두리 마을과 염전, 닭섬·쑥섬·살막섬·솔섬을 비롯한 자잘한 섬들, 천반녀·박시녀 같은 여들, 그리고 비안도·신시도·횡경도 같은 섬까지 한눈에 들어와 가히 관해의 요처답다.

선유도와 무녀도를 이어주는 현수교가 멋스럽다. 섬들은 아득한데 저 멀리 한눈에 들어오는 방조제가 철책처럼 흉물스럽게 방벽을 두르고 있다. 무녀도가 한창 '잘나갈 때', 삼월 삼짇날이면 선남선녀들이 밥솥을 짊어지고 산정에 올라 진달래꽃 향기에 취해 놀다 갔다는 전설 같은 이야기만 전해질 뿐이다.

고군산은 예부터 '신들의 본향'으로 널리 알려진 곳이다. 춤추는 무녀의 형상에서 따왔다는 무녀도라는 섬 이름이 말해주듯 섬마다 신들이 좌정하고 있었다. 선유도 모래사장이 끝나는 지점에 망주봉이 기암괴석으로 솟아 있는데 우화등선(羽化登仙), 날개가 돋아 하늘로 올라가 신선이 되었다는 말이 실감 나는 절경이다.

사람들은 대부분 그 절경만 보고 돌아올 뿐 거기에 오룡묘(五龍廟) 신당이 있는 것은 모른다. 다섯 용을 모신 곳인 만큼 기와집이 화려하게 지어졌고, 산신각도 따로 세워져 신당의 위용을 자랑한다. 해마다 당제를 지극정성으로 모셨음은 물론 수년에 한 번씩 별신제를 올릴 때면 내로라하는 굿쟁이들이 몰려들어 삼현육각을 잡고 남사당패까지 몰려와 신명의 굿판으로 바다를 달구었던 서해안 최대 신당의 하나였다.

일찍이 《고려도경》에도 "서쪽에 가까운 작은 산 위에는 오룡묘와 자복사(資福寺)가 있다."고 하였다. 고려시대에도 존재하던 유서 깊은 당집임이 확인된다.

오룡묘는 참으로 영검한 신당으로 여러 가지 전설이 전해온다. 청기와를 싣고 가던 청나라 사신이 풍랑을 만나 이곳에 피항하게 되었는데, 사신이 꿈속에서 청기와 다섯 장을 올려 집을 지으면 바람이 멈출 것이라는 신령의 계시를 받고 오룡묘를 지었다는 전설이 있다. 또 조선 배가 공물을 싣고 한양으로 가던 중에 풍랑을 만나 피항을 하게 되어, 서해 용왕을 달래기 위해 오룡묘를 지었다는 전설도 있다. 두 가지 전설 모두 피항(避港)과 연계되는바, 고군산이 그만큼 난바다를 통행하는 배들의 피난처로 유명했다는 말이다.

실제로 고군산에는 대대로 대물림해온 단골 무녀들이 많았다. 고군산군도에 살던 윤말례 단골, 일명 당오매할매는 바로 오룡묘를 지키는 무녀였다. 세습무들이 대대손손 대물림하며 선유도의 종교 관할구역인 단골판을 지키는 것은 물론이고 오룡묘를 모셔왔다. 의례의 전통이 매우 의연하고 정확한 것을 알 수 있다.

그러나 천여 년간 지속되어온 그 유서 깊은 신당도 형체는 여전하나 문

개발바람을 타고 지금은 관광형 어촌으로 변모한 선유도 망주봉의 모습에서 갈수록 외로워지는 고군산군도의 잔영을 본다.

짝은 떨어져 나가고 지붕에는 잡초가 무성할 정도로 쇠락했다. 군의관으로 고군산에 근무하면서 이 일대의 신당을 조사하여 세상에 알린 서홍관이 1980년대에 보고한 바에 따르면, 섬마다 있던 신당이 주민들의 기독교 개종으로 멸시와 박해를 당해 심지어는 불태워지기도 했단다. 좁은 섬에 기독교가 전파되면서 극단적인 갈등을 일으키고 전래의 당집을 미신으로 파괴하고 전통문화 자체를 말살하는 일이 서해안 곳곳에서 벌어졌다. 여기서 종교적 극단주의의 한 전형을 본다. 고군산 신당의 파괴는 문화적 반달리즘의 명백한 증거가 아닐까.

장자도 마을 뒤편의 대장산 중턱에는 어화대(漁火臺)와 할머니바위가 있다. 비승비속의 당할머니가 모셨던 신당이다. 건너 횡경도에는 할아버지 바위가 있어 장자도 할머니바위와 얽힌 애틋한 전설이 전해진다. 말도에는 영신당(靈神堂)이 있으며, 야미도에는 '안두사'라는 글씨가 쓰인 나무가 바닷가에서 떠올라 그 '안두사'란 사람을 신으로 모시고 있다. 이와 같이 고군산의 12개 섬에서 모두 신당 및 당숲이 확인되지만 당제가 남아 있는 곳은 없다.

당집이나마 문화유산으로 지정하여 보호하겠다는 인식의 전환이 필요한즉, 오룡묘같이 역사문화적 전통이 분명한 문화유산을 방치하는 군산시의 안목이 불안하기만 하다.

자연유산의 보고인 고군산의 경관 가치

고군산에는 그동안 말로만 들어온 초분(草墳)도 전해진다. 분묘 대신 짚으로 엮은 초분에 시신을 안치하는 초분 전통은 진도를 비롯한 남해안의 전통으로 알려졌다. 그 초분이 고군산에도 남아 있어 남해안뿐 아니라 서

신들의 본향답게 고군산 12섬에는 각각 신당과 당숲이 있었다. 선유도 망주봉 산자락에서 바다를 굽어보는 당집(왼쪽)과 아직까지 생생한 모습을 간직한 초분(오른쪽).

해안까지도 초분 문화권이었음을 보여
주고 있다.

무녀도 초입에는 아예 궁금해하는 외
지인을 위해 '관광용 초분'까지 만들어
두었다. 무녀도에는 고군산 유일의 초분
이 남아 해마다 짚을 갈아주면서 정성스
레 보존해오고 있다. 땅에 안장하였는데 자꾸 이상한 일이 생겨서 점을 쳤
더니 초분으로 모시라 하여 무덤 대신에 전래 방식 그대로 초분을 쓰게 되
었단다. 매년 한식 때마다 이엉을 갈아주는 등 정성을 다하여 지금도 어제
한 것 같은 새 초분이 숲 속에 앉아 있다. 전국에서 가장 잘 보존된 초분의
하나가 아닐까 한다.

이처럼 신들이 잠을 청한 안식처이자 초분 같은 고풍스러운 유산이나, 난
초와 모감주나무 군락을 비롯한 자연유산의 보고인 고군산의 경관 가치에
관해서는 아무런 고려나 계산이 이뤄지지 않고 있다.

관광객들은 선유도에 잠시 들러 회를 먹고는 휘 해수욕장을 한 번 둘러보

고 떠난다. 연륙된 무녀도나 장자도는 관광객들이 떨구고 가는 몇 푼의 푼
돈 수혜도 받지 못하고 있다. 같은 고군산이지만 이곳에도 '남북의 문제'가
빚어지고 있다.

섬과 섬들이 연결되는 바다축제

선유도는 관광형 어촌으로 변신하면서 인심이 살벌해졌다. 멀리 떠 있는
말도처럼 불과 15호밖에 안 되는 섬에서도 어제까지 '형님 아우' 하던 공
동체가 깡그리 해체되는 중이다. 이웃 섬 주민들이 조개를 캐가도 누구도
문제 삼지 않았으나 지금은 어림도 없다. 대책 없는 개발이 떠안긴 '인간
성 파괴'라는 피할 수 없는 운명에서 고군산도 예외는 아니다. 그렇게 고군
산의 예스러움이 철저하게 소멸되는 중이니 새만금 간척지가 가져다준 반
갑지 않은 '보너스' 아니겠는가.

다행스러운 일은 이곳 청년들이 움직이고 있다는 사실이다. 2002년부터
'고군산 청년연합회'를 조직한 젊은이들은 해마다 체육대회를 열어 공동
체의 연대감을 지속시키고 있다. 번갈아 12섬을 돌아가면서 여는데 박영
구(43세) 부회장은 "단순한 운동 경기가 아니다. 모처럼 12섬 젊은이들이
모여 단합도 꾀하고, 훗날을 생각하는 지혜도 모은다."고 말한다.

대회 날이면 아침부터 각 섬에서 배를 끌고 집결하는 모습이 장관이다.
부녀회에서는 음식을 장만하여 술추렴도 하고 남녀노소 가리지 않고 모여
'섬과 섬들의 바다축제'를 연출한다. 섬들이 모여서 축제를 여는 이 같은
네트워크는 매우 의미 있는 것으로 고군산의 새로운 역사로 기록해둘 만
하다.

청년들은 김양식을 하며 어렵사리 버티고 있으나 김값이 폭락하면서 하

나둘씩 이곳을 떠나고 있다. 무녀도에만 청년들이 스무 명 넘었으나 지금은 고작 여덟 명만이 남아 있다. 살기 힘들어 떠나는 청년들을 나무랄 일도 아니다.

다음 세대가 안락하게 살 수 있는 섬, 그런 섬을 만들지 않고서야 우리 바다의 미래가 있겠는가. 새만금의 거대 장벽은 안쪽의 갇힌 생물은 물론이고 이렇듯 바깥쪽 사람들의 삶까지 옥죄고 있다. 미래 세대와 해양의 종 다양성을 위해 우리는 어떤 선택을 해야 할까.

'생명체의 자궁' 바다는 여신들의 무대

깎아지른 절벽 위 여신 모신 성소가

아테네 도심의 파르테논 신전 못지않게, 아티카 반도 끝자락 수니온곶(串)의 포세이돈 신전은 낙조 풍경과 어울려 세계인들의 발길이 끊이지 않는 곳이다. 포세이돈 신전. 에게해의 찬란한 석양이 비끼는 천애 절벽에 각인된 역사와 신화의 지문은 아직까지도 생생하게 살아 신화의 시대를 이야기하고 있다. 바다의 신 포세이돈. 그의 뜻에 따라 질풍과 노도가 일어나니, 바다의 모든 것이 그 앞에서 고개를 조아려야 했다. 포세이돈의 황금전차가 말발굽소리 요란하게 바다 위를 가로지를라 치면 거센 폭풍은 간데없고 잔잔한 고요가 그를 옹위했다. 신전의 원형은 파괴됐으나 15개의 도리아식 원주가 고스란히 남아 에게해의 험한 바닷길을 아우르고 있다. 지금도 이 신전 앞을 지나는 그리스 어부들은 고개 숙여 예를 표한다. 첨단과학이 지배하는 오늘날에도 뱃길에 나선 사람은 누구나 포세이돈의 신화적 영력에 깊은 외경과 간절한 기원의 뜻을 전하고자 하는 것이다.

반도국가 그리스의 끝자락에 바다의 신전이 있다면, 같은 반도국가인 우리의 사정은 어떠할까? 우리라고 왜 바다신을 모신 신전이 없을까만, 남의 떡만 크게 보이고, 내 것은 초라하게만 여기는 문화사대주의의 병폐가 여기에서도 예외는 아니다. 나이아가라 폭포의 웅장함에 취해 박연폭포 정도는 '애들 장난'으로 치부하는 이들에게 내가 줄 수 있는 최선의 해답은 '우리 것부터 좀 챙겨 보라.'는 충고다.

포세이돈이 중요하다면, 동양에서는 중국의 여자 해신 마조(媽祖)도 중요하다. 중국의 남방 연해 및 남양 일대에서 산둥 성을 거쳐 북방 연해까지 드넓은 해안가에 하늘의 성모(聖母)이자 바다의 수호신인 여신 마조가 좌정하고 있다. 그리스에서는 해신이 남성인 데 반하여 중국이나 우리나라, 아니 대개의 나라에서 해신은 여신이다. 더불어 '문화 종 다양성'을 위해서라도 한반도 땅의 수성당할머니를 생각해야 한다.

여성의 손아귀에 놓인 바다 신권

변산반도의 끝자락 격포 수성당은 우리 해신의 위엄과 격식을 고스란히 담아내는 신성(神聖)의 성소(聖所) 격이다. 우선, 위치가 눈길을 끈다. 잘록한 자루처럼 돌출한 곳의 깎아지른 절벽을 '성소'로 선택했다.

1990년대 중반만 해도 수성당 길목은 해안초소를 설치해 민간인 출입을 막는 군 작전구역이었다. 그 후 전주박물관에서 이 일대를 발굴한 결과, 고대의 제사터임이 확인되었다. 민간의 구술 전승이 이루어진 이곳에서 확인 발굴이 이루어졌음은 소멸된 역사를 재구함에 있어 구술이 지닌 실증적 힘을 웅변한다. 트로이 문명이 애초에 구술과 신화에서 출발했다가, 훗날 고고학적 발굴에 의해 입증된 것과 다르지 않다.

수성당은 시누대가 창검처럼 밀집해 빼곡하게 들어찬 단애(斷崖)에 숨어 있다. 바닷물이 밀물처럼 다가와 이 안에 들면 절벽에 서 있다는 느낌을 잊게 된다. 그러나 자칫 한발 잘못 내디디면 벼랑으로 곤두박질친다. 오금이 저리도록 가파른 곳. 벼랑 아래로는 여근처럼 갈라진 해식동굴이 있어 조수가 드나들며 보는 이의 현기증을 자아낸다. 일명 용굴, 혹은 여우골이라 불리는 이곳이 수성당할머니의 거처다. 서해 어업의 중심 기지였던 위

226

노을에 비껴 서해 칠산바다를 굽어보는 격포 돌벼랑은 수성당할머니의 거녀(巨女) 신화를 말하듯 장엄하게 솟아 지금까지도 바다의 역사를 지켜보고 있다. 모든 생명체를 낳은 '기원의 자궁', 그 바다를.

도가 굽어보이는 칠산바다의 관망대에 해당하는 곳으로, 임진왜란 때 왜군이 여우골로 몰려오는 것을 할머니가 무찔렀다는 전설이 아직도 전해진다.

'개양할미'라고도 불리는 수성당할머니는 딸만 여덟을 낳아 각도에 한 명씩 시집보냈다고 전해진다. 더러는 그녀가 딸 일곱을 낳았으며, 그들이 수성당에서 굽어보이는 칠산바다의 일곱 섬 지킴이가 되었다고도 한다. 수성당 할머니는 엄청나게 큰 키로 굽나무신을 신고 저벅저벅 서해바다를 걸어 다녔다. 위험한 곳에는 표지를 남겨 어부들이 해를 입지 않게 돌보았으며, 심지어 수심까지 재어 어부들이 알도록 했다. 괴력난신(怪力亂神)의 힘을 보여준 '서해 창건주'의 전설이므로 그 말이 맞느냐, 틀리느냐는 그다지 중요하지 않다.

변산 격포 사람들은 예나 지금이나 정초에 정성껏 제물을 마련해 이곳을 찾는다. 세상이 바뀌어 서해 여신으로서의 지위는 볼품없이 쪼그라들었지만 그때의 마을굿 양식이 여전히 잔존해 있으며, 무신도도 걸려 있었으나 지금은 불타고 없다. '1804년 상량(上樑)'이라고 적힌 상량문으로 미뤄 적어도 200여 년 전에 이 신당이 존재했음을 알 수 있다. 그러나 신당이 어찌 사람의 신탁(神託)의식과 같은 나이일 수 있겠는가. 이 상량문과 무관하게 훨씬 이전에 신당이 있었고, 그보다 훨씬 이전부터 사람들의 가슴속에 수성당할머니가 살아 있었을 것이다.

변산반도의 끝 격포리 단애 위에 있
는 수성당은 서해바다를 지켜온 당
할머니의 위엄을 웅변하는 성소(聖
所)였다. 수성당 주변에는 대나무가
밀집해 있다. 이곳에서 수성당할머
니는 서해를 지키며 우리네 바다의
삶과 섭리를 주관했다.

오늘날 수성당은 변산반도
일대를 지켜주는 '지역신'으
로 '강등'되었으나, 그 해양
문화적 원형은 바다를 지켜
주는 거녀(巨女)신화에서 비
롯되었다. 제주도의 설문대
할망이나 전국에 골고루 분
포한 마고할매는 수성당할
머니의 문화적 원형이다. 마
고나 설문대가 순 토속어인
반면 수성(水星)이라는 한문
투 용어가 후대에 덧씌워졌
을 뿐이다. 즉, 마고식의 해
양문화 원형질에서 수성이
란 지역적 여신이 탄생한 것

228

이 아닐까.

사실 우리의 의식은 가부장적 남신들로 가득 차 있었다. 그러나 바다만은 달라 그곳은 늘 여신들의 무대였다. 바다는 모든 생명체가 탄생한 최초의 자궁이다. 그런데도 기이하게 바닷가에서 여성은 사실상 금기의 대상이다. 지금은 그런 금기의식이 많이 희석됐다고 하지만 그래도 여전히 위세를 떨치고 있다. 그런데 이상하게도 신권(神權)만큼은 여신의 손아귀에 놓여 있다. '여신을 숭앙하는 바다'의 신권과, '여성을 배척하는 바다'의 생활이란 두 측면은 해양문화를 둘러싼 대단한 역설을 설명해주는 단초가 된다.

할매들이 모든 섬을 창조하셨다

신화 속의 할머니들은 바다의 탄생과 밀접한 관련을 맺는다. 우리 바다는 어떻게 탄생했을까. 서해나 남해는 동해와 달리 늦게야 만들어졌다. 쉽게 설명하자면, 빙하시대의 얼음이 녹으면서 해수면이 높아져 서해안이 생성되었고, 그 결과 산봉우리가 섬이 된 것이리라. 서해에서 어김없이 밀물 썰물이 들고 나길 벌써 8천여 년. 황해는 고작 8천 년 역사다. 애초에 바다가 아니라 중국과 연륙된 뭍. 인간에게는 억겁의 세월이시만 지구 나이로는 청년기에 불과한 8천 년 사이에 섬이 만들어졌다.

제주도의 경우, 한경면 고산리의 선사시대 유적지가 상전벽해의 역사를 잘 증언해주고 있다. 고산리 선사유적이 형성될 때만 해도 앞의 차귀도나 와도는 섬이 아니었다. 빙하가 녹으면서 섬이 되었다. 애초에는 제주도 자체도 섬이 아니었다. 홍적세에 네 번에 걸친 빙하기가 이루어지면서 간빙기도 형성되어 그때에 녹은 물이 대한해협도 만들고, 제주도를 섬으로 만들었다. 대략 1만 2천~8천 년 전의 일이다. 그러나 이러한 자연과학적인 지식만으로 섬의 형성을 충분히 설명할 수 있을까. 그에 대한 선인들의 답변은 이랬다.

"할매들이 모든 섬을 창조하셨다."

그렇다. 마고와 설문대할망이 그녀들이다. 수성당할매는 그녀들의 '지역적(칠산바다적인) 버전'일 것이고, 설문대할망은 제주도 버전이리라. 이들 할머니의 스케일은 대단하여 설문대할망의 경우에 아예 한라산을 엉덩이로 깔아 앉고, 한쪽 다리는 관탈도에 놓고, 또 한쪽 다리는 남제주 앞바다의 지귀섬(또는 마라도)에 놓고, 성산봉을 구시통(빨래 바구니)으로 삼고, 소섬(우도)을 팡돌(빨랫돌)로 삼아 빨래를 했다. 마고가 뚜벅뚜벅 서해안을 걸어 다닌 것이나, 수성당할매가 굽나무 신 신고 바다를 걸어 다닌 것이나 같은 스케일이다.

선사인들은 분명히 간빙기의 얼음이 녹고 서서히 중국과 한반도 사이에 물이 들어차는

모습을 유전인자처럼 전승시켰을 것이 분명하다. 신화라는 매개체는 역사 구술의 중요한 방식이기도 하였으니, 서해나 남해의 거녀신화에는 천지개벽을 목격한 선인들의 기억이 각인되어 있는 셈이다. 세계 신화사에서 여신의 위상은 어떠한가. 이집트, 그리스와 로마, 프리기아, 에티오피아 등에서 최고의 여신으로 손꼽혔던 이시스 여신은 자신을 숭배하는 루키우스

신화 속의 할머니들은 바다의 탄생과 밀접한 관련을 맺는다. 수성당에서 내려다본 격포바다. 흡사 호수처럼 눈앞에 펼쳐져있다.

아풀레이우스를 나귀로 변신시켜 한 차례 곤욕을 치르게 한 끝에 이런 말

을 했다(*A Dictonary of World Mythology*, Oxford Univ. Press, 1979).

나는 대자연, 우주적인 어머니, 모든 요소들의 여주인, 처음에 태어난 시

간의 자식, 영적인 모든 것의 통치자, 사자(死者)의 여왕인 동시에 불사신의 여왕이자, 존재하는 모든 신들과 여신들이 드러내는 유일한 모습이다. 저 드높은 하늘빛, 산뜻한 바닷바람, 명부(冥府)를 흐르는 침통한 고요도 나는 고갯짓 하나로 다스린다. 인간이 저희 쓰일 데에 따라 나를 섬기고, 갖가지 다른 이름으로 나를 부르고, 갖가지 서로 다른 의례로 내 비위를 맞춘 것은 온 세상이 나를 경모하였음이다.

말할 것도 없이 여성은 풍요와 다산의 신 아닌가. 달이 차고 일그러지는 변화는 그대로 조석의 변화로 이어진다. 어민들은 조석의 힘, 즉 물때에 의존하여 살아간다. 여신은 치마폭으로 바다를 감싸고, 여성의 음기로 고기를 낚는다. 현실세계에는 천신이란 이름의 태양이 존재하지만, 바다에서는 달의 이름으로 우리의 아르테미스인 '각시신'이 존재할 뿐이다.

현행 민속에는 서해 곳곳에 '각시여서낭'을 전승시키고 있다. 그녀는 고기를 몰아다주기도 하고 어부들을 돌보아주기도 하는 '수호천사'인데, 여자인지라 제물도 오색실, 오색천, 화장품, 거울 따위를 바친다. 배에 오르면 으레 배서낭이 있고, 거기에도 제물을 바치는데 모두들 여신이다. 이렇듯 여신들이 바다를 지배하게 된 힘은 어디서 나왔을까.

바다는 인간의 생명이 탄생한 최초의 자궁이었다. 태초에 생명체가 물에서 나왔으며, 지구상에서 첫 번째로 생명체를 잉태시킨 힘들은 온전하게 바다 속에 있었다. 생명의 바다에서 나와서 육상동물로, 더 나아가서 인류로까지 진화하는 대모험이 이루어졌다. 그 일은 결코 쉽지 않았다. 우리의 조상에게 바다로부터의 탈출이 얼마나 어렵고 고통스러운 일이었는가는 고래에게서 잘 발견된다. 이들 동물은 다시 바다로 되돌아간 것이다. 찰스 다윈은 《종의 기원》에서 다음과 같이 기술했다.

인류 초기의 조상들은 수중동물로서의 습성이 모두 사라지지 않았음에 틀림없다. 왜냐하면 형태학적으로 볼 때, 우리의 폐는 예전의 부레의 역할을 한 변형기포로 형성되어 있었기 때문이다. 태아의 목에 있는 갈라진 틈은 아가미의 흔적이다. 체내 기능의 몇 가지가 울령의 한 달이나 1주의 주기로 움직이고 있는 것처럼, 우리의 탄생의 땅인 조수에 씻기는 해안을 지금도 여전히 유물로서 품고 있는 것이다.

그리하여 바다는 인간의 영원한 고향이 되었다. 바다를 잊지 못하는 인간의 꿈은 여신을 창조하였다. 그 원천적인 배경은 달의 힘이었으며, 여신의 이름으로 좌정한 것이다.

거대한 치맛자락에 가려 어둠이 내리고

수성당에서 서쪽을 굽어보니 초여름 햇살을 받은 칠산바다가 싱싱한 비늘을 반짝이며 꿈처럼 펼쳐져 있다. 그곳에 서서 신화적 상상의 날개를 펼쳐본다. 수성당에 기대 칠산바다를 바라보는 마음의 물길을 따라 당할머니가 들어왔다. 그녀는 저물어 수평선 아래로 잠겨 드는 해를 안간힘으로 붙들려고 했으며, 그러다가 이른 저녁의 별밭을 거닐어 내게 이른 것이다. 그 덕분에 칠산바다는 여름의 붉은 황혼에 늦도록 젖어

바다의 신은 대개 여신이었다. 강화도의 할머니 신.

있었다. 흡사 생텍쥐페리의 어린 왕자가 첫마디를 속삭였을 때처럼 그렇게 붉게.

그녀는 깊은 바닷물에 겨우 발목만 적신 채 천천히 걸음을 떼고 있다. 아주 천천히. 우리 역사의 태곳적 울림은 그렇듯 바다에서 시작되었다. 서해바다가 아직 형성되지 않아 우리와 중국이 육지로 맞붙어 있던 그 옛날의 땅을 디디고 걸었음 직한 그런 발걸음이다. 생각해보면 수성당할머니 같은 거녀는 한반도 탄생의 비밀을 알려주는 중요한 존재가 아닐 수 없다.

여신들은 늘 바닷가를 뚜벅뚜벅 걸어 다녔다. 풍랑이 일지는 않았지만 생각보다는 깊었다. 깊은 곳으로 발을 잘못 내디뎌 빠지는 바람에 치맛자락이 살짝 젖었다. 끝 모르게 큰 여신들이었지만 치맛자락이 젖는 것은 어쩔 수가 없었다. 그녀는 젖은 치마를 벗어 산 위에 펼쳐 널었다. 산에서는 난리가 났다. 치마를 널자 지상이 온통 컴컴해졌고 동물들은 갑자기 맞은 밤이 두려웠을 것이다.

여신은 북쪽으로 올라오면서 소피도 여러 번 보았다. 여신의 오줌이 물길을 만들어 곳곳에 강이 생겨났다. 여신의 똥은 군데군데 섬으로 남았다. 저녁 무렵에 찬 이슬을 맞자 마고는 기침을 했다. 그러자 폭풍이 불어 풍랑이 일었고, 산과 들의 나무들이 뿌리째 뽑혔다. 이윽고 밤이 왔다. 여신은 하늘의 별을 만지고, 달을 껴안고 그렇게 외로운 밤을 지냈다. 참으로 외로웠다. 사람이 탄생하기 전이라 그녀를 즐겁게 할 미물 인간이 아직 없었던 탓이다.

얼마나 컸으면 바다를 걸으며 치맛자락만 적셨을 뿐일까. 참으로 막강한 여성의 위력이다. 우리 신화의 들머리를 차지하는 마고, 수성당할머니 등은 지모신(Great Mother, Mother Goddess)이다. 수성당을 찾아온 이유는 너무도 분명하다. 잃어버린 여성의 힘. 거녀로서 세상을 창조하는 거대담론을 이끌어온 문화적 원형질을 당할머니에게서 발견한다. 현대인들은 그만 그 거대한 신화적 힘, 자연친화적 순응을 거부하고 말았으니, 수성당 코앞의 새만금 간척지나 위도 핵폐기장 같은 인간사의 복잡다단한 갈등이 그것이다.

천 년을 훌쩍 뛰어넘는 당신앙의 해양문화적 장기 지속성

당할머니가 바다를 걷는 발자국 소리를 듣노라니 상상력은 멀리 상전벽해의 시대로 거슬러 올라간다. 왜 하필이면 국가적인 큰 제사터가 수성당에 자리 잡고 있었을까. 우리는 그동안 '전북지역은 곧 백제문화권'이라는 도식적 편견에 함몰돼 있었다. 전주박물관 발굴에 주도적으로 참여한 유병하는 수성당 유적을 3세기 후반에서 7세기 전반의 마한, 백제, 가야, 왜의 노천(露天)제사라고 주장했다. 3세기 후반에는 마한, 4세기는 마한과 백제, 5세기 전반과 6세기 전반은 백제, 가야, 왜의 제사가 이루어진 듯하다.

마한, 백제는 그렇다 치고 멀리 가야와 왜의 유물이 나온 사실은 흥미롭다. 백제 땅으로 들어서자면 반드시 변산반도를 돌아, 고군산군도를 비집고 들어가, 금강 하구로 들어서야 했을 것이니, 수성당의 위치는 지정학적으로 해양의 길목이다. 위도나 고군산에서

항해도문동경(航海圖文銅鏡, 고려시대, 경북대박물관 소장).
고군산을 거쳐서 개성으로 가던 배들의 항로를 묘사한 듯하다.

바라볼 때, 곶의 신비로운 장소에 신당을 세우고 해신에게 정성껏 제사를 올렸으리라. 채석강과 적벽강이 펼쳐진 천혜의 절경에 자리 잡고 있으니 신들조차도 비경을 선호했음이라.

근년까지도 풍어기(豊漁旗)가 올라가던 수성당 앞바다에서 역사시대의 제사가 올려졌고, 더 앞선 시대에는 마고할머니가 걸어 다녔다는 사실에서, 천 년을 훌쩍 뛰어넘는 수성당 신앙의 해양문화적 장기 지속성을 보고야 마는 것이다.

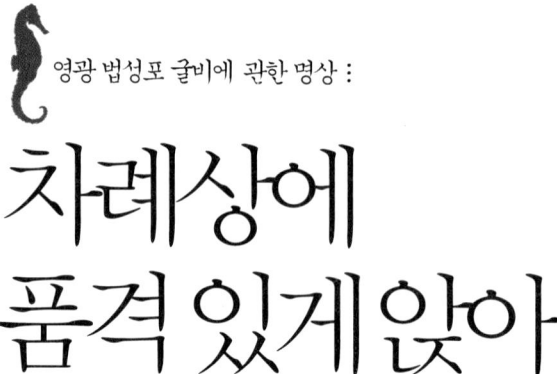

영광 법성포 굴비에 관한 명상 :

차례상에
품격 있게 앉아
절 받는 물고기

구수산 철쭉이 바다 물들이면 칠산바다 조기 떼 울어

허다한 생선을 두고 하필 굴비를 담은 상자가 '범죄형 뇌물상자'로 회자된다. 그 굴비가 추석 무렵이면 더욱 인기다. 왜 이런 일이 벌어질까. 답은 간단하다. 굴비 값이 '금값'이기 때문이다. 얼마나 비싸기에 그럴까. 한 두름(10마리)에 200만 원대까지 나왔으니 마리당 20만 원을 호가한다. 젓가락질 한 번에 몇만 원이 날아가는 셈이다. 서민 음식이던 굴비가 어쩌다 세상에서 가장 비싼 생선이 되었을까 싶다. 그저 세 끼 밥만 먹어도 고마운 사람들로서는 "살 떨려서 저걸 어떻게 먹나?" 하는 푸념이 절로 나올 수밖에.

굴비 하면 전남 영광의 법성포(法聖浦)다. 추석 대목, 출하에 여념이 없는 법성포구로 내달았다. 이 무렵이면 어김없이 붉게 산하를 물들이는 불갑산(佛甲山)의 상사화 꽃나들이도 겸하였다. 시계바늘을 돌려본다. 일찍이 《신증동국여지승람》에 떠들썩한 파시촌이 영광 땅에 등장한다.

> 파시전(波市田). 군 북쪽 20리에 있는데 조기가 생산된다. 매년 봄에 京外의 상선이 사방에서 모여들어 그물을 던져 고기를 잡아 판매하는데, 서울 저자와 같이 떠드는 소리가 가득하다. 그 고깃배들은 모두 세금을 낸다.

지도군수 오홍묵(吳宖默, 1833~?)은 지도로 부임하면서 쓴 정무일기(政務日記) 《지도군총쇄록(智島郡叢瑣錄)》(1885. 2~1897. 5)에서 이렇게 말했다.

> 법성포의 서쪽 바다에는 배를 댈 곳이 없고 이곳에 칠뫼라는 작은 섬들이 있는데 위도에서 나주까지 경계가 되고, 이곳을 통칭 칠산바다라고 한다. 서쪽 바다는 망망대해로서 해마다 고기가 많이 잡혀 팔도에서 수천 척의 배들이 이곳에 모여 고기를 사고파는데, 오고 가는 거래액은 가히 수십만 냥에 이른다고 한다. 가장 많이 잡히는 것은 조기인데 팔도에서 같이 먹을 수 있다.

주렁주렁 매달린 법성포 굴비. 칠산바다에서 잡힌 조기가 '오가잽이 굴비'로 변신해 임금님 수라상에 오르면서 '영광 법성포 굴비'의 모태가 되었다.

칠산바다는 법성 근역의 칠뫼뿐 아니라 북쪽의 위도까지 아우르는 해역이다. 《한국수산지》(1908)에 이르길, "송이도의 북동 6해리에 있는 7개의 작은 섬으로 어느 곳이나 잡초가 무성하여 수목이 없다. 일곱 섬이 모두 작은 무인도에 지나지 않지만 이 근해에서 북방 위도에 이르는 사이를 칠산바다라 칭하고 조기어장으로 유명하다."고 하였다. 곡우가 오면 그날 1시부터 13시 사이에 정확하게 조기 떼가 울었다. 머나먼 남쪽 바다에서 올라온 조기가 이리도 정확하게 칠산바다에 다다라 첫 울음을 뱉는 자연의 오묘한 섭리라니!

어부들은 대나무통을 바닷물 속에 넣은 뒤 한쪽 귀를 막고 조기 떼의 울음소리를 들었다. 단순한 울음이 아니다. 울음소리로써 군중을 다스리고 다중을 하나로 이끌었다. 어떤 놈들은 그물에 잡혀서도 연신 울어댔다. 조기들의 울음은 섬사람에게는 정녕 봄다운 봄이 왔다는 징표. 조기 떼가 올라오는 시각을 예견하는 놀라운 민속지식을 칠산 어민들은 두루 체득하고 있었다. 칠산바다 시도의 늙은 살구나무에 꽃이 피면 조기가 찾아왔음을 알아차렸다. 법성포 건너편 구수산(九岫山)의 철쭉꽃이 뚝뚝 떨어져 바다를 물들이면, 조기들은 아름다운 빛깔에 취하여 어쩔 줄 모르는 듯했다. 칠산 어민들은 구수산 철쭉꽃으로 미루어 칠산바다에 조기 떼가 왔다는 신호로 알고 이내 배를 내어 고기잡이를 나갔다.

바짝바짝 말라 '오가잽이 굴비'로 변신

칠산에서 잡힌 조기들은 법성포로 갔다. 그리하여 그 유명한 영광 법성

《호남도서(湖南島嶼)》에 그려진 법성포(19세기, 국립중앙박물관 소장). 물로 둘러싸여 가히 '물의 도시' 답다. 왼쪽에 조기잡이의 본향인 칠산바다를 뜻하는 작은 섬인 칠산이 보인다.

구수산 철쭉이 뚝뚝 떨어져 바다를 물들이던 곡우 무렵이면 칠산바다를 찾은 조기 떼의 울음소리로 천 년의 법성포구가 들썩이곤 했다. 지금은 뻘이 쌓여서 갯골로 작은 배들만이 다닐 뿐이다.

포 굴비가 되어 전국으로 팔려 나갔다. 칠산 조기를 말려서 '오가잽이(오사리에 잡는다는 뜻)' 굴비를 만들었으니, 임금님 수라상에 오르던 바로 그 족보다. 그 전통이 오늘에 이어져 법성 굴비가 되었다.

가공업자만 300여 가구다. "연간 매출액이 공식적으로는 1,500억 원 정도지만, 줄잡아 2천억 원 이상 되지 않겠어요? 추석 대목에 1년 적자의 대부분을 메웁니다." 법성포 토박이인 참굴비수산 박정우 대표의 말이다. 엄청난 브랜드 효과이기도 한데, 가히 굴비의 본고장답다. 엄밀히 가리자면, '영광 굴비'가 아니라 '영광 법성포 굴비'가 정답이리라.

법성포 굴비가 맛좋은 이유는 참조기와 1년 이상 된 양질의 소금을 사용하여 건조하며, 해풍과 습도, 일조량 등이 알맞은 기후조건에서 만들기 때문이다. '하늘이 내린 굴비의 고장'이라 하거니와, 굴비 제조에 필수적인 소금, 바람, 갯벌이 딱 들어맞는 곳이다.

지금 칠산바다에서 잡히던 참조기들은 거의 사라지고 없다. 그러나 "중국 조기를 들여다 참굴비를 만들어 팔다가 잡혔다."는 식의 천편일률적인 신문기사는 정말이지 '무지'에 가깝다. 칠산조기가 거의 사라진 마당에 어차피 동중국해로 진출해 굴비용 조기를 잡아들인다. 중국 배가 잡으면 중국 조기, 우리 배가 잡으면 한국 조기일 뿐, 씨가 다른 것은 아니다. 막상 중국 조기들이 없다면, 추석상에 오를 그 엄청난 물량을 감당하지 못할 것이다. 값이 눅은 부세와 백조기, 수조기 등을 참조기로 속여 파는 사기행각이 문제라면 문제일 뿐이다. 굴비 장수들은 "어차피 100만 원이 넘는 굴비를 제 돈 주고 사먹을 사람은 별로 없다."고 말한다. 굴비 상자가 뇌물상자가 된 내력이 여기에 있다.

공급은 태부족인데 수요는 여전하므로 값이 오르는 것은 당연한 이치다. 예나 지금이나 '절 받는 물고기'이기는 마찬가지다. 무수한 물고기들이 존재하지만 절 받는 반열에 오르기는 쉽지 않다. 북어포도 절 받는 위치에 있지만 조기처럼 엄숙한 차례상에서 '품격 있게' 좌정하는 예는 극히 드물다. 마치 경북지역 사람들이 추석 차례상에 지극 정성으로 돔배기(돔발상어)를 올리는 것과 같다. 그래서 그 비싼 조기를 제상에 올린다. 제의전통의 장기 지속성이 어물의 가격 형성에 결정적인 영향을 미치는 매우 재미있는 사례다.

굴비 제조법에서도 유명세의 정당한 근거가 확인된다. 대개의 조기는 알을 낳기 전에 사로잡힌다. 알이 꽉 차고 기름진 조기들이

중국 배가 잡으면 중국 조기, 우리 배가 잡으면 한국 조기일 뿐 씨가 다른 것은 아니다. 눅은 부세와 백조기, 수조기 등을 참조기로 속여 파는 사기행각이 문제라면 문제일 뿐이다. 위부터 참조기, 수조기, 부세.

줄지어 건조장으로 들어서면 일단 소금을 뿌리고 구부러지지 않게 차곡차곡 쌓아서 무거운 돌로 눌러놓는다. 소나무 장대 수십 개로 밑이 넓고 위가 좁은 원형 건조장을 만들어 춘삼월의 따스한 훈풍에 쏘인다. 한 줄에 통상 20마리를 꿰는데, 칠산 조기는 워낙 큰놈들이어서 양쪽으로 다섯 마리씩 열 마리를 엮는다. 건조장 천장을 올려다보면 구멍이 뚫려 하늘이 훤히 내다보이며, 사방이 짚발로 둘러싸여 아늑하기 그지없다. 해풍이 환기 구멍으로 솔솔 들어와 비늘에 닿는다. 조기들이 숨 쉴 틈도 없이 가득 내걸린다. 밑바닥 중앙에는 둥근 구덩이를 파고 숯불을 피우기 시작한다.

　조기들은 바짝바짝 말라간다. 발밑에서는 빨간 숯불이 연신 불기운을 내

한 두름에 1만~2만원에서 최고 150만~200만원을 호가하는 이곳 굴비는
법성포의 해풍과 습도, 일조량에 전래의 솜씨가 더해져 만들어진 찬거리이자
고급 문화상품이다. 알이 꽉 차고 기름진 굴비는 건조장을 거쳐 팔도의 식탁
으로 자리를 옮겨 앉는다.

뽑고, 푸른 별빛이 흘러내리는 황홀한 밤이
계속된다. 누군가 소곤거린다.

"오가잽이 굴비가 만들어지고 있어요."

드디어 조기들은 굴비라는 전혀 새로운 이름으로 '성전환'에 가까운 변
신을 하게 된다. 굴비 구경에 여념이 없는데, 굴비집 일꾼이 물어왔다. "여
기 걸린 조기들이 모두 얼마치나 될 것 같습니까? 2억 원이 넘습니다." 일
꾼이 돈 이야기를 던지는 바람에 필자의 명상은 이내 깨지고 말았다. '당
신은 이런 굴비를 먹을 수준이 못 된다.'는 엄중한 경고로 다가오는 말이
다. 그 일꾼의 말은 사실이다. 제대로 말린 참굴비는 한 두름에 10만~20
만 원을 훌쩍 넘는다. 백화점 광고 전단지에 '미끼 상품'으로 끼는 1만 원
짜리부터 시작해 3만 원, 5만 원, 10만 원, 15만 원, 30만 원, 100만 원, 150

만 원 등 굴비들은 층층이 '계급화'되어 있다. 비닐끈을 사용해 마구잡이로 엮어 비닐봉지에 넣은 굴비부터 볏짚으로 고풍스럽게 엮고 돗자리까지 깐 등나무 상자에 들어앉힌 굴비까지 가격은 철저히 서열을 따진다. 자본주의 상품으로서만이 아니라 굴비의 자존심을 살리면서도 우리의 잃어버린 자존심을 같이 되살리는 길은 없을까?

굴비 골목을 빠져나오는 필자의 손에는 한 두름에 5만 원 하는 스티로폼 굴비 박스가 하나 들려 있었다. "한 마리에 2,500원, 우리 가족이 한 마리씩 네 마리를 구워 먹으면 1만 원……." 소심하게 그런 계산을 하면서 굴비 골목길을 빠져나왔다.

법성포 천 년의 역사

《조기에 관한 명상》(1998)이라는 책을 쓴 인연도 있고 하여 법성포로 내려갔지만, 사실 법성포를 굴비로만 바라볼 일도 아니다. 법성포 '천 년의 역사'는 온통 '물의 역사' 그 자체다. 《택리지》에는 "해수와 조수가 포구의 앞을 돌고, 호수와 산이 아름답고, 동네가 열을 지어서 사람들이 소서호(小西湖)라고 부른다. 바다에 가까운 여러 읍은 모두 이곳에 창고를 두어 조정에 바치는 쌀을 만드는 곳으로 삼았다."라고 하였다. 역사적으로 우리나라에 불교를 전한 동진(東晉)의 인도 승려 마라난타가 머나먼 항해 끝에 상륙한 곳이 법성포 근역으로 비정된다. 그 흔적은 지금도 불갑사에 남아 있어 '백제불교 초전전래지'로서의 명성을 전한다.

본디 법성포는 조운(漕運)이 출발하던 조창(漕倉)이 있던 포구다. 거대한 조창 건물이 서 있고 전곡을 실어 나르는 배들이 오고 갔으며, 선인(船人)들이 드나들었다. 파시철에는 조기잡이 파시가 형성되어 인근의 위도파시와 더불어 수많은 어선들이 몰려들었다. 이에 따라 법성 굴비를 만드는 수산물 가공업이 발달하였으며 이를 유통하여 이득을 취하려는 객주(客主)와 거간들이 진출한 탓에 주막 같은 술집과 밥집이 발달하였다. 법성포 굴비는 이 같은 역사적 조건에서 시작되었다.

영산강에 영산창이 있다면 서해에서는 영광의 법성창이 중요했다. 왜구가 늘 노리는 창고였던 탓에 수군만호들이 주둔하던 해군기지이기도 했다. 고려시대에도 조운창고가 있었던 데다가 인근에서 매향비(埋香碑)까지 발견되었으니 확인할 수 있는 시대적 상한선이 훌쩍 천 년을 뛰어넘는다. 그런데 법성포의 문화적 상징에는 굴비 말고 하나가 더 있다. 숲쟁이가 그것이다.

법성포는 구수산과 대덕산, 인의산의 세 개 산으로 둘러싸인 포구다. 포구에서 바다 쪽으로 빠지는 왼쪽 언저리 일대의 크고 작은 봉우리들이 바로 원불교의 발상지로 알려진 구수산이다. 봉우리가 아흔아홉 개라 해서 붙여진 이름이다. 포구 끝은 볼록한 작은 산이 구유처럼 생겼다고 해서 이곳 주민들이 '구시미' 또는 '구수미'라 부른다. 지세를 자세히 살펴보면 포구 끝에서 읍내에 이르기까지 거대한 소가 반듯하게 누워 있는 형국을 꼭 닮았다. 법성포의 진산은 역시 인의산이다. 포구마을을 아늑하게 감싸는 인의산에 의지하여 취락이 발달하였다. 인의산은 법성포의 경관을 아름답게 하는 숲쟁이숲을 등성이로 안고 있다. 숲쟁이숲은 인의산 남쪽 능선을 따라 300미터에 걸쳐 조성되어 있다.

숲쟁이숲은 법성진(法聖鎭)의 옹성(甕城)과 관계가 깊다. 바닷가에 연하여 옹성을 쌓고 옹성의 연장으로 숲을 조성하였다. 임진왜란 이전에 편찬한 《동국여지승람》에서는 옹성의 둘레를 1,688척이라고 하고, 고종조에 편찬한 《법성진지(法聖鎭誌)》(규장각 소장)에서는 3,062척이라고 하였는데, 이는 임진왜란 이후에 성을 연장하여 축성하였기 때문이 아니라 훗날 법

서쪽바다

247

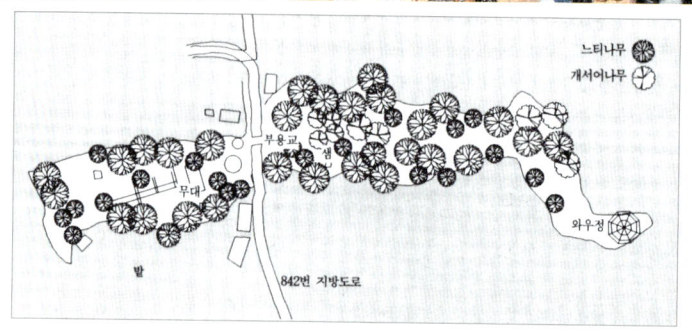

숲쟁이에서는 법성포 최대의 축제인 단오제를 비롯한 온갖 중요한 행사들이 치러진다(위). 법성포의 숲쟁이숲 평면도(아래, 김학범·장동수, 《마을숲》, 열화당, 1994년).

성진지를 편찬하면서 숲쟁이의 연장선까지 계산에 넣은 것이 분명하다. 옹성은 석성이지만 중간중간에 토성(土城)을 끼워넣었으며, 그 끝부분에 느티나무와 팽나무를 섞어 심었다. 다시 말하여 숲쟁이숲은 숲재, 즉 숲으로 만들어진 삼성(森城)을 뜻한다. 법성진 성을 쌓을 때 조림한 것으로 알려졌는데, 능선을 따라 옹성의 석성이 자리 잡고 있어 성을 연장한 듯한 느낌을 준다.

오늘날 숲쟁이숲에는 느티나무와 개서어나무가 군락을 이루고 있으며, 산등성이 취락 사이에 있는 초등학교 너머에는 팽나무숲이 조성되어 있다. 팽나무숲은 도 지정 수림으로 법성 12경의 하나다. 본래 숲쟁이숲 건

관해기 觀海記

너편 대적산 능선까지 이어질 정도로 수세(樹勢)를 자랑했으나, 한국전쟁 때 근처 구수산에 있던 빨치산과 전투를 벌이면서 진지를 판 덕분에 수십 그루가 사라졌다.

숲쟁이숲은 두 개 리에 걸쳐 있고 리마다 당산나무가 있기 때문에, 매년 정월 진내리 당산에서 출발하여 법성리 당산을 돌면서 동제를 지낸다. 여기서 법성리 당산(안당산)은 숲과 마을의 인접지역에 자리 잡아 중심을 이루고 있으며, 진내리 당산(바깥 당산)은 숲과 마을의 끝에 있다. 10여 년 전부터 동제는 일부 주민들만 참여하는 소규모 행사로 축소되었다. 그러나 여전히 이 숲에 법성의 맥락이 이어진다. 법성포 최대의 축제인 단오제를 이 숲에서 치른다는 사실 하나만으로도 숲쟁이숲의 문화적 상징성을 짐작할 수 있다.

숲 안의 시설로는 1974년에 지은 와우정(臥牛亭)과 1984년에 세운 법성리 숲과 진내리 숲을 연결하는 부용교(芙蓉橋)를 들 수 있다. 와우정은 1974년에 법성번영회가 지은 정자다. 부용교가 있는 도로는 원래는 가르마 타듯 이어진 작은 소로였는데, 길은 좁지만 홍농과 법성을 이어주는 중요한 도로였다. 1950년대에 검산진(법성과 홍농 사이를 도강하던 나루)에 교량을 가설하면서 도로가 넓어졌다. 하지만 영광 핵발전소를 건설하기 위해 중장비들이 통과하면서 나무가 많이 절단 나고 숲이 두 동강 나고 말았다. 이 때문에 마을에는 숲쟁이숲을 갈라놓아 법성의 기맥이 잘려 고기도 잡히지 않고 포구에 흉사가 꼬리를 물고 일어난다는 등 온갖 흉흉한 소문이 나돌았다. 부용교를 세운 것은 이처럼 끊긴 맥을 잇기 위한 노력의 일환이었다. 법성포 사람들은 일제 이후에 법성포가 쇠락의 길을 걸은 것도 인의산 중턱에 있던 명당자리에 일본인들이 신사를 지어 그 기운을 앗아갔기 때문이라고 풀이하고 있다.

법성포의 숲쟁이숲은 경관에서조차 법성포 사람들이 전통을 어떻게 이해하고 이용했는지를 보여준다. 끊어진 숲을 다리를 놓아 이으려고 한 것이나 다리 명칭조차도 법성포의 고려 때 이름인 부용에서 따와 부용교라 지칭한 데서 전통에 대한 법성포 사람들의 지속성을 엿볼 수 있다. 법성포의 숲쟁이숲은 단순한 바다숲이 아니라 법성포라는 포구의 종합적이고도 중층적인 문화 상징적 거점으로 작동하고 있다.

오늘도 법성포 사람들은 단오만 되면 인산인해를 이루며 숲쟁이로 모여든다. 그 옛날 어부들이 칠산바다에서 파시를 마치면 잠깐 쉴 틈이 생기는데 그게 바로 단오 무렵이었다. 시원한 숲그늘 아래에서 남사당패를 비롯한 놀이패를 불러오고 씨름판을 벌이고 술추렴을 하면서 하루를 보냈다. 여자들에게도 이날은 모처럼 해방되어 '굿이나 보고 떡이나 먹는 날'이다. 그 전통은 지금도 의연하게 이어지고 있으니 전국의 단오제가 대부분 사라진 조건에서도 법성 단오제만큼은 서해안의 유일한 단오제로 이어지는 중이다.

동학농민군의 첫 기포지 구수마을

법성에서 무장으로 가는 길목인 구수마을은 갑오년 동학농민군의 첫 기포지이기도 했다. 무장현 손화중 접주가 주동하여 동학농민항쟁의 도화선

원불교의 초기 교단사이자 간척사를 생생하게 기록한 정관평 글씨 바위. 민족종교의 이런 흔적들도 하루바삐 근대문화유산으로 지정되어야 한다.

이 된 첫 기포지가 법성포였음은 얼마나 의미심장한 일인가. 영산원불교대학의 박맹수 선생은 "그만큼 혁명군을 뒷바라지할 재원이 풍부했다는 증거"라고 말한다. 당대의 거대 '포구도시' 답게 혁명운동에 수반되는 물적 기반을 갖고 있었다는 것이다.

이곳에서 자칫 놓치기 쉬운 중요한 역사적 사건을 하나 더 짚고 가자. 원불교 창시자인 소태산(少太山) 박중빈(朴重彬) 생가가 있는 곳이 법성포 바로 옆 길룡리(영광군 백수면)다. 영산성지(靈山聖地)로 불리는 이곳은 와탄천의 갯벌을 막아서 정관평(貞觀坪)을 조성, 노동과 신앙의 일체화를 꾀함으로써 초기 '비밀교단'의 기반을 닦았다는 점에서 이 20세기형 민족종교의 뿌리는 바닷가와 직결된다. 1918~1919년간에 가래와 삽만으로 3만여평의 바다를 막아 일제하 경제자립운동의 면모를 보여주었으며, 주경야독으로 민족종교를 태동시킨 유서 깊은 곳이다. 간척사를 생생하게 기록한 정관평 글씨 바위가 이를 잘 증명한다. 하루바삐 근대문화유산으로 지정하여 민족사의 현장으로 남겨둘 일이다.

법성포에서 그토록 가까운 곳에 영산성지가 있음은 오만 가지 인물이 오고 가는 대도회를 기반으로 하여 새로운 세상을 꿈꾸었을 당대 초기 원불교도들의 모습을 연상케 한다. "물질이 개벽되니 정신을 개벽하자."던 소태산이 송곳 꽂을 땅도 없던 무토농민들로서는 생각할 수도 없는 대지를 장만하게 했으니, 그의 행적은 '바다의 프런티어'로 손색이 없다. 그러나 그 유서 깊은 법성 굴비와 영산성지가 모두 영광 핵발전소의 암울한 그림자에 치여 있으니!

서쪽바다

영산강 뱃길 따라, 코끝 찡한 홍어 맛 따라

흑산도에서는 삭힌 홍어 안 먹지라

봄바다에 진달래 꽃빛이 드리울 무렵이면 홍어의 북상이 시작된다. 한류성 어족인 홍어가 남쪽 바다에서 자취를 감추면 봄이 완연하다는 증거다. 《자산어보(玆山魚譜)》에도 "동지 후에 비로소 잡히나 입춘 전후라야 살이 두껍고 제 맛이 난다. 2~4월이면 몸이 쇠약해져 맛이 떨어진다."고 했다. 《한국수산지》에도 "겨울에는 12월부터 다음 해 2월까지이고, 여름에는 7~8월경이다. 겨울이 성어기이고 여름에는 상어잡이와 함께 한다."고 하였다. 값

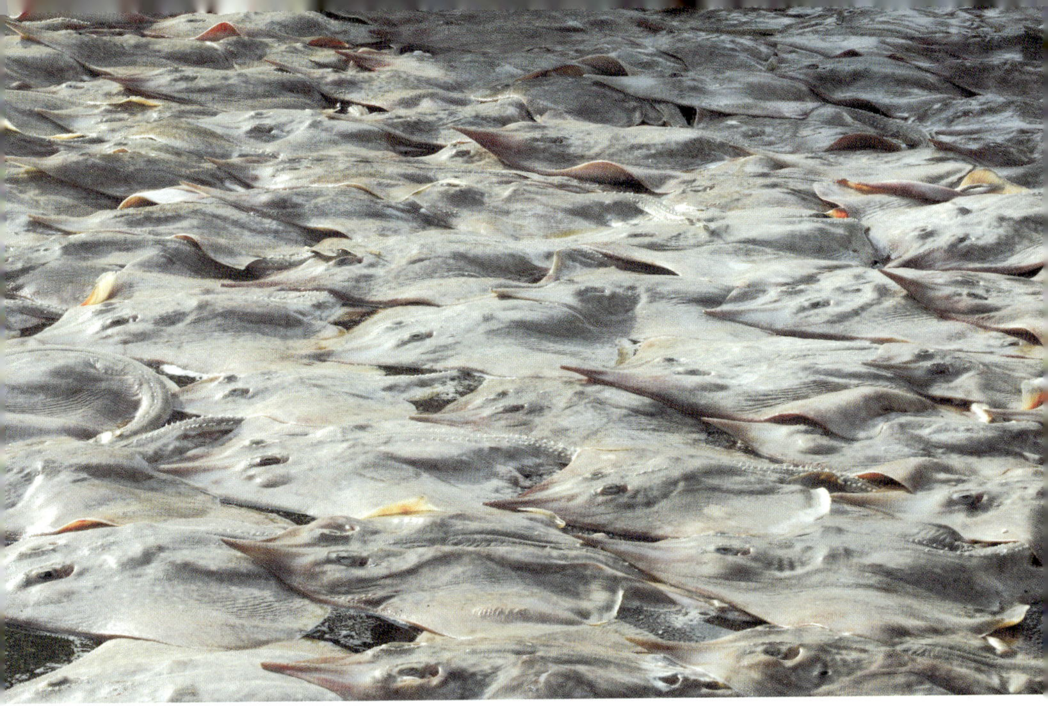

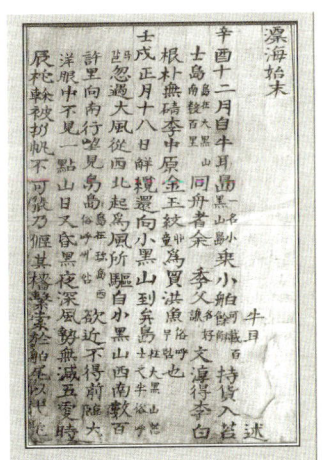

홍어를 햇볕에 말려 맛을 들이는 모습. 영산포에 가면 지금도 이런 진풍경을 구경할 수 있다(영산포에서 2004년 찍음).

은 성어기에 가장 비싸서 큰 것은 한 마리에 300문(文)쯤 했다. 여름에는 50~150문으로 내려갔다. 1년 어획고를 1만 마리로 가정하고 한 마리 평균 100문이라고 한다면 5천 관문, 이것을 20활로 환산하면 1만 원이었으니 한 말에도 만만한 가격이 아니었다.

조선시대에도 홍어 주산지는 흑산도 근해였다. 다산 정약용의 강진 유배시절에 가르침을 받았던 인물로 다산이 해배(解配)되자 다산의 친형인 정약전이 유배생활하던 우이도에 들어와서 학문에 매진하던 이강회가 남긴 《유암총서(柳菴叢書)》에 재미있는 이야기가 실렸다. 우이도 주민 문순득의 표류 경험담이 그것인데, 정약전이 직접 '표해시말(漂海始末)'

《유암총서(柳菴叢書)》(신안군 우이도 문채옥 소장. 흑산도로 홍어 사러 갔다가 표류한 시말이 적혀 있다.

이란 제목으로 저술한 것이다.

  1801년 12월, 우이도에서 100여 섬을 실을 수 있는 작은 배에 짐을 실고 태사도(대흑산도 남쪽)에 들어간다. 홍어를 사려는 목적이었다. 그러나 대풍을 만나 표류가 시작되고 10여 일 만에 오키나와에 닿는다. 여송(呂宋, 필리핀), 광둥성 등을 거쳐서 중국 베이징, 그리고 의주를 통해 조선으로 귀환한다. 홍어 사러 흑산도에 갔다가 온갖 고생을 다한 이 이야기를 통하여 홍어의 주산지는 당대에도 흑산도 근해였음이 드러난다. 또한 그 당시에는 우이도를 소흑산도라 불렀다. 오늘날의 지명과는 약간 다르다.

  요즘 사람들도 '흑산도 홍어'를 입에 달고 산다. 당연히 흑산도를 홍어문화의 본산지로 안다. 그렇지만 홍어 식도락문화의 본향은 흑산도가 아니

홍어 식도락은 영산포에서 발원했다는 게 정설이다. 영산포의 젖줄인 영산강의 유장한 물굽이를 따라서 흑산도에서 배가 올라오면서 자연 발효되었다(나주시청 제공).

라 영산포(榮山浦)다. 흑산도가 원생산지라면 영산포는 최종 가공처라고 나 할까. 잡힌 홍어들이 배에 실려 굽이굽이 영산강 뱃길을 따라 1주일여를 올라와 옛 남도의 물류 거점이었던 영산포에 닻을 내리면 어느새 홍어는 '푸욱' 발효되어 예의 '썩은 홍어'가 되고 만다. 냉장시설이 없던 시설, 먼 뱃길을 따라 올라오는 사이에 자연 발효돼 독특하고 절묘한 맛을 연출하는 것이다.

재미있는 이야기 한 토막. 흑산도 사람들은 삭힌 홍어를 좋아하지 않을 뿐더러 본디 먹지도 않았다. 흑산도 예리포구에서 만난 뱃사람들은 "흑산도에서는 삭힌 홍어 안 먹지라. 당신이라면 금세 잡은 싱싱헌 놈 놔두고 그걸 먹겠소?"라고 한다. 어쩔 수 없이 싱싱한 것 먹지 못하는 내륙 사람

서쪽바다

255

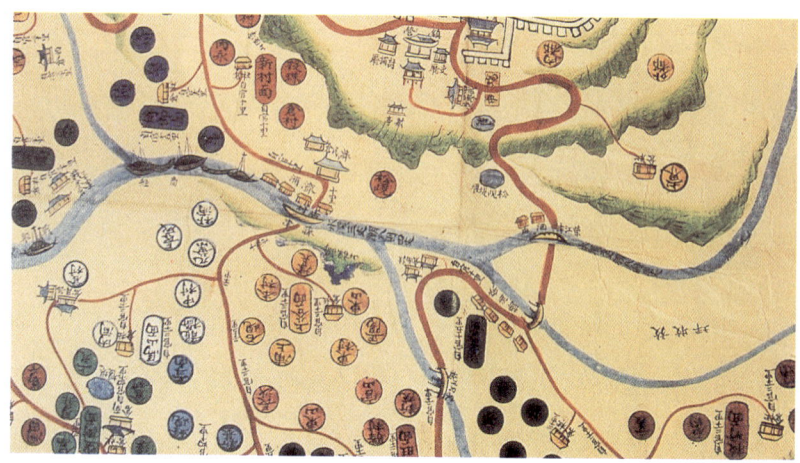

조선후기 영산포(규장각 소장). 영산강을 따라서 오르내리는 배들과 포구, 마을들이 나타난다. 포촌(浦村)이란 지명으로 미루어 예부터 배들이 닿는 포구였다. 그러나 현재의 영산포는 포촌 건너편에 일본인들이 새롭게 건설한 신흥포구다.

들이나 먹던 것이 그만 별미가 되고 말았다는 소리다. 실제로 흑산도에 가면 싱싱한 홍어를 생물로 맛볼 수 있다. '흑산도 홍어'의 진실을 확실히 알아야 할 것이다.

영산포는 흑산도와 떼려야 뗄 수 없는 곳이다. 고려 말, 왜구들이 노략질을 할 때마다 도서지방의 피난민들이 영산강을 거슬러 이곳에 와 머무르곤 하다가 아예 정착하였다고 전한다. 흑산도 앞 영산도 사람들이 몰려와 살면서 '영산포'라는 지명이 붙었다. 섬과 강변, 바다와 강은 이렇게 하나로 연계되었다. 홍어문화의 원조 영산포에는 이 같은 역사적 설명이 뒤따른다.

사실 홍어는 백령도 근해에서도 많이 잡힌다. 그러나 경기 일원에는 판로가 없다. 제값을 받으려면 백령도에서 잡은 홍어도 영산포까지 가져와야 했다. 뱃길로 보름여, 혹은 차에 실어 먼 길을 내려오다 보면 그새 홍어는 삭아 제 살에 다른 맛을 들이곤 했으니, '실크로드'에 견줄 서해안의 '홍어길' 아니겠는가.

어차피 천 년 영화란 기대하기 어려운 것인가. 옛적, 목포보다 앞서 번창했던 홍어의 본향 영산포는 조운선과 남도의 고깃배들이 몰려들어 전국에서 유일하게 강에 등대가 선 곳이었으나 영산강 하구언 공사로 물길까지 막힌 지금은 곳곳에 들어선 홍어집만이 그 시절의 영화를 증언할 뿐이다(맨 위). 개울처럼 변해버린 영산강을 지켜선 등대(가운데)와 아직까지 남아 일제의 수탈사를 말해주고 있는 왜식 건물(맨 아래)에서 영산포가 겪어온 영욕의 세월이 어렵잖게 읽힌다.

1915년 우리나라 유일의 강변 등대 설치

영산포에는 등대가 있다. 바다도 아닌데 '웬 등대?' 하고 의아해하겠지만 거기에는 사연이 있다. 조운선이 진을 치고, 남도의 숱한 어선들이 모여들어 도회를 이뤘던 영산포에는 홍어뿐 아니라 흑산도, 낙월도 등지에서 올라온 소금과 온갖 해산물이 철철이 산을 이뤘고, 이 '갯것'들은 '염질'을 거쳐 광주 등 내륙의 대처로 팔려 나갔다. 지도를 보자. 제포(薺浦)라는 포구가 보이고 포촌(浦村)이라는 포구 명칭이 적혀 있다. "수심이 3발인데 조류가 올라오면 4발(水深三丈潮入則四丈)"이라고 한 것을 보면 서해의 조류가 영산강을 따라 이곳에까지 영향을 미쳤다는 증거다. 상선(商船)이란 설명이 붙은 배들이 여러 척 그려져 있고, 강가에 마을이 형성된 것으로 미루어보아 강상루트의 통행이 상당한 수준임을 말해준다.

그러다 보니 등대까지 생겨났다. 등대는 바다의 상징이다. 누구나 그렇게 아는 바다의 등대가 이곳 영산포에는 바다가 아닌 강에 서 있다. 대한민국 유일의 강변 등대다. 1915년에 설치됐는데, 그 시절 얼마나 많은 배들이 몰려들었으면 여기에 등대를 세웠겠는가. 그 관록의 강변에는 지금도 홍어집들이 즐비해 옛날의 영화를 증언하고 있다.

그러나 오늘날의 영산강은 이름은 옛 강이로되 사람도, 풍광도 옛것이 없다. 하구언이 막히면서 물길이 끊겨 '끝발 날리던 포구'의 영화도 막을 내리고 말았다. 지방 방송국의 요청으로 홍어문화 촬영을 위해 영화배우 오정해 씨와 영산포를 찾은 적이 있었다. 목포에서 태어나 이곳을 자주 찾는다는 오씨는 〈장군의 아들〉을 촬영했던 이곳 옛 거리에 깊은 애착을 갖고 있었다. "일제시대에 지어진 이런 건물들을 잘 보존해서 교훈으로 삼아야 쓸 것인디, 자고 나면 없어지고 해서 정말 안타깝네요."

오정해 씨와 선창거리를 찾아 나섰다. 20세기 초반, 영산포의 새 주인은 일본인들이었다. 조선 사람들은 앞의 지도에 나타나 있듯이 북쪽

1910년대 영산포 시가지 형성도(나주시, 《영산포 선창 근대거리 조성 기본
계획》, 《영산포 선창 근대거리의 역사적 고찰》, 김경수 작성자료 토대).

영산포 경관복원 시뮬레이션(나주시, 《영산포 선창 근대거리 조성 기본계획》, 2004년).

에 포구가 형성되어 있었던 반면에 일본인들은 남쪽에 새로운 포구를 만들었다. 1904년 평남환(平南丸)이라는 10톤급 발동선이 목포와 영산포 간을 운행하면서 종전의 18시간 거리가 5~6시간으로 단축된다. 강을 따라 배들이 몰려들고 영산포에는 예전에 없던 오일장도 들어선다. 일본인들이 정착한 것도 이같이 유리한 강상교통의 제 조건을 십분 감안하였기 때문이다. 오일장을 중심으로 일본인 상가 거리가 들어서고 일본식 명칭인 은좌(銀座) 거리도 생겨난다. 영산강 일대의 최대의 쌀 집결지인 영산포의 쌀값 동향을 재빨리 목포의 상인들에게 알리려는 목적에서 우체국도 들어선다.

1906년에는 오늘날의 영산포여자중학교 자리에 일본인 소학교가 들어서고, 전남 내륙에서는 최초로 영산포 일본인회도 창설된다. 1907년에는 영산포 헌병분대, 1908년에는 광주 농공(農工)은행 영산포지점, 1910년에는 일본인 사찰 동본원사(東本願寺) 포교소와 일련종사(日蓮宗寺) 등이 들어선다. 한일합병 이후, 1914년에 영산목교(榮山木橋)가 건설되고 1915년에 호남선 철도가 개통되면서 영산포역이 생겨난다. 그때쯤 등대가 들어선 것이다.

서쪽바다

일제는 너르디너른 나주평야의 쌀을 영산포에 모았다가 목포항에서 일본으로 실어 보냈고, 지금도 남아 있는 정미소 건물은 이런 수탈의 역사를 간직하고 있다. 호남, 특히 나주 일대의 기름진 곡창에서 거두어들인 쌀이 산처럼 쌓였다. 영산강 하구의 목포와 쌍벽을 겨루던 침략의 대상이기도 해 당시 동양척식회사의 문서고가 지금까지도 남아 있다. 온갖 상품을 파는 상가들이 즐비하고 게다 신은 일본인들이 거리를 오갔다. 반면에 영산강을 따라서 배에 실려 온 홍어들은 포구에 내려지고, 다시 광주로, 나주로, 담양으로 팔려 나갔다. 홍어의 전파과정에서 영산강의 위력이 대단함을 알 수 있다.

이곳 선창의 창고 건물이나 가게 터들은 근대 100년의 확실하고도 소중한 증거들이지만 그 노쇠함이 도도한 개발붐을 버텨내지 못한다. 천만다행으로 '영산포 선창 근대거리'를 조성하는 계획이 입안되고 있다. 나주시 김종순 학예사는 "근대문화유산의 보고인 영산포 거리 보존은 영산포뿐 아니라 남도 포구문화의 핵심을 지키는 일이기도 하다."고 의미를 부여했다.

토종 홍어 빈자리 칠레산이 대신

이제 흑산 앞바다에서 잡히는 홍어는 거의 없다. 그나마 가끔 가다 예기치 못한 풍어로 뜻밖에 홍어 맛을 보는 해도 있지만 값이 비싸 범접하기 어렵다. 1997년부터 흑산 앞바다에서 홍어가 거의 자취를 감추었는데 근래 2004년에서 2006년 사이에 갑자기 홍어가 많아졌다. 미끼를 사용하지 않는 '걸낙'이라는 주낙을 준비하여 출항하는데 예리항에 도합 여덟 척의 홍어잡이 배가 남아 있다. 한말의 기록에는 어구로 낚시(一本: 외줄낚시), 연승(토속명 조쇄釣鎖)을 사용하되, 낚싯줄은 왕골과 같은 식물의 섬유나 칡넝쿨을 정제한 것을 썼으며, 미끼는 쥐노래미나 갯지렁이를 썼다고 하였으니 홍어잡이법에 약간의 변천이 있는 것으로 파악된다. 한 번 출어에 150여 마리 이상이 잡혀서 위판고만 2천만 원대를 올린다. 홍어가 급격히 사라진 원인 가운데는 중국 배들이 가히 해적질하듯 몰려와서 저인망으로 바닥을 훑어가는 탓도 있으니 해경이 대대적으로 단속을 펼치면서 홍어 어장이 조금씩 살아나고 있는 중이다.

10여 년 전에 비하여 제법 홍어가 든다고는 해도 그 정도 물량으로는 전라도의 수요를 충당하기에도 턱없다. 더군다나 홍어는 이제 전국적인 기호품이 되었으니 홍어 값이 천정부지로 치달은 지 오래다. 그런 탓일까. '민주당 홍어'라는 말에서 읽히듯 홍어는 정치권에서도 고급 선물용으로 으뜸이다. 수년 전 한화갑 민주당 대표에게 박근혜 한나라당 대표가 홍어 두 마리를 선물로 보낸 일화가 홍어의 위상을 웅변한다. 김대중 전 대통령의 고향이 목포 인근이라는 사실과 결부되어 한때는 '홍어정치'라는 말까지 나왔고, 홍어가 귀할 때는 "진짜 홍어는 동교동으로 올라간다."는 소문까지 떠돌았다. 아마도 정치적 헤게모니 개념으로는 물고기 중에서는 가장 높고, 크게 노는 게 홍어 아니겠는가.

토종 홍어의 빈자리를 칠레산 등 수입산이 채운다. 칠레 홍어를 처음으로 들여다 판 사람은 '영산강 지킴이'로 불리는 양치권(영산강 홍어 대표) 씨다. 부산으로 유학을 떠나 수산대학을 졸업한 양씨는 20여 년 전인 1983년에 원양어선을 타고 칠레까지 진출해 그곳 홍어를 알게 됐다. 주변에서 그를 "홍어잡이와 보급, 홍어 식도락에 일생을 바친 사람"이라고 평하거니와 남도문화의 중심 먹을거리에서 전국구 음식으로 퍼져 나가는 홍어붐의 배경에는 양씨의 숨은 노력이 있음을 부인할 수 없다. 그는 "냄새도 못 맡던 사람들이 홍어의 진미를 알고 찾는 것만도 고마운 일"이라며 넉넉하게 웃는다.

홍어의 수요는 폭발적으로 증가하는데 수급이 뒤따르지 못하니 눈길은 자연히 칠레 등 외국으로 돌릴 수밖에. 말이 칠레산이지 전문가들이 우리 홍어와 맛이 가장 닮은 것을 용케 골라 수입하기 때문에 때깔도 그렇거니와 삭혀놓으면 맛까지 흡사하다. 워낙 나라가 길기 때문에 우리와 비슷한 환경조건이 형성된 곳이 어딘가 있게 마련이다. 물론 살 씹히는 맛이야 우리 것을 따를 수는 없지만……

칠레에서만 홍어를 들여오는 건 아니다. 아르헨티나 · 미국 · 뉴질랜드산도 한자리를 잡고 앉으니 홍어 어물전만큼 세계화에 일찍 눈뜬 곳도 없다. 물론 수입산도 맛이 제각각이다. 예부터 오방풍토부동(五方風土不同)이라 했다. 풍토가 다른데 맛이 같을 수 없다. 우리 홍어가 고갈된 처지에 칠레 홍어라도 많이 먹을 수만 있으면 그것도 행복이다. 재미있는 점은 값이 눅은 수입산이 들어오면서 1990년대 중반 이후부터 수도권에서 홍어 소비량이 폭발적으로 증가하였다는 사실이다. 오늘날 수도권 판매량이 목포, 광주를 앞질렀으니 홍어를 가장 많이 먹는 사람들은 현주소로만 보았을 때 수도권 사람들이다.

홍어는 남도 사람들의 관혼상제에서 빼놓을 수 없는 별식이다. 오죽하면 "홍어 빠진 잔치는 잔치도 아니여."라는 말이 나왔을까. 전라도와 무관한 서울 사람들의 혼례식에까지 홍어가 등장하는 것은 그만큼 문화 전파의 힘이 강력함을 의미한다. 홍어문화는 전라도 특유의 것이되 20세기 후반부터 차츰 북상하여 이제는 가히 전국구로서 손색이 없다. 홍어, 특히 삭힌 홍어가 본향을 떠나 전국으로 퍼져 나간 일은 문화 변동의 중요 사례로 역사에 기록해둘 일이다.

토종 홍어의 빈자리를 수입산이 채운다. 홍어를 다듬는 멕시코의 어부들(왼쪽, Monterey Bay Aquarium Foundation, 《Faces of Fishing》, Bardford Matsen, 1998년).

홍어요리의 제왕 '홍탁삼합' 알싸한 맛 그만

　홍어는 정말이지 버릴 게 없다. '애'라고 부르는 내장은 날것으로도 먹
지만 봄철에 보리 새싹을 뜯어 넣고 끓여낸 홍어탕은 맛의 고향이라는 이
곳에서도 "맛을 못 보면 한철 땡친다."고 할 만큼 선호도가 높다. 보리 싹
이 어우러진 홍어탕은 쑥국, 냉잇국과는 또 다른 격조의 식도락이다. 홍어
의 살코기만 좋아하는 이도 있지만 사실 홍어의 별미는 살보다는 '애'다.
홍어 내장은 항균, 항암효과가 뛰어나고 몸에 좋은 단백질이 더 많은 것으
로 확인된다. 영산포 홍어골목에서는 반드시 살코기 옆에 내장을 생물로
내놓고 있으니 이를 참기름 친 소금에 찍어 먹는 별미는 홍어 식도락의 가
장 높은 격이다. 이처럼 홍어는 버릴 것이 없은즉, 연한 뼈가 오독오독 씹
히는 튀김에 무침과 전, 찜, 회, 탕, 심지어 새로 개발된 탕수육까지 홍어

요리의 지평은 자꾸 넓어진다.

그러나 이 모든 것을 제압하는 것이 '홍탁삼합(洪濁三合)'이다. 홍어에 막걸리와 묵은 김치, 기름 뺀 돼지고기 수육을 곁들이는 홍탁삼합의 도도한 취흥은 어떤 음식도 따를 수 없는 홍어문화의 절정이다. 군동내 풍기는 묵은 김치와 익힌 돼지고기를 곁들여 막걸리 한 사발을 들이켜면 그것으로 '끝'이다. 이 절정의 중심에는 홍어와 '환장하게 잘 맞는' 김치가 있다. 진한 젓갈로 맛을 내 겨우내 곰삭힌 김치 맛이 삼합의 묘미를 보장하는지라, 같은 홍어라도 다른 곳 김치에 싸먹으면 그 맛이 영 아니다. 찬 성질의 홍어가 내뿜는 톡 쏘는 맛과 텁텁한 막걸리, 김치의 묘한 냄새와 부드럽게 삶은 돼지고기, 게다가 막걸리 식초로 만든 초된장이나 천일염으로 맛을 낸 기름장이 있으면 더욱 좋다.

호남 본토박이들은 홍어 부위 중에서도 코를 으뜸으로 치며, 그 다음에 날개와 꼬리를 친다. 코가 제일 맛이 있다! 그만큼 홍어는 호남의 토속적 식도락의 으뜸이 아닐 수 없다. 그러나 뭐니뭐니 해도 홍어 식도락은 홍어 삭힘이 전부라고 해도 지나치지 않다. 푹푹 찌는 두엄더미 속에 묻어 사나흘 푸욱 썩힌 홍어의 아린 맛과 특유의 향내는 홍어 식도락의 절정이다. 지금이야 두엄은 '너무 심하다'는 생각이 들어서인지 홍어 판매인들이 만든 '과학적'인 발효실에서 숙성된다. 외국인들은 냄새와 맛에 저절로 나가떨어지지만 그 '치명적'인 향내야말로 홍어를 가장 홍어답게 하는 것이니, 누가 그 절차에 시비를 걸겠는가. 썩은 두엄더미 속에서 썩혔어도 세상에 홍어 먹고 탈 났다는 이가 없으니 이 절묘한 과학성과 문화성을 어떻게 설명해야 할까.

홍어의 발효과학은 아직 미궁이다. 분명한 것은 다른 물고기보다 열 배나 많은 요소가 발효과정에서 암모니아로 변하면서 알칼리성으로, TMAO는 TMA 성분으로 환원되면서 숙성되는데 이 두 가지 성분이 톡 쏘는 맛을 낸다. 영산강 홍어집의 발효실에 들어서니 마치 온몸을 소독하는 기분이다. 양치권 씨는 코를 쥐는 오정해 씨와 필자에게 "만병통치실에 들어온 소감이 황홀하지 않으냐."며 너스레를 친다. 홍어가 내뿜는 기운이 워낙 강해 이곳 일꾼들은 피부병을 모르거니와 홍어를 안주 삼아 술을 마신 뒤 속 쓰림이 없는 것도 홍어의 강력한 알칼리성 때문이다.

홍어. 요즘의 '웰빙' 개념에 딱 들어맞는 발효식품이다. 홍어를 민간에서 천식과 관절염, 골다공증 등에 좋다고 여기는 것도 강한 냄새와 뼈까지 씹어 먹는 섭생 특징에서 비롯됐으리라. 최근에는 홍어가 항암성분을 가졌다는 연구 결과까지 제시돼 잘나가는 판에 날개를 단 형국이다.

영산포 사람들에게서 재미있는 이야기를 듣는다. 남도 사람들은 덜 삭힌 홍어를 즐기는 반면 서울 사람들 중에 간혹 옛 맛을 잊지 못하는 팬들은 남도 사람들도 코가 얼얼할 만큼 쏘는 맛이 강한 놈을 선호한다는 것이다. 진짜 강력한 맛을 본바탕보다 서울 사람들이 선호한다니 맛의 유전인자가 갖는 강력한 이동성의 증거가 바로 여기에 있지 않을까.

만만한 게 홍어 거시기

전라도 속담에 "만만한 게 홍어 거시기"란 말이 있다. 그토록 귀하고 맛있는 홍어가 왜 '만만한 것'으로 비유됐을까. 솔직히 필자도 홍어를 찾아 나서면서 그 대목이 가장 궁금했다.

홍어 수컷의 생식기는 한 쌍으로 꼬리 양쪽에 길게 늘어져 있다. 대개의 동물들은 교미기(交尾器)가 하나인데 가오리류는 상어와 더불어 암놈이 받아들이는 구멍이 두 개이며, 수놈도 두 개의 생식기를 지닌다. 그네들의 성생활에서는 반드시 두 개씩이나 필요하겠지만 어부들에게는 아무짝에 쓸

모가 없다. 그래서 어부가 수놈을 잡으면 우선 홍어 '거시기'부터 잘라버려 '만만한 게 홍어 거시기'가 되었단다.

《자산어보》에 "수놈에는 양경이 있다. 그 양경이 곧 척추다. 모양은 흰 칼과 같은데, 그 밑에 알주머니가 있다. 두 날개에는 가는 가시가 있어서 암수가 교미할 때에는 그 가시를 박고 교합한다. 낚시를 문 암컷을 수컷이 덮쳐 교합하다가 함께 잡히기도 한다. 결국 암컷은 먹이 때문에 죽고, 수컷은 간음 때문에 죽어 음(淫)을 탐내는 자의 본보기가 될 만하다."고 적었다.

실제로 암수가 붙은 채로 끌려 올라오는 경우가 많은데, 그놈들은 갑판 위에서도 떨어질 줄을 모른단다. 홍어는 수컷 한 마리가 암컷 한 마리와 교미하는 일부일처제 사회이기 때문에 한 번 붙으면 그걸로 끝이란다. 그래서 어부들은 '그 꼴이 거시기 해' 수놈의 양물을 싹둑 잘라버리니 '만만한 게 홍어 거시기' 아니겠는가. 낚시를 문 암컷을 덮치는 수놈, 그 처절한 섹스의 미학을 홍어가 연출하는 셈이니, 과연 놀라운 섭리라 하겠다.

하구언 때문에 바닷길이 막힌 강변을 따라 걸었다. 봄빛이 완연하다. 그 옛날, 얼음이 녹으면 겨우내 잠자던 배들도 이곳 영산포로 뱃머리를 돌렸으리라. 하구언 없는 영산강의 진정한 봄은 과연 언제쯤 맞을 수 있을까.

한쪽에서 일고 있는 '하구언 없애기'야말로 영산강에 대한 축복이며,

홍어 한 쌍. 수놈에게는 '만만한 게 홍어 거시기' 한 쌍이 양쪽으로 달려 있다.

생태환경에 대한 각성이 없었던 지난 시절에 대한 통렬한 반성의 증표가 아닐까. 홍어에만 글을 바쳤지만 어찌 영산강에 홍어문화만 있었을 것인가. 남도 사람들의 온갖 애환을 실어 나른 영산강 뱃길문화의 복구야말로 바다와 강이 만나는 문화 다양성의 값진 복원 아니겠는가.

목포항 백 년 의 진실 :

식민지수탈겪은
'슬픈항구'
목포의눈물

1897년 10월의 자주적 개항에서 식민지 수탈로

압록강의 신의주, 대동강의 진남포, 한강의 인천, 금강의 군산, 그리고
영산강에 목포가 건설되었다. 개항은 강과 바다가 만나는 하구에 집중되
었으니 이는 바다를 통해 들어온 해양제국들이 젖줄인 강을 따라서 식민
내륙까지 뻗어 나가려는 세계사적, 일반적 경로를 잘 보여준다.

현재 위치의 목포의 역사를 거슬러 올라가면 만호진(萬戶鎭)이 중요하
다. 만호진 설치 이전의 목포라는 이름으로 나오는 땅은 대개 현재의 목포

가 아니다. 대개는 '나주 땅 목포'를 일컬었다. 그리고 현재의 목포는 그에 비해 '무안현 목포'라고 불리었다.

1897년 7월 4일, 조선 정부는 각국 사신 앞으로 동년 10월 1일을 기해 목포와 진남포 두 항구를 외국통상을 위하여 개항하고 외국인 거주를 허가하는 칙령을 통보한다. 《독립신문》(1897. 7. 16)도 "목포와 진남포 금년 십월 쵸 일일에 항구를 열기로 작정이 되얏다더라."는 기사를 내보낸다. 그해 가을에 목포에 관한 많은 기사들이 《독립신문》에서 확인된다(원문 풀어씀).

- 10월 23일부터 한성으로부터 공주, 전주, 무안부, 목포 간에 전선을 가설하고, 공주전보사와 전주전보사와 무안전보사를 설치하고 동일부터 평영군으로 삼화부 진남포 간에 전선을 가설하고 삼화전보지사를 설치한다더라(1897. 10. 26).
- 목포 신개항장에 방금 거류하는 외국 사람은 일본 사람이 78명이고 서양 사람이 1명이고 청국 사람이 3명이고 본국 사람은 300명이고 배는 일본 배가 3척, 본국 배가 3척이고 해관 소속 배가 1척이라더라(1897. 10. 28).

청일전쟁 승리의 여세를 몰아서 이노우에(井上馨) 영사는 1895년 1월 6일 기선을 타고 인천을 떠나 약 한 달 반 동안 서남해안을 시찰하고 현재의 목포가 가장 합당한 지역임을 건의한다. 그러나 일본의 외압과 무관하게 개항 초기는 아직은 대한제국기로서 제한적이나마 자주성을 확보하고 있었다. 일본의 압력에 의해 개항을 서두르기는 했으나 상업을 확장하여 민국의 이익을 발달하게 하려는 목적으로 칙령에 의해 자주적으로 개항한 셈이다.

목포의 출발은 매우 활기찼다. 자주적이었던 만큼 초기 건설도 일본 뜻대로 되었던 것만은 아니었다. 대한제국의 힘이 미쳤기 때문이다. 조계지

이외의 도시 건설은 전적으로 조선인의 손으로 이루어진다. 개항장으로 비약하면서 땅값도 만만치 않았던 것 같다. 요즘 말로, 부동산 투기라고나 할까. 남장로교회 선교사로 내려와 있던 유진 벨(Eugene Bell)은 개항한 지 반년도 채 안 된 시점에서 다음과 같은 편지를 쓰고 있다.

목포는 갑자기 경기가 좋아지고 있는 도시입니다. 따라서 모든 물건들의 값은 비싸답니다. 저는 이 집의 토지를 매입하는 데 390달러라는 엄청나게 여겨지는 돈을 지불했는데, 지금 제가 다시 판다면 500달러는 받을 수 있다는군요.

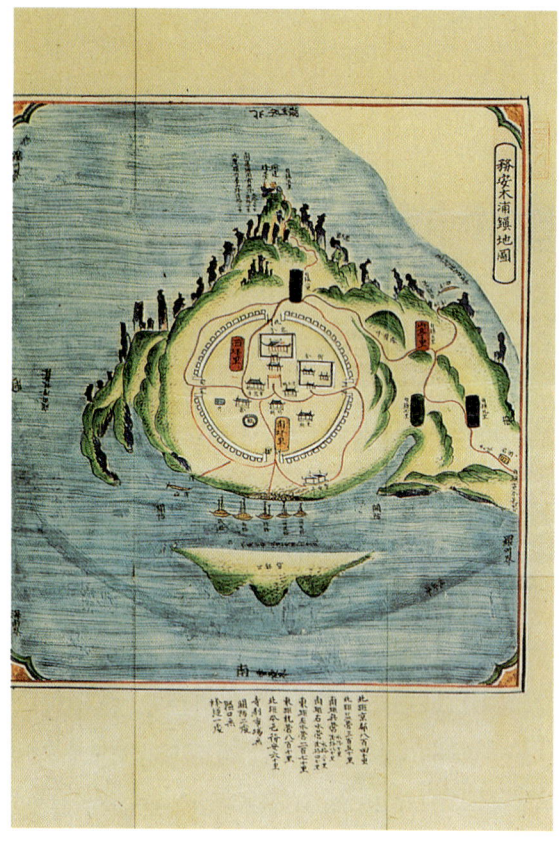

러일전쟁을 거치면서 사정은 달라진다. 헌병대 목포분견소가 들어서서 위압적으로 나선다. 마침내 1906년에 목포 주재 일본 이사청 이사관인 와카야마(若松兎三郞)는 각국 거류지에 관한 권한을 빼앗아간다. 이로써 목포 개항장은 일본인의 수중으로 떨어지고 만다. 한일합병이 되자 일제는 가장 먼저 시가지를

무안에 속하였던 목포진 지도. 아랫부분에 삼학도, 위에 유달산이 보인다(《무안목포진지도(務安木浦鎭地圖)》, 규장각 소장).

33정 51구획의 일본식으로 바꾼다. 일본인 거리에는 마치(町), 한국인 거리에는 동(洞)을 붙여 이름에서부터 차별한다.

일본인 · 조선인 마을 차별 심각

목포는 도시계획상 이중성을 갖고 태어났다. 서울 북촌의 양반, 남촌의 일본인처럼 일본인 마을(각국 공동 거류지역)과 조선인 마을(옛 목포부)로 나뉜다. '제국주의 신도시' 목포 출신의 동반작가 박화성은 데뷔작 《추석전야》에서 이렇게 쓰고 있다.

> 남편으로는 늘비한 일인의 긔와집이오 중앙으로는 초가와 넷 긔와집이 섯겨 있고, 동북으로는 수림 중에 서양인의 집과 남녀 학교와 예배당이 솟아 있는 외에 몇 긔와집을 내놓고는 땅에 붙은 초가뿐이다. 다시 건너편 유달산을 보자, 집은 돌 틈에 구멍만 빤히 뚫려진 도야지 막 같은 초막들이 산을 덮어 완전히 빈민굴이다.

1927년 8월 17일자 《중외일보》에는 이런 기사도 실린다.

> 목포항은 전남의 관문으로 상공업의 발전은 축일(逐日) 번성되어가는 반면에 도리어 조선인의 생활상태는 만차(滿次) 참경(慘景)에 몰락되어 거주할 곳이 없어 심지어 유달산의 험악한 석간(石間)까지 움집 또는 토굴을 파고 생활하고 있는 목불인견(目不忍見)의 현상……

이렇듯 일본과 한국으로 분명하게 갈린 목포시의 이중적 성격을 주목한

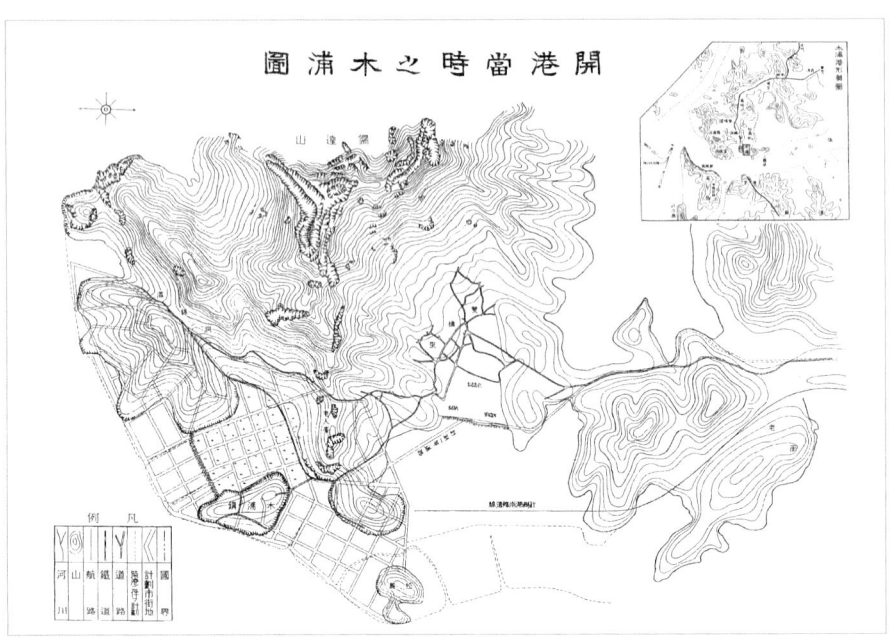

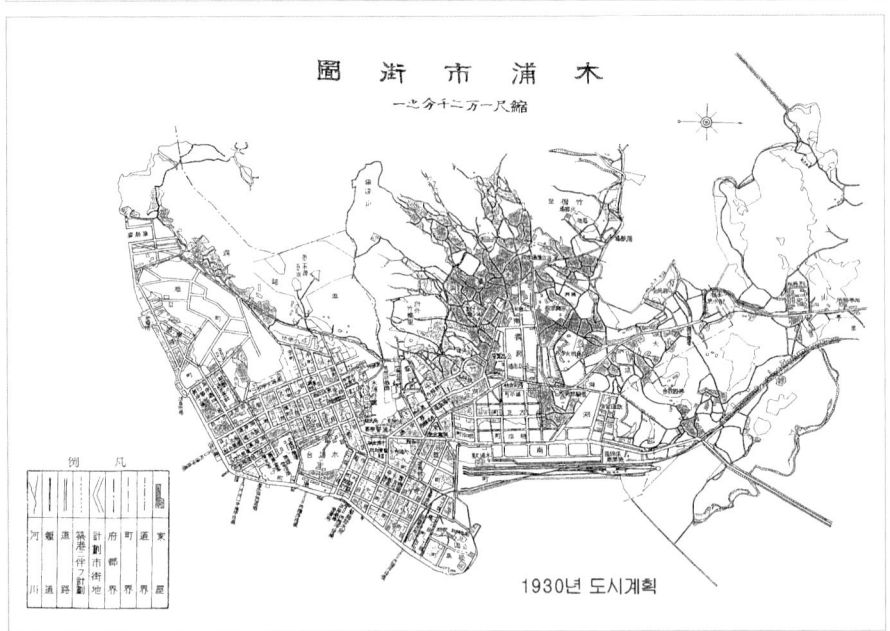

1930년 도시계획

개항기의 목포항과 1930년대 목포 시가지(목포문화원, 《무안보첩(務安報牒)》, 2002년). 간척을 하여 철도를 놓았고 그 갯벌들이 모두 시가지로 변하였음을 알 수 있다.

고석규(목포대)는 "일제강점기 서울을 비롯한 식민지 근대도시는 왜곡된 근대도시화가 만들어놓은 공간의 이중성과 식민지라는 억압구도가 낳은 대중문화의 이율 배반성, 신파성을 동시에 갖는 기이한 도시"라고 압축 정리한 바 있다(《근대도시 목포의 역사. 공간, 문화》, 2004).

목포는 발전을 거듭하여 전남의 현관이요 물산 집합의 중심지로 조선에서는 제3위를 점할 만한 중요 항이자 상업의 요지로 자리 잡는다. 1930년대에 인구 6만을 돌파한다. 전남에서는 최초, 최대로 근대문명의 세례를 받으며 전국 다섯 손가락 안에 꼽힐 정도로 앞서 있었다. 그러나 그 세례는 사람이나 구역을 가리지 않고 골고루 내려졌던 것은 아니다. 차별은 곳곳에서 나타났다. 특히 일본과 조선인 마을에 대한 차별은 일제강점기 목포 도시화의 주요 특성이라 할 정도로 심각한 것이었다.

일본인들은 자신들이 살기 편하도록 도시를 꾸몄다. 정거장, 관청, 은행, 학교, 시장, 그 밖에 근대적인 기능을 수행하는 주요 기관을 자신들과 가깝고 편리한 곳에 세웠다. 상하수도, 도로포장, 교통통신, 전기, 가스, 보건, 위생 등도 예외 없이 일본인 중심으로 설치된다. 그네들 거리는 짜임새 있고 깨끗하고 편리하였다. 반면에 조선인 거리는 무참하기 그지없었다.

농촌에서 패잔한 무리와 봇짐행상들이 방황하는 곳이 상업도시 목포항의 이면이었다. 청년은 생선장사·지게벌이, 아낙네는 떡·고구마 장사, 소년은 겐마이빵·덴뿌라·수건양말장사, 소녀는 콩기름·나물상사 등으로 길거리에 나섰다. 교통정리를 한답시고 이들을 내쫓는 바람에 이리저리 몰려다니는 가련한 신세였다. 생활고로 자살하는 사람들이 줄을 이었다. 걸인도 무리 지어 나다녔다. 엄청난 숫자의 유곽거리가 존재하여 창녀들이 득실대고 성병이 만연하였다. '항구의 낭만'이라고 하기에는 너무도 비참하였다.

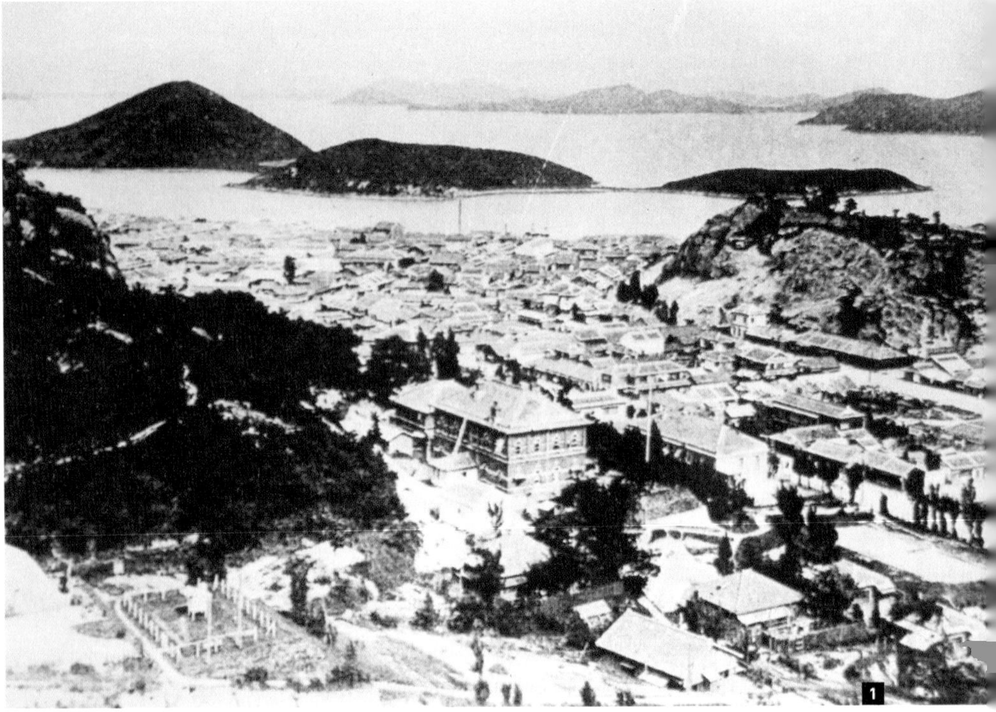
1

2
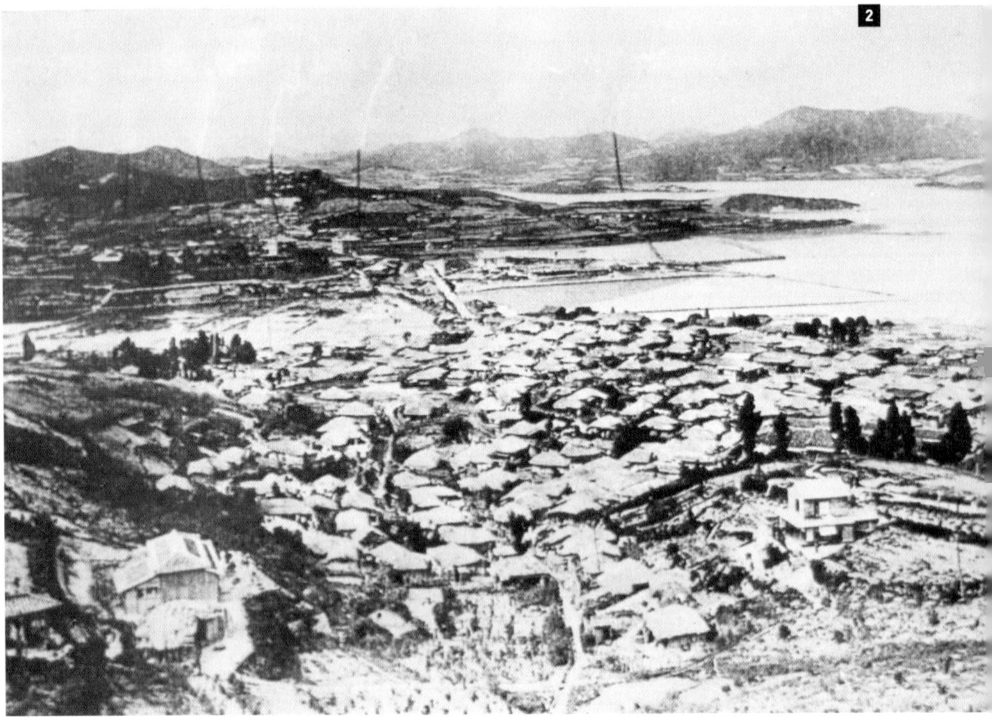

목포시내 자체가 '거리박물관'

목포를 좀더 잘 이해하기 위해서는 영산강을 빼놓고는 설명이 불가능하
다. 그래서 영산포 북관정에서 목포 하구언까지 내려가는 뱃길을 택하였
다. 마침 영산강 살리기 운동이 한창 벌어지면서 도지사 이하 여러 기관장
들이 탄 배에 동승하였다. 배는 영산강을 내려가다 영암 몽탄나루에서 잠
시 쉬고 다시 유장하게 흘러가다 하구언에서 막혔다.

그쯤에서 전남도청 이전부지인 '남악 신도시'가 강가에 보인다. 다시 말
하여, 목포는 영산강이 바다와 만나는 길목에 자리 잡은 요충지인데 하구
언 덕분에 바다는 강을 잃고, 강은 바다를 잃어 엉망이 돼버렸다. 바닷배

가 오르락거리면서 바다와 직접적으로 통하는 도시였던 광주시도 바다는 커녕 강물조차도 끊긴 단절의 도읍이 되고 말았다.

일찍이 이중환도《택리지(擇里志)》에서 "영산강은 서쪽으로 흘러 무안 목포에 이르는데…… 강 건너는 큰 평야를 이뤄…… 풍기(風氣)가 화창하고 땅은 넓고 물자도 넉넉하여 서남쪽 강과 바다는 운수의 이익을 통제하여 광주와 함께 명읍(名邑)이라 일컫는다."라고 하였다. 따라서 광주를 오로지 내륙도시로만 간주함은 대단히 그릇된 시각이며, 하구언만 터진다면 충분히 해양연계 도시로 되돌아갈 수 있으리라. 오늘의 목포와 광주, 나주 등은 강이 바다를 잃고, 바다는 강을 잃은 격이다.

영산강 하구언에서부터 찻길을 내달리며 고석규 교수는 다음과 같이 재미있는 목포시 구분법을 제시하였다. "영산강변의 전남도청 부지가 21세기형이라면, 1980년대 매립지에 1990년대 세워진 하당 신도시는 합리주의식이지요. 신식 모텔들이 아파트와 공존하는 1990년대식 합리주의의 거리를 벗어나면 국립해양유물전시관 같은 공공시설이 몰려 있는 문화의 거리가 나오지요. 세계은행(IBRD) 차관으로 만들어진 1970년대식 거리가 나오는데 보행자 중심 거리를 만든다고 어정쩡하게 T자형 도로를 만들어 어디에서고 직진이 불가능합니다. 저기에 삼학도가 보이고 유달산이 있지요. 거기가 조선인과 일본인 거리가 판이하게 갈렸던 목포시내지요."

이쯤 되면 '거리박물관'이다. 일본식과 한국식, 1970년대식, 1980년대식, 1990년대식, 21세기식이 병존하면서 차곡차곡 쌓여 항구도시를 만들어왔다.

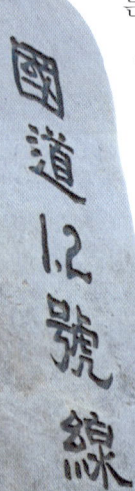

목포문화원 입구의 기념비. 목포에서 출발하는 국도의 기점을
일본영사관 앞마당으로 잡았다.

지난 100년사를 웅변해주는 항구도시 목포의 1번지는 오늘날 목포문화원으로 쓰이는 일본영사관이 아닐까. 1900년(고종 37년) 러시아 건축가의 손으로 지어진바, 최고급 대리석 벽난로가 설치되어 있는 등 100년 세월이 지났음에도 견고한 모습 그대로다. 이곳에서는 동양척식회사를 비롯하여 일본인 조차지역이 한눈에 굽어보인다. 권위적인 위치에 도도하게 자리매김하였다. 목포이사청, 목포부청사 등으로 쓰이다가 광복 후에는 시청,

1900년 지어진 목포의 일본영사관 건물. 지금은 목포문화원으로 쓰인다(위). 아래는 동양척식회사 목포지부 건물.

시립도서관 등으로 이용되었다.

1911년에 작성된 목포 각국조계평면도(各國租界平面圖)를 보면, 오늘의 목포문화원 자리에 일본영사관이 서 있고 건너편 항구 쪽으로 영국영사관, 러시아영사관 등이 나타난다. 가장 높은 곳에 일본영사관을 설치하고 그 아래쪽으로 바둑판처럼 도로를 뚫고 굽어보는 형세다. 오늘날도 목포문화원에서의 경관이 좋은 것은 개항 초기의 이 같은 유리한 입지선정에서 비롯된다.

문화원에서 조금 내려오면 동양척식회사 석조건물이 나온다. 1920년대 영산포에서 엄청 몹쓸 짓 하다가 이리로 옮겨왔다고 전해지는바, 남도의

고혈을 빨아먹고 성장한 기관이다. 동척 목포지점은 전국 최대의 소작료를 거두어들였으며 부동산 담보 대부, 고리대 등으로 식민지 수탈의 상징이었다. 1930년대 유행한 이난영의 노래〈목포의 눈물〉은 이 같은 슬픈 사연을 안고 흐르는 것이리라. 해군 소유였다가 철폐될 위기에 몰린 것을 시민들이 되살려서 문화공간으로 발돋움할 채비를 갖추고 있으니 동척 부산지점과 더불어 전국에 유일하게 남았다.

백미는 역시 이훈동(李勳東) 정원이다. 1,999평이라는데 우치다니 만빼이란 사람이 1930년대에 세웠다. 광복 이후에 해양 경비대가 주둔하였고, 국회의원 박기배 소유를 거쳐서 1947년에 조선내화를 설립한 이훈동(1917년 해남 출신)에게 넘어갔다. 목포의 진산인 유달산 남쪽 기슭에 자리잡았으며 입구정원, 알뜰정원, 임천정원, 후원 등으로 이루어진다. 남도에서 가장 큰 정원으로 나무 종류만 113종에 이르러 난대지방 식물의 보고다. 일본식 석등은 물론이고 일본식 다원정, 연못, 석탑 등이 배치되어있다.

정원에서 위를 올려다보면 노적봉이 보인다. 이순신 장군이 적을 시험할 요량으로 위장볏가리를 두르게 하여 싸움 한 번 없이 물리쳤다는 전설의 주인공이 왜식 정원을 굽어보고 있다. 실로 아이러니한 대목이다.

목포행 남행열차에서

대학생 시절, 목포행 완행열차를 타고 내려왔던 적이 있다. 같은 남도인데도 목포길은 광주에 비하면 정말 멀었다. 노래방에서〈남행열차〉를 많이들 부른다. 대개 '남행열차'는 목포 아니면 여수로 다가온다. 남행열차가 부산이나 포항이라고 생각하는 이들은 거의 없다. 그만큼 많은 남도 사람이 서울로, 여타 도시로 상경하였다. 식당의 '뽀이'로, 카바레의 웨이터로, 그렇듯 도시의 아랫일을 떠맡다 보니 한때 TV연속극의 식모나 식당종업원 말투는 대개 호남 사투리였다. 〈목포는 항구다〉라는 영화까지 만들어졌지만, 정작 항구도시 목포는 없고 오로지 주먹들 이미지만 있을 뿐이다. 지역 불균형 발전이 빚어낸 잘못된 이미지다. 울산이나 포항, 마산이나 창원 같은 배후 산업도시를 지니지 못한 제3공화국 시절의 전라도 특유의 한이 지역정서와 맞물리면서, 특히나 '김대중 신화'와 맞물리면서 목포의 이미지는 서울 등지의 도시민에게는 그런 식으로 형성되어왔다.

그러나 목포는 분명히 태생부터 해양적이었고, 오늘날도 그러하고, 앞으로도 그러할 것이다. 이른바 서해안시대가 열리면서 고속도로가 무안까지 내리 꽂히면서 몇 시간이면 목포에 당도한다. 광대한 중국 대륙의 남쪽을 생각한다면 목포의 지정학적 위치는 21세기 황해시대에 매우 절묘하다. 현실적으로는 인근 신안군을 중심으로 한 흑산도, 가거도, 우이도, 비금도, 장산도 등의 서남해 도서, 그리고 제주도까지 이어지는 뱃길의 거점이기도 하다.

흑산도를 가려다 폭풍우로 배를 놓치고 목포항에서 며칠간 묵은 적이 있었다. 완도의 조도군도 출신들을 만났는데 모두들 선장일에 종사하고 있었다. 조도군도는 일찍이 뱃사람들이 많이 탄생한 곳으로 목포항에 거주하면서 지금도 선장일로 생계를 이어가는 이들이 많다. 뱃사람들이 그나마 일자리를 얻으려면 목포로 와야 한다고 했다.

추자도에서 만난 사람들도 같은 말을 했다. 지금이야 제주도에 소속되어 있지만 추자도는 엄연히 '전라도적'이다. 말투도 그러하고 출신도 남도 사람들이 대부분이다. 곡식을 목포항에서 가져다 먹는 경우가 많았다. 다른 것은 몰라도 학교만큼은 목포에서 다닌 이들이 많다. 이처럼 목포라는 항구를 단순하게 '식민지의 그늘'만으로 볼 수 없는 점이 한둘이 아니다. 비록 영산강 뱃길은 끊겼지만, 인근 섬과 섬을 연결하는 네트워크의 중심이 목포항이니만치 해양도시로서의 100여 년 역사를 충분히 지켜내고 있는 중이다.

더욱이 전남도청이 옮겨오면서 목포의 미래는 서남해안의 최대 도시로 발돋움할 것이 분명한즉, 개항 100여 년을 넘긴 역사의 뿌리가 말해주듯이 지도를 거꾸로 놓고 본다면 한반도의 끝자락이 아니라 태평양으로 나아가는 출발지가 아닐까.

누가 식민지 근대를 이야기하는가

노적봉에 오르니 코앞에 고하도가 보인다. 이순신이 명량대첩 후 1597년 10월 29일 고하도로 진을 옮겨 군량미를 비축하고 전력을 재정비하였다가 이듬해 2월 17일 고금도로 진을 옮길 때까지 108일 동안의 진영터다. 1722년, 통제사 오중주와 충무공의 5대손 이봉상이 유허지에 이충무공 고하도 유적비를 세워 오늘에 이른다.

고하도 선착장에는 또 하나의 비석이 있으니 조선 육지면(陸地棉) 발상지 비다. 1897년부터 1906년까지 무안감리서에서 외부대신에게 보낸 보고서인 《무안보첩(務安報牒)》에 따르면, 한국정부의 고관 이윤용(李允用)이 고하도 땅을 갑자기 매입하더니 일본인에게 30년간 사용하게 하는 계약을 체결해주어 일본의 토지수탈에 협조하는 대목이 보인다. 그리하여 1899년 일본 영사가 고하도에서 미국산 육지면을 시험재배하기 시작하였고, 재배에 성공하면서 전국으로 육지면이 퍼지게 된다. 수확기에는 목포항이 온통 흰 목화로 뒤덮였으니 쌀과 더불어 남도수탈의 상징이었다. 1936년 조선총독부가 일본 영사의 공적비까지 세웠으니 충무공의 진지가 목화수탈의 현장으로 뒤바뀐 또 하나의 아이러니다. 목포 100년은 이렇게 슬프게 흘러갔다.

누가 식민지 근대를 이야기하는가. 그 누가 계량적 통계수치만으로 식민지 축적론과 식민지 개발론을 논하는가. 식민지시대의 인간군상을 가장 적나라하게 보여주는 항구의 삶은 식민지의 자본축적이 오로지 일본인만을

《무안보첩(務安報牒)》기사. 부두에서 날품팔이 근로자 김인배가 양곡작업장에서 쌀 한 주먹 집어 먹었다는 이유만으로 일본인에게 무참하게 매를 맞아 죽는다. 일본영사는 자국의사를 동원 검시케 하고 사인을 영양실조라고 주장한다(제5책 보고 55호, 본문 325쪽 참조).

위한 것이었고 그 열매는 조선인과는 무관함을 웅변한다. 목포항에 산처럼 쌓였던 쌀과 솜은 남도 백성수탈의 상징이었다.

그러한즉, 일본의 교과서 왜곡에서 강조되고 있는 식민지 근대론의 허구와 결과론적으로 맞아떨어지는 국내의 일부 '탁상이론가'들에게 목포항 방문을 강권하고 싶다. 목포항을 한 시간만 걷는다면 근대적 개발이 오로지 민족차별 및 착취를 바탕으로 한 날조였음을 금세 느낄 수 있으리라.

비금도에서 생각하는 '야생의 사고' :

개도 돈을 물고
다닐 만큼
한때는 잘나갔던 그곳

하의 장산 비금 도초 물목에서

목포항 선창에서는 지금도 비밀번호 같은 '구호'가 통한다. 바로 '하의
장산 비금 도초'가 그것이다. 목포 인근의 주요 섬 네 곳을 지칭하는 이 비
밀번호만 알면 선창 좌판에서 세발낙지를 사먹어도 바가지 쓸 일이 거의
없다. 바로 그 비금도다. 해수욕객이 떠난 모래사장은 쓸쓸했다. 거기에
겹쳐 고기가 떠나버린 어장에서 어민의 마음은 더없이 적막하다. 요즘 전
남 신안군 비금도 풍경이 그렇다. 비금도의 명물인 '강달이'도 여름이 끝

[관해기 · 觀海記]

282

황강달이

나면서 서서히 사라지고, 해넘이와 명사십리, 원평해수욕장도 일찍 막을 내렸다. 비금도 송치포구에는 아직도 강달이를 부려놓는 배를 심심찮게 만난다. '강달이'는 이름이 낯설지 실상은 자주 대하는 생선이다.

조기 비슷하게 생겼으되 작은 놈은 필시 강달이 아니면 '황새기(황석어)'다. 값이 싸 조기의 대체어로 많이 쓰이는데, 흔히 조기 새끼로 알지만 조기와는 계통이 다르다. 저렴한 백반집에서 조기랍시고 식탁에 올리는 작은 놈들, 대개 강달이류다. 9월 중에 포획되는 강달이는 그 크기가 참조기 새끼와 비슷하여 혼획되는 경우가 많아 조기의 씨를 말리는 경우도 있다. 그만큼 조기 새끼와 강달이의 구분이 쉽지 않다는 말이다. 맛도 참조기와 비슷하다.

강달이는 강달어, 혹은 깡치라 부른다. 10센티미터 안팎으로 크기가 작다. 황새기와 비슷한데 황새기 쪽이 훨씬 가분수다. 황강달이와 눈강달이, 민강달이로 나뉘며, 대부분 젓갈용이나 구이용 반찬감이다. 황강달이는 몸과 머리가 모두 옆으로 납작하며, 몸체가 황금색을 띠고, 몸에는 특별한 반문이 없으나,

송치포구의 뱃전에서 만난 강달이. 하찮아 보이는 이 생선이 비금도 송치·원평파시의 주역으로 남도 생활문화사에 한 획을 그었으니 가히 '역사를 이룬 물고기'라 할 만하다.

여름이면 소금과 '강달이'를 쫓아 모인 배들이 바다를 가득 메워 "개도 돈을 물고 다녔다."는 야생의 섬 비금도, 그곳 해넘이 해수욕장을 에워싼 산등성이를 따라 실오라기를 걸쳐놓은 듯 구절양장(九折羊腸) 같은 외길이 이어져 이 섬의 영욕을 말해주고 있다(위). 한가롭게 소들이 풀을 뜯고 있는 비금도 해변(아래).

발광기인 황금색의 과립상 선이 50~57개 정도 박혀 있다. 황색으로 곱게 물들어 있어 충남과 군산 등지에서는 황석어, 또는 황세리라 부른다. 눈강달이는 황강달이와 거의 비슷하나 눈이 커서 붙여진 명칭이며, 배의 과립상 선의 수가 적어 쉽게 구분된다. 주로 서해 연안의 큰 하천 하구 부근 기수대에서 5~6월에 산란한다. 평안북도 용암포부터 부산까지 폭넓게 분포하나 서남해안 비금도에 가장 많이 서식한다.

강달이는 수자원 고갈시대에도 상대적으로 많이 잡히고 있는 어종이다. 생산량이 집계되기 시작한 1968년의 1,279톤을 시작으로 계속 증가하여 최고 생산량을 기록한 1991년에는 71,827톤이었다. 그 이후로 감소하기 시작하여 1995년 70,394톤, 1999년 50,494톤이었다. 대형선 저인망이나

서쪽바다

원평파시 터(위)와 비금도와 임자·타리도의 파시 형성 장소(《수산업사연구(水産業史硏究)》 1권, 1994년, 아래).

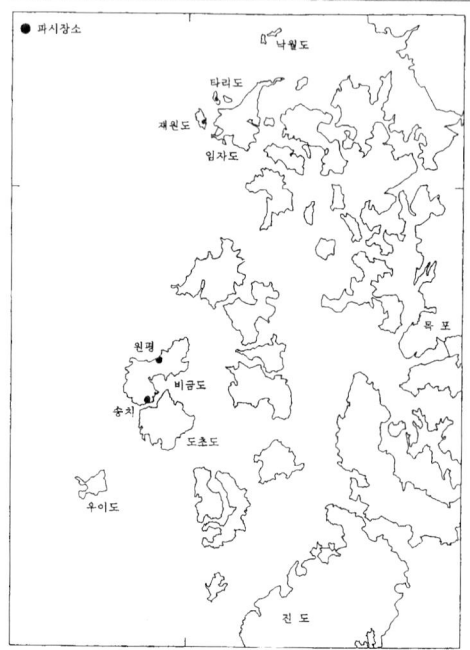

근해 안강망으로 그렇게 잡아들여도 이 정도의 어획량을 보이는 것을 보면 강달이의 생존력이 상당함을 알 수 있다.

파시까지 열리게 했던 '강달이'

비금도 출신으로 지금도 이곳에 살면서 목포로 출퇴근하는 김강민 신안문화원장은 "보잘것없어 뵈두 비금 바닷가에 이눔 때문에 파시꺼정 열렸지라우. 지금은 파시 흔적을 찾을 길이 없지만……. 저 집들 거개가 파시 서던 모래언덕에 세운 것이오." 한다. 비금도 북쪽의 원평해수욕장에 가면 허름한 여관과 노래방 등이 들어서 외지 해수욕객을 맞이할 뿐 어업과는 별 관계가 없어 보인다. 그런 이곳이 한때는 '너무나 잘나가던' 포구였다. 일제시대에는 50여 개의 막(술집)이 빼곡히 들어차 있었다. 앞바다의 우세도가 방파제 구실을 해줘 배들의 피난처로도 적합했으니, 날이 궂어 출어가 어려운 날이 되레 술집 아가씨들에게는 '바쁜 날'이었다. 아가씨들의 권주가에 얹혀 흥청거리며 돈다발이 물 흐르듯 오가 시쳇말로 "개도 돈을 물고 다녔다."는 곳이다.

어느 해인가 큰 폭풍으로 원평에 정박한 목선들이 모조리 '깨지면서' 원평파시도 잊혀져갔다. 특히 강달이어장이 비금도와 자은도 사이의 칠발도로 옮겨가면서 파시 역시 비금도 송치로 옮겨 앉고 말았다. 흑산도에서 목포를 오가는 뱃길이 반드시 비금도와 도초도 사이를 지나는데, 이 교통의 요충인 정(正)중앙에 송치파시가 형성된 것이다. 일제강점기부터 허름한 가건물이 여름 한철 들어서곤 하다가 1950년대부터는 아예 골조를 갖춘 건물이 들어서 포구로 탈바꿈했다. 한창 때는 수백, 수천의 배들이 늘어서 바다를 그득 메웠다니, 적막한 바닷가에서 그 장관을 헤아리기는 쉽지 않다.

'뱃동서'들은 이 파시촌에 배를 들이밀고 식료품과 땔감을 구하고, 젊음의 욕정도 발산하였다. 사실 파시의 흥망은 우리 어업의 몰락과도 밀접한 관계를 가진다. 수천 척의 배들이 몰려들 만한 연근해어장 자체가 사라졌고, 군이 한 군데에서 잡는 것보다 GPS로 쫓아가면서 삽는 '싹쓸이 어업'으로 전환되었기 때문이다.

송치파시 현장에는 축항공사를 하면서 넓힌 공간에 그물들이 널려 있을 뿐 파시 흔적을 찾기란 쉽지 않다. 그러나 오늘의 상가건물 뒤편으로 예전 골목들이 그대로 남아 있다. 사람 서넛이 겨우 비켜갈 만한 좁은 골목이 길게 이어져 있는바, 파시철에 어민들이 오가던 중앙통로다. 당시의 민박집이나 가게집들이 아직도 남아 있는 곳이 많으며 다만 집의 양식만 개조

되었다. 그 좁은 길을 여러 번 오가면서 잠시 눈을 감고 수십 년 전에 이곳을 오가던 뭇 사내들의 체취를 느껴보곤 한다.

미국의 마크 쿨란스키(Mark. Kurlansky)가 《대구(Cod)》(한국어판 《세계를 바꾼 어느 물고기의 역사》)에서 물고기의 멸족 과정을 그렸듯이 단순한 생선 한 마리가 인류의 역사에서 어떤 역할을 했는가를 유추하는 발상은 흥미로운 일이다. 강달이, 비록 유명세 없는 생선이지만 남도문화사에서 대단히 중요한 의미를 가진 이 생선은 그러나 불행하게도 '자기 역사'를 남기지 못한 채 잊혀져가고 있다. '쓰이지 아니한 민중의 생활사'라는 측면에서, 무지렁이 어민들과 그들이 붙잡고 씨름했던 물고기들, 그리고 술집 작부로 이 섬 저 섬을 떠돌면서 삶을 영위했던 여인들에 관해서도 우리는 역사라는 '기억의 방편'을 자리 내줘야 옳다. 별반 기록도 없이 사라진, 역사는 있으되 기록은 없는 유사무서(有史無書)의 '섬의 역사'처럼 비금도의 역사도 이렇게 인멸되고 있지 않은가.

남도 소금 1번지인 비금도에서 소금 모르면 간첩

논만 유명한 것이 아니다. 비금도에서 소금을 모르면 '간첩'이다. 남도 소금의 원류가 이 섬에서 출발한다. 목포에서 연락선을 타고 내리면 500 헥타르 규모의 대동염전이 가산리 떡메산 아래에 펼쳐져 있다. 가장 동쪽에 위치하여 대동염전이란 명칭이 붙여졌단다. 거기서 차로 조금 이동하면 비금도에서 가장 오래된 소금의 고장인 수림마을에 닿는다. 써레로 갯벌을 갈아 만든 간수를 가마솥에 붓고 장작불로 졸이는 화염(火鹽)의 원류가 바로 이곳에서 명맥을 이었다.

소를 가지고 써레로 갈아서 바닷물을 뿌려가며 펄을 갈았다. 짠물이 한

가운데로 모이게 하여 가마솥에 끓여냈는데, '섯들인다'고 했다. 섯은 가마솥 비슷하게 생긴 철부(鐵釜)를 칭한다. 철판으로 만든 철부는 3평 정도의 엄청나게 큰 크기이며 목포에서 만들어 풍선으로 실어왔다. 비금도에만 여러 기가 운영되었는데, 3~4명, 아니면 5~6명이 합쳐서 '주'를 만들어 조합식으로 공동 운영하였다. '주'는 오늘날로 치면 일종의 주주 같은 것이었다. 화염에는 무엇보다 장작이 중요한데 개인 산에서 베어오거나 풍선으로 외지에서 사오기도 했다. 주로 가까운 우이도에서 나무를 사왔는데 당시만 해도 나무 값이 쌌다. '주'는 대개 집안끼리 하였으며 상설조직처럼 운영하면서 그 수익을 나누었다.

여기서 생긴 소금은 육염(陸鹽)이라고도 불렀으며 희고 곱기 때문에 식염(食鹽)으로 많이 썼다. 풍선을 이용하여 목포까지 팔려 나갔다. 생산된 소금은 섬에 담아서 팔았는데 당시 가격은 '보리쌀보다 비쌌다'고 한다. 그러나 해방 이후에 천일염이 들어서면서 화염은 자연적으로 소멸하였다. 이 섬에 천일염이란 '신기술'이 들어온 것이 어언 50년 전이다. 해방 이후에도 일부 화염이 이어지기도 하였으나 한국전쟁 이후에는 완전히 천일염

비금도의 삶을 이끈 또 다른 주역 염전. 지금은 중국산 소금에 밀려 쇠퇴했지만 한때는 경기도 어름까지 팔려 나간 비금 소금은 우리나라 천일염의 전형이기도 했다.

으로 돌아선다.

"해방 이후에 평안도에 나가 살던 박삼만 씨가 돌아오면서 염전기술을 배워왔지라우."

중요한 증언이다. 손봉기(73세) 씨는 어떻게 평안도에서 염전기술이 전파되고 확대 발전해 나갔는가를 설명했다. 지금 살아 있다면 90여 세가 넘었을 박삼만 씨가 해방 이후에 이곳으로 내려와 정착하면서 자신이 갖고 온 염전기술을 전파시켰다. 그는 뽀매(비중계)로 물을 달아보고서 가능하다고 판단하여 천일염전을 시작하였단다. 전남 1호 염전은 이렇게 탄생하였으니, 박삼만과 손봉훈 등 9~10명이 '주'를 조직하여 약 2정보 밑도는 면적에서 시작하였다. 근대 생산기술의 발전에서 문화적 이동과 '신지식인'의 기술 습득 경로가 확인되는 순간이다. 당시만 해도 소금이 보리쌀보다 비쌌기 때문에 염전을 만들 수 있는 곳은 모조리 소금밭을 일구었단다.

짧은 시간에 비금도 소금은 전남은 물론이고 멀리 충청도와 경기도까지 유명세를 날렸다. 목포에 천일염 기술자양성소가 만들어졌으며 기술자들이 전남 각 지역으로 전파된다. 해방 이후에 이북의 평안도 염전 등에서 생산된 소금이 유통되지 못하자 민간 염전이 곳곳에 허가되었으며, 특히 1960년대 이후에는 전매제가 허물어지면서 크고 작은 개인 염전이 도서지방을 중심으로 건설된다. 그러나 성장 속도가 빨랐던 만큼 몰락의 속도도 빨랐다. 중국산 소금의 엄청난 물량 공세 속에서 비금 소금의 유명세도 밀리고 있다. 재미있는 것은 남도 소금의 본향인 비금도를 제치고 김대중 전 대통령의 고향인 하의도에 염전 전시관이 들어섰다는 점이다. '소금의 원조'를 가리는 데도 정치권력이 우선하는 것 같아 씁쓸하다.

섬문화 잘 보여주는 돌담 '우실'

산을 굽이굽이 돌아 해넘이해수
욕장으로 넘어가노라니 우실이 나
타난다.

우실도 섬문화의 특징을 잘 드러
내는 것 중의 하나다. '바람막이
돌담'인데 워낙 중요하여 아예 신
앙화되었다. 겨울철에는 북쪽 바
다에서 서북풍이 모질게 몰아닥친
다. 해양성 기후로 평균 기온은 높
으나 체감기온이 만만치 않다. 특
히나 골을 타고 내리 꽂히는 해풍
은 감당할 길이 없다. 그 골바람을
막기 위해 산 정상 부근의 골짜기
에 석성처럼 우실을 쌓았다. 흡사
만리장성 같다.

요즘엔 관광객들을 위해 무너진
우실을 보수해 새롭게 선보이고
있다. 문풍지 대신에 유리창을 내
고 기름보일러를 가동하는 '근대
화'된 섬문화에서 우실의 전통적
역할도 예전 같지 않기 때문이다.

섬문화의 특징을 잘 드러내는 우실은 '바람막이 돌담'인데
워낙 중요하여 아예 신앙화되었다.

강달어의 상업성이 떨어지면서 파시도 일찍이 사라졌고, 수입 소금에 밀린 소금밭은 양식장으로 변모를 거듭하며, 우실까지 이 섬의 관광자원으로 바뀌고 있다.

그러나 '강달이 파시', '남도 소금 1번지', '바람막이 우실' 등은 모두 내연의 관계다. 어류의 생태, 염전이 용이한 갯벌과 조간대, 기후에 대한 인간의 대응책 등 인간과 자연의 투쟁과 조화가 이뤄낸 '야생의 문화'라는 공통점을 가졌기 때문이다. 자연주의적 어법이 이용되던 시절에나 가능했을 파시의 낭만성 파괴, 소금이라면 모두 똑같은 것으로 알고 있는 세인의 무지, '바람길'을 감지하고 글자 그대로 풍수의 최적 조건을 마련하려 했던 지혜의 소멸 등은 야생의 사고가 사라지고 있다는 방증 아닌가. 프랑스의 석학 레비 – 스트로스(C. Le'vi-Strauss)가 말한 것처럼 '야생의 사고'가 한반도에서 거듭 강조되어야 할 이유는 아직도 충분하다.

파시가 사라지면서 덩달아 노동의 축제성과 공동체성이 소멸되고 개별적, 고립적으로 작은 배를 이끌고 험한 물질에 나서는 '고난의 행군'으로 뒤바뀌었다. 세상일이 편해졌다고는 하지만 고기잡이의 질적 수준은 반대로 비인간적이다. 강달이를 잡기 위해 늙은 부부가 발동선에 몸을 싣는 모습을 보노라니 근 10여 년 사이에 유행하기 시작한 부부 노동의 질적 수준을 생각하지 않을 수 없다.

하나로 연결된 비금 · 도초

오늘의 이야기는 비금도가 중심이지만 이제는 다리로 연결되어 한 몸이 된 도초도를 빼놓고 갈 수는 없다. 다리준공기념 비문에 이런 글이 적혀 있다.

여울목에 풍랑이 일 때면
시집온 아낙네들
급한 소식 못 전해 애태우며
하나로 이어지기를
바랐을 나루터

　양쪽 섬 주민들의 숙원이 해결된 셈이다. '바다가 육지라면' 철 지난 유
행가의 가사가 간직한 통속적 진실이 확인된다. 비록 마주 보는 섬이지만
워낙 거친 물목인지라 조금만 날이 궂어도 오갈 수 없는 곳이었다. 연륙교
가 놓이기 전에는 '도초-비금'이 목포 가기보다 어려웠다고 한다. 내왕이

잦아지면서 두 섬 사이
에 전혀 새로운 통합문
화가 탄생할 것이 분명
하다. 앞으로는 '도비도
(도초도와 비금도)'라고
해야 할까, '비도도(비금
도와 도초도)'라고 해야
할까. 남도의 섬들이 곳
곳에서 연륙되고 있는
추세인데, 한편으로 생
각하면 섬 주민들의 생
활권 확대를 위해서는
매우 긴요한 일이기는

도초도 연락선 부두.

293

하지만 섬 공동체의 문화적 정체성이 사라지는 것 같기도 하다.

도초도에도 곳곳이 염전이다. 비금이나 도초나 오랜 세월 곳곳을 막아낸 간척의 결과물들이다. 사실 비금도나 도초도는 흡사 강화도를 판에 박은 듯한 섬이다. 강화도처럼 100여 년 전의 비금도도 현재 논의 60~70퍼센트가 바다였다. 지난 1세기 동안 농업인구가 급증하였으나 한 세기 전에는 어업인구가 다수였다. 바닷가 사람들의 직업 역시 1세기 사이에 극적 변화를 거듭해온 셈이다.

섬의 엄청난 논들을 보면 '왜 인근의 암태도나 소안도 같은 섬에서 소작 쟁의가 벌어졌는지'를 쉽게 이해할 수 있다. 섬이랄 수 없을 정도로 기름진 논들이다. 섬이라고는 하지만 소출량이 엄청났던 섬이었기에 가렴주구의 폭력적 수탈관계도 극심했을 것이다. 근대 100여 년간 어업보다는 농업에 의존하면서 살아온 이곳 반농반어의 농민들에게 예견되는 쌀값의 폭락은 전율할 사태이리라.

비금도에서 도초도로 넘어가 시목해수욕장의 더할 나위 없이 아름다운 풍광도 찾아볼 일이다. 비금도가 물이 귀하다면 도초도는 상대적으로 물이 흔하다. 시목해수욕장 골골마다 민물이 흘러내리고 주변의 숲도 제법 무성하다.

시목에서도 애써 '야생의 사고'를 배운다. 시목해수욕장의 숲은 본디 전형적인 사구였다. 그런데 1960년대에 산림녹화정책이 시행되면서 사구였던 이곳까지 불필요한 식목으로 소나무와 잡목이 우거지게 되었으니 사구도, 숲도 아닌 어정쩡한 해변이 되었다. 나무 심기는 권장할 만한 미덕이지만, 계획성 없이 심는다면 그 역시 반생태적 인위 아니겠는가. 수종을 가리지 않고 모래언덕에 심어서 바다 조망권이 사라지면서 답답한 바다가 되고 말았다. 한마디로 '베려버렸다'고 한다. 필요 이상으로 일본산 '스기나무(杉木)'를 많이 심어 답답한 풍경을 연출하는 제주도의 그릇된 식생방식과 어찌 이리도 닮았을까. 사구는 사구답게, 야생의 상태로 보존해야 할 일 아닌가. 결론은 하나.

　'자연 그대로 두면 안 될까.'

중복엔 보신탕 대신
민어탕 어떻겠소

개고기 대신 민어복달임

"복날 이름값 한다."고 복날 무렵에는 실제로 엄청나게 덥다. 더러는 개고기를 두고 논쟁도 없지 않으나 복날답게 곳곳의 개장국집은 문전성시다. 그래도 '복날치레'는 빠뜨릴 수 없어 개고기를 싫어하는 사람들은 삼계탕집으로 몰려가는데, 정작 민어를 먹겠다는 사람은 눈 씻고 찾아봐도 없다. 소문난 개장국집, 삼계탕집을 꿰는 사람들이 복날 복달임의 민어풍속은 알지 못하니, 이 무슨 망각병인가.

민어는 여름철 수산물의 귀족이다.

복달임 풍습을 살피자니 서글프고 허전하다. 육고기 논쟁이 무성한 지금, 선조들이 바닷고기로 즐겼던 복날의 내력이 고스란히 빠진 것 같아서다. 복날 바다생선으로는 역시 민어가 으뜸이다. 듬직한 민어는 스케일도 예사 고기와 달라 흡사 참치 한 마리에서 수백 개의 통조림이 나오는 격이다. 그래서 예전에는 복달임에 '민어탕은 일품, 도미찜은 이품, 보신탕은 삼품'이란 닉네임까지 얻었다.

일제강점기나 해방 이후에도 서울의 대갓집이나 부유한 사람들은 복날이면 민어와 여기에 필요한 이런저런 재료를 준비해 숲그늘 냇가로 나갔다. 그곳에서 큼직한 민어를 회 뜨고, 매운탕을 끓이는 모습은 개 한 마리를 여러 명이 추렴해 해치우는 모습에 비견된다. 살은 물론이고 내장까지 깔끔하게 손봐 끓여냈다. 《세종실록지리지》(1432)나 《여지도서(輿地圖書)》(1771)에 골고루 민어가 등장하는 품새로 미뤄 민어복달임이 서해안 전체에 고루 분포했던 듯싶다. 반면에 동해나 경상도 쪽 남해안에서는 민어가 잡히지 않아 이런 기록을 찾기 어렵다.

민어는 여름철 수산물의 귀족이다. 몸은 측편(側偏)하고 아래턱은 위턱보다 짧으며, 턱에 두 쌍의 구멍이 있다. 꼬리지느러미는 길고 참빗 모양이다. 등 쪽은 회청색, 배 쪽은 연한 흰빛으로 몸길이가 1미터를 넘고 무게도 20킬로그램에 달하니 바닷고기치고는 귀골이요, 크기도 가히 팔척장신이라고 할 만하다. 그러니 "민어 한 마리로 수십 명이 요족하게 복달임을 했다."는 말이 과히 허언은 아닌 셈이다.

"날껍질에 밥 싸먹는다." 식담도

민어는 민어(民魚)뿐 아니라 민어(鰵魚), 면어(鮸魚), 표어(鰾魚)라고도 했다. 일찍이 한국인의 밥상에서 높은 대접을 받아왔다. 이름 자체가 '백성의 물고기'란 뜻을 지니는 만큼 보편적으로 사랑받아왔다는 증거다. 서유구(徐有榘)의 《난호어목지(蘭湖漁牧志)》에서는 민어를 한글 '민어'와 '민어(鰵魚)'로 병기하였다. 같은 저자가 편찬한 《임원경제지(林園經濟誌)》에서도 '민어(鰵魚)'라 하였다. 《재물보(才物譜)》 및 《물명고(物名攷)》에는 민어를 '면어(鮸魚)', 또는 '표어(鰾魚)'라고 했고, 치어를 암치어(岩峙魚)라 했다. 《자산어보》에서는 면어(鮸魚)란 표현을 쓰며 새끼를 암치어(巖峙魚)로 명기하면서 석수어(조기) 항목에 넣어 설명하였다. "생각건대 '면'은 소리 값이 동음(同音)으로서 면(免), 민(民)과 서로 가깝다. 그러므로 민어는 곧 면어

1미터가 넘는 민어를 들어 올리는 하우리의 어민.

다."고 하였다.

평남 한천(漢川)에서는 치어를 '민초'라 부르며, 전남과 경기지방에서는 소금에 절인 민어를 암치(岩峙)라 부른다. 중국 푸젠성에서는 민어를 면어, 민파어(鰵婆魚), 미어(米魚) 및 춘수(春水)라 부른다. 일본에서는 혼니베(本鮸), 영미에서는 'Croaker'라고 부른다. 학명은 'Nibea imbricata Matsubara'이다.

송수권 시인이 조사한 바에 따르면, 남도에서는 민어의 특대

를 개우치, 법성포에서는 길이 30센티미터 내외인 놈을 홍치, 완도에서는
작은 민어를 불둥거리, 서울과 인천 상인은 네 뼘
이상을 민어, 세 뼘 반을 상민어, 세 뼘 내외를
어스래기, 두 뼘 반을 가리, 그 미만을 보굴
치라고 부른단다.

민어는 속살이 백색으로, 살집이
탄력 있어 횟감으로도 그만이다.
고급 횟집에서 큼직하게 썰어주는
민어회(사실은 수입 민어겠지만), 그 입안 가득 씹
히는 맛과 육질은 다른 횟감과 비교하기 어렵
다. 그만큼 두드러진 격조를 갖춘 덕에 제사상이
나 혼례상에도 빠짐없이 오른다. 비늘이 두껍고 커
서 의례상 차림에 맞춤인 까닭이다. 또 말린 민
어포는 굴비 못지않게 한국인이 좋아하는 건어물
로, 백중절 우란분(盂蘭盆)에 조기와 더불어 활용
했다. 예전에도 흔하기는 했지만 수요에 비하
여 물량이 많지 않아 결코 만만한 가격이
아니었다. 내로라하는 장안 건어물 가
게의 명색을 가르는 커다란 민어
포를 상상해보라.

민어찜의 담백한 풍
미 또한 뛰어나 이런저런 찜
과는 결코 한 줄에 세울 수 없다. 서울에서는 예
부터 민어찜을 도미찜보다 한 수 위로 쳤다. 민어 살의
기름은 그 양이 넘치거나 부족하지 않아 참조기의 그것

포를 만들기 위해
해풍에 말리고 있
는 민어.

서쪽바다

299

과 함께 고급으로 쳤다. 게다가 민어 머리의 붉은 껍질과 살이 또한 일미라, 어두봉미(魚頭鳳尾)의 전통 식도락 기준에도 딱 들어맞는다.

국을 끓여도 좋고 구워 먹어도 좋다. 붉은 껍질은 말려서 튀기거나 날로 밥을 싸먹기도 해 "날 껍질에 밥 싸먹는다."는 식담(食談)까지 생겼다. 이같이 민어는 머리부터 꽁지까지 버릴 것이 없다. 민어 알젓에 저냐, 구이, 맑은 장국과 회는 물론 포와 찌개, 국, 조림, 아가미젓 등등 민어가 연출하는 식탁에서의 변신은 가짓수를 헤아리기도 어려울 정도였다.

허균은 《도문대작(屠門大嚼)》(1827)에서, 민어와 조기, 반디, 낙지, 준치 등 서해에서 나는 고기를 '천한 어류'로 분류했다. 그의 '천하다'는 촌평을 어떻게 해석해야 할까. 아마도 그만큼 '흔했다'는 말이고, '널리 퍼진 물고기'란 뜻이지, 결코 '품격이 낮다'는 의미는 아니리라. 민어는 20세기 초까지만 해도 흔한 물고기였으나 남획으로 지금은 귀한 대접을 받는다. '민어복달임' 운운하면 조금은 '호사스러운' 말치레일 수도 있다. 그러나 조금만 생각해보면 결코 근거 없는 호사만도 아니다. 개 반 마리 값이면 요새도 민어복달임이 충분하기 때문이다. 문제는 먼 남도로 길을 잡아야 해 발품이 든다는 것뿐이다.

위도에서 벌어서 타리에 와서 탈탈 털어버린다

이런 민어의 품격을 현장에서 제대로 보자면 역시나 전남 임자도에 딸린 태이도(일명 타리도)와 재원도로 내려갈 일이다. 삼복더위가 기승일 때, 민어잡이도 절정기다. 민어의 주산지는 서해와 서남해안이다. 《난호어목지》에서는 "민어가 서남해와 중동해에서 난다."고 하였고, 《자산어보》에 이르면 "서남바다에 이들 물고기가 있을 뿐이다."고 하였다. 한말 기록에는 민어의 주산지가 전남 고흥군 · 완도군 · 진도군 · 무안군 · 태이도 · 영광군 · 칠산탄 연해, 전북 고군산 · 연도 · 죽도, 경기도의 연평열도, 평안도의 신미도 · 대화도 · 순도 · 신도 및 원도, 압록강 연해였다(《한국수산지》). 그 중에서도 유명 어장은 전라도의 태이도와 경기도의 덕적도 · 굴업도 일원, 평안도 신도 연안이다. 특히 태이도는 유명한

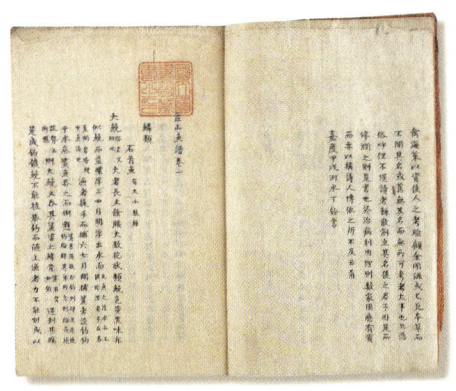

《자산어보(玆山漁譜)》(필사본, 1814년, 서울대학교 서관 · 국립중앙도서관 등 소장).

저서(底棲) 어류어장으로 1906년부터 일본 규슈와 후쿠오카 어부들이 침입, 안강망을 도입하여 남획해간 이후부터 일본 어부들에게 알려진 어장이다. 《자산어보》에서는 민어를 이렇게 평가하였다.

큰 놈은 길이가 4~5척에 달한다. 몸은 약간 둥글고 빛깔은 황백색이며 등은 청흑색이다. 비늘과 입이 크고 맛은 담담하면서도 달아서 날것으로 먹으나 익혀 먹으나 다 좋고, 말린 것은 더욱 몸에 좋다. 부레는 아교를 만든다. 흑산바다에는 희귀하나 간혹 바다 위에 뜬 것을 잡곤 한다. 더러는 낚시로도 잡는다. 나주 여러 섬 북쪽에서는 음력 5~6월경에 그물로 잡고 6~7월경에는 낚시로 낚아 올렸다. 그 어란포의 한 짝 길이는 수척에 달한다. 알것도 모두 일품이다. 민어 새끼들은 흔히 암치어라 부른다. 이외에도 다른 한 종류가 있는데 속칭 부세어라 부른다. 그 길이는 두 자 정도다.

민어의 주산지로 내달았다. 전남 무안의 해제반도, 그 잘록한 개미허리를 벗어나면 이내 장암포구에 닿는다. 그곳에서 철부선에 차를 실으면 곧장 임자도에 닿고 그곳에서 한참을 달리면 하우리포구가 나온다. 하우리

타리파시가 펼쳐졌던 모래밭. 일제시대만 해도 "전라도는 몰라도 타리도는 안다."고 할 정도로 번창했지만 지금은 그 흔적도 찾아볼 수 없다.

는 오늘날 유일하게 민어가 집산되는 곳이다. 일제시대에 이곳은 민어 때문에 '동아시아에서 소문난' 유명세를 치렀다. 일본의 나이 든 노인들은 지금도 "전라도는 몰라도 타리도는 안다."고 할 정도다.

하우리에서 조금 북쪽에 위치한 타리섬이 바로 민어잡이의 본산이다. 섬타리(대태이도)는 타리섬의 큰 섬이며, 뭍타리섬(육타리도, 육태이도)은 섬타리 동쪽에 있다. 섬타리에는 사람이 살고 있으나 육타리도는 무인도다. 오늘날의 타리도는 아무도 찾지 않는 무인절경(無人絶景)이다. 모래밭이 드넓고, 섬과 바닷물이 조화를 이뤄 많은 이들이 찾을 법도 한데, 일제시대 파시 이후로 '막 내린 곳'이 되고 말았다. 백사장을 거닐면서 그 옛날 한창 주가를 드높였던 민어파시를 떠올렸다. 어디선가 술집 작부들의 젓가락 장단에 실린 신명과 애절의 노랫소리가 들리는 듯하다.

이곳에는 여름철이면 알을 낳으려는 민어 떼가 몰려들었다. 민어 떼가 몰려들면 민어 우는 소리로 온 바다가 시끌벅적했다. 어부들도 민어를 따라서 전국 곳곳에서 몰려왔으니, 민어와 사람이 이곳에서 들끓어 흥청거리는 민어파시가 형성되었던 것이다. 파시란 직역하면 '바다의 시장'이니, 조용하던 해변이 잠시나마 여름 한철 시장판으로 바뀌는 것이다. 옛말에 "위도에서 벌어서 타리에 와서 탈탈 털어버린다."는 말이 있을 정도로 술집이 번창하고 흥청거렸다. 파시가 번성하던 시절에는 '목포-타리도-낙월도-영광'을 잇는 여객선과 화물선의 항로가 개설되기도 했다.

파시는 보통 음력 4월에 시작해 7월 말까지 이어졌다. 모래언덕에는 판잣집이나 가건물이 줄지어 들어서고, 색주가가 형성되었다. 민어 따라 돈이 몰리고, 돈 냄새를 맡은 여자들이 이곳으로 몰려들었다. 한창 성할 때는 400여 호의 가겟집 중 7할이 논다니 기생집이었다. 이곳에는 우리나라 기생은 물론 일본 기생까지 있었는데, 재미있는 것은 일본 여자들까지 한복을 차려입고 장사에 나섰다는 점이다. 기생들과 뱃꾼들은 장구 치고(악기라고는 장구뿐이었다), 배에서 고기를 장만해서 술 마시면서 유성기소리를 들으며 놀았다. '산다이'라고 상을 두드리면서 춤추며 놀기도 했는데 무려 100여 명이 어울렸다. 기생들의 다채로운 한복 색깔로 인하여 기생들이 놀 때 보면 울긋불긋 꽃이 핀 것 같았다.

지금의 모래언덕, 즉 제방이 쌓인 해변가에 옷가게, 식육점, 재봉틀집, 닭 잡아 파는 곳 같은 가게들이 늘어섰다. 옷가게와 재봉틀집은 기생들의 옷장만 때문에 있었다. 가건물로 지은 집이 400호나 되고, 파출소, 병원, 기생, 생필품 등도 파시에 맞추어 집결하였다가 철수하였다. 당시 뱃사람들이 가장 많이 사가는 물품은 술과 비누 등이었다.

배들이 최고로 밀려들 때는 몇백 척 되었을 것이다. 700~800미터 되는 타리섬 앞마당에 배가 빼곡하고 그냥 배 위로 걸어서 건너 다녔다. 타리섬 앞은 두 개의 섬이 버티고 있어 풍랑을 막아주고 덕분에 모래사장이 안전하게 배를 댈 수 있게 하여 풍선(風船)에 안성맞춤인 포구였다. 줄잡아 500여 척의 배가 정박할 수 있는 면적이었다. 일본 수산업사 연구에서 각별한 위치를 차지하고 있던 시부자와 게이조(澁澤敬三)란 인물이 1936년 8월 13일에 동경을 출발하여 17일 아침에 목포에 도착하여 거기서 추자도와 수도(水島)로 갔고, 낙월도를 거쳐 타리도를 방문한 기록이 상세하게 드러난

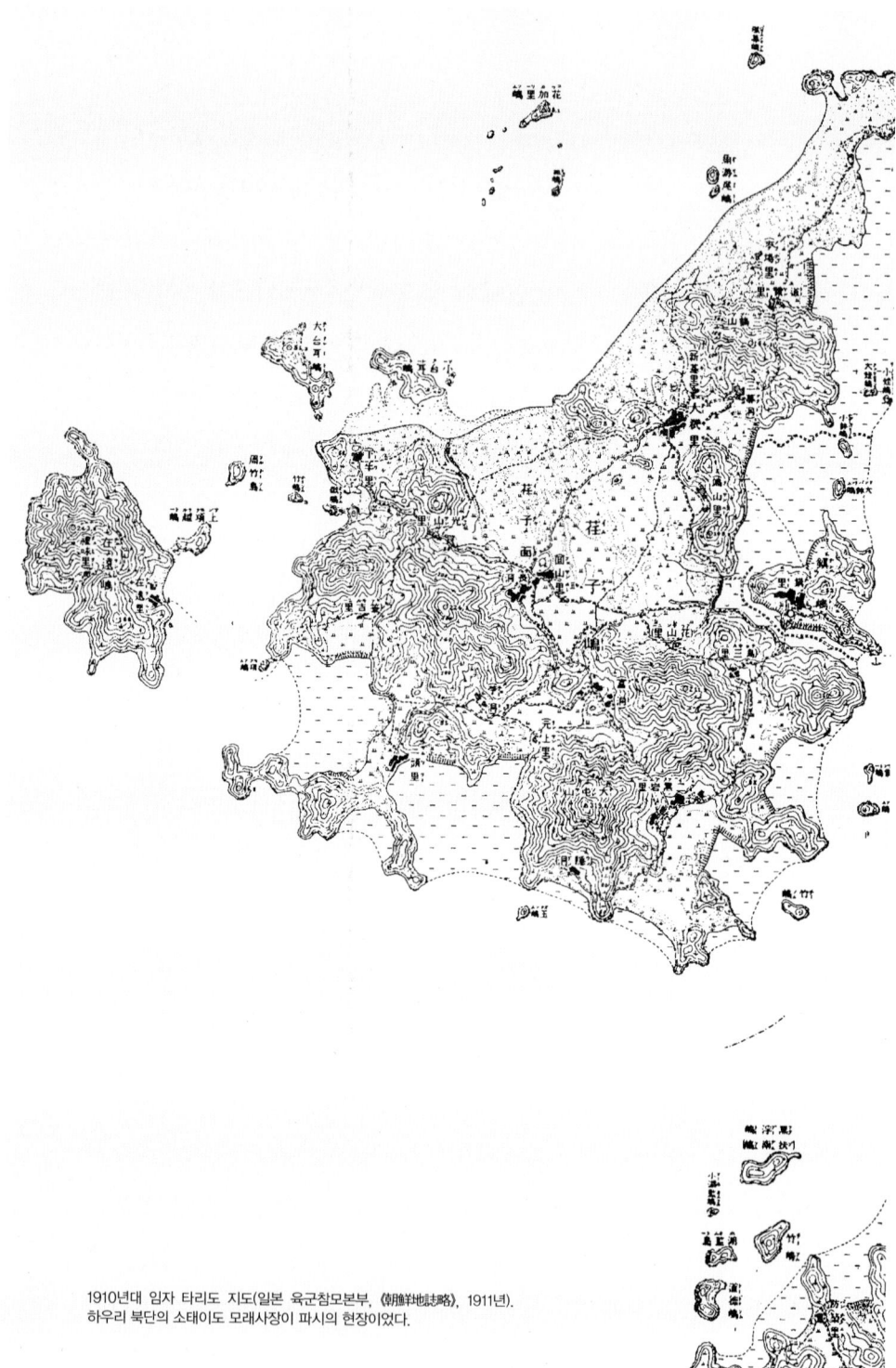

1910년대 임자 타리도 지도(일본 육군참모본부, 《朝鮮地誌略》, 1911년).
하우리 북단의 소태이도 모래사장이 파시의 현장이었다.

다(《조선 다도해 여행각서》, 1939). 이 뜻 깊은 여행에는 당시 경성제대 종교학과 담당 아키바(秋葉隆) 등 여러 명이 동행하였다.

태이도에는 일본수산 및 임겸(林兼)의 선어창고선(鮮魚倉庫船)이 있으며, 이 배에서 생어를 빙장하여 호연(戶烟) 기타에 운반선으로 보내고 있다. 이 맘때가 이곳이 어업 근거지가 되는 시절인 것 같다. 이 사빈(沙濱)에 바라크의 이동부락 파시가 20~30집 늘어서서 손님을 기다리고 있다. 이곳이 타리도이므로 타리파시라고 일컫는다. 하루에 약 5엔의 차지료(借地料)를 납부하고 이곳에 있다. 파시는 선술집, 여관(창녀집), 요릿집, 잡화점, 이발관, 선구상, 소금집, 목욕탕 등으로 이루어져 있으며, 오로지 원지출타 어부를 상대로 장사를 하고 있는 것 같다.

이 이동부락은 영광군 위도를 일 근거지로 삼고 있다고 한다. 위도 근해에서는 4월부터 5월 하순에 걸쳐서 조기가 잡힌다. 파시는 여기에서 장사를 하며, 그 중 일대는 어장을 쫓아 연평도에 닿는다. 남은 자는 위도에 멈추는데 이들은 7월 내내 이곳에 머문다. 그동안 위도 부근에서 갈치와 삼치가 잡힌다. 위도에 멈춘 자는 이를 마치고 태이도로 이동한다. 연평도의 일대도 그 어기가 끝나면 즉시 태이도에 오는 자가 있다. 또 천년동(千年洞)이라는 곳에서 잠시 돈벌이를 하고 나서 태이도에 합류하는 자도 있다. 태이도에는 7~8월 내내 체재하며, 재차 이들은 갈라져서 하나는 추자도로, 다른 하나는 어란진(於蘭鎭)으로 간다. 또 군산, 목포, 위도 등의 근거지로 철수하는 자도 있다. 겨울에 흑선도에서 포경이 행해지므로 그쪽으로 돈벌이 하러 가는 자도 있다.

파시는 이동할 때는 집을 접어서 배에 싣고 갔다. 가재는 물론이고 집 자체도 접어서 가므로 이를 운임을 내고 실어서 보내는 자도 있고, 또 배를 특별히 마련하여 가인(家人)과 함께 이동하는 자도 있다. 파시에 살고 있는 사람들의 출생지는 반드시 일정한 것은 아니다. 목포 부근에서 태어난 사람, 영광군에서 태어난 사람, 그 중에는 일본인도 있다.

'선어창고선'이란 표현에서 얼음에 채워서 선어를 그대로 수출하던 풍경을 알 수 있다. 사빈이란 오늘날도 타리도 일대에 펼쳐져 있는 모래언덕, 즉 사구를 말한다. 민어뿐 아니라 조기 같은 물고기의 회유를 따라서 어장이 북상하면서 파시를 쫓아다니는 이들도 철새처럼 서해바다를 누비고 있었다. 위의 기록은 구술 증언과 대체로 일치한다.

파시는 타리에만 있었던 것이 아니다. 하우리 바로 건너편 재원도도 파시로 흥청거렸다. 교통이 불편해 하루에 두 번 배편으로 길이 열릴 뿐이지만 돈 있는 곳에 파시 들어서는 것은 당연한 일. 재원도 포구에서 예미고개를 넘어가면 예미백사장이 나온다. 천연의 사구에 아무도 없는 쓸쓸한 해변. 고개를 넘는 숲이 너무 깊어 독사가 혀를 날름거리며 달려든다는 그런 오지다. 세상에 그런 곳이 있을까 싶은 험한 길을 헤쳐 겨우겨우 달려가니 반갑게 예미가 길손을 맞는다. 인간의 발자취가 끊긴 이 아름다운 해변도 파시로 흥청거렸다. 경기도 고양에서 이곳으로 귀양 와 입도주(入島主)가 된 진유걸(陳有傑)의 9세손인 진재언(59, 전 어촌계장)의 증언에 따르면, 어렸을 때만 해도 제철이 되면 민어 우는 소리에 잠을 이룰 수 없었다고 한다.

예쁜 양산을 받쳐 든 아가씨들도 꽃잎처럼 나풀거리며 예미고개를 넘어 재원포구로 몰려왔다. 말하자면, 임자도를 중심으로 이에 딸린 타리섬 일대와 건너편 재원도 일대가 모두 민어밭이었고, 민어파시가 형성되었던 유서 깊은 해양문화사의 거점이었던 것. 그 옛날 노랫가락은 사라졌어도 어민들의 구술은 남아 있어 그날을 증언해주고 있다.

부레풀까지 요긴하게 사용하는 버릴 데 없는 고기

일제시대에 전라도 민어는 대부분 일본으로 수출되었고, 경기도 민어는 서울 일원에서 소비되었다. 타리 민어는 품질 면에서 최고의 평가를 받았다. 방망이로 민어포를 두들기면 곧잘 바스러지는 다른 포와 달리 이곳 포는 육질이 솜처럼 부풀어 올라 최고의 술안주로 대접받았다. 무더운 복중에 시원한 맥주 한 컵, 그리고 쪽쪽 찢어낸 민어포를 고추장에 찍어 곁들이는 맛이란!

이곳 파시는 한국전쟁 이후 명맥만 유지하다가 1960년대 초반부터는 민어 대신 부세나 병어잡이로 대신하고 있다. 그래도 1960~70년대까지는 재원파시가 열려 끝물의 노랫자락이 포구를 물안개처럼 떠돌았으나 지금은 아름다운 해변만 남아 노랫가락을 타고 흥청이던 그 옛날 파시의 추억을 전할 뿐이다. 천만다행으로 민어잡이가 완전히 끊긴 것은 아니었다. 지금도 이 무렵이면 손가락으로 꼽을 정도지만 몇 안 되는 민어 떼가 이곳으로 길을 잡아 민어파시의 유서 깊은 역사를 증명해주고 있다. 벗들과 어울려 민어 한 마리를 장만해 우리의 복달임을 즐겨볼 일이다. 그리고 아귀처럼 먹는 일에만 골몰하지 말고 주변도 한번 돌아볼 일이다.

지금은 박물관에나 놓인 값비싼 고가구가 모두 민어의 부레풀로 만든 것들이다. 어느덧 화학접착제에 밀려나고 말았지만 "이 풀 저 풀 다 둘러도 민애풀이 따로 없네."란 노래가사를 음미하며, 천 년을 간다는 민어풀의 생명력을 고마워할 일이다. 그래서 부레조차 버리지 않을 정도로 알뜰하게 추려 먹고 우려 먹었던 민어복달임을 통해 선조들의 지혜를 곁눈질이라도 해볼 일이다.

바람이 빚어낸
바다위 '모래산'

바다 위에 사막이 있다면

장마가 끝나자 저마다 뒤질세라 해수욕장으로 달려 나간다. 특히나 젊은
이들에게는 바다, 그 가운데서도 모래사장의 추억만으로도 달려간 수고가
아깝지 않다. 그런데 추억 만들기가 신명날수록 모래가 쌓인 백사장은 절
체절명의 위기로 빠져든다. 보기에는 아무것도 없는 것 같아도 무수한 생
명체가 도시처럼 복잡하게 얽혀 산다. 강변의 모래를 퍼내다가 바닥이 드
러나자 돈 좀 벌겠다고 팔 걷어붙인 업자들도 바닷모래에 손을 댄 지 오래

우이도로 가는 뱃길 주변의 아름다운 섬들.

다. 금모래 은모래 끝없던 강변의 모래밭이 사라지자 이내 바다로 눈길을 돌린 것이다. 그러나 바다모래는 무한정이라고 믿었던 그들은 마침내 어민의 저항에 맞닥뜨렸다.

알고 보면, 바다 모래밭은 물고기들의 산란장이다. 바닷모래를 파내 지은 아파트에 아늑한 보금자리를 마련하는 그 뒷전에서는 보금자리를 잃은 물고기들이 뿔뿔이 연안을 떠나는 역설의 변증이 드러난다. 그래서 그 모래의 진실에 좀더 가까이 다가가기 위해 모래가 지천인 '바다 위의 사막'으로 발길을 돌려본다.

일생 동안 사막을 주유하면서 일관된 자연주의자의 삶을 살았던 사막의 순례자 테오도르 모노(T. Monod, 1902~2000)는 "사막은 보람 없고, 무의미하며, 쓸모없는 순간에서 나를 벗어나게 하며 시간의 영원성을 느끼게 한다."고 했다. 모노에게 사막은 고행과 자기 성찰의 공간이었다. 그러나 우리 같은 속인들에게는 사막은 오로지 막막하고 황량한 땅이다. 반면에 사막의 척박함을 모르고 살고 있기에 사막은 그 자체가 '낭만'으로 다가오기도 한다. 방울소리 쩔렁이는 쌍봉낙타를 타고 끝없는 사막을 가로지르다 오아시스를 만나는 꿈을 꾸며 살아온 덕분에 하다못해 유행가 가락에도 사막 예찬은 곧잘 묻어난다. 만약에 그런 사막이 바다 가운데 있다면? 그야말로 환상적이지 않을까. 전남 신안군 우이도가 그런 곳이다.

목포에서 뱃길로만 2백 리 길

사막 너머로 바다가 굽어보인다. 섬 속에 사막
이 있다는 단 한 가지 사실만 가지고도 충분히
즐거울 수 있다. 물론 여기서 말하는 사막은 사
구(砂丘, costal dune)의 과장된 표현이다. 아무럼
어떨까. 바다가 굽어보이는 사구까지도 사막에
대한 향수로 노래하려는 나그네의 객기인 것을.

목포항에서 바로 가는 배편도 있지만 도초섬
에서 배를 갈아탔다. 바다의 시간은 육지의 그
것과 달라 그저 '기다림'이 일상화되어 있다. 기
다려야 한다. 성급할 것 없으며, 서두른다고 해
결될 일도 별로 없다. '바다가 육지라면'이란 노
래가 절로 나온다.

바다의 시간은 느긋하지만 도회의 이방인에게는 불편하기 짝이 없다. 지
척에 드러누운 섬도 배가 없으면 범접을 못한다. 하물며 머나먼 외해는 그
야말로 언제나 전인미답(前人未踏)이요, 고도절해(孤島絶海) 아니겠는가.

목포에서 80킬로미터, 뱃길로 200리 길이니 흑산도 항로의 절반이다. 바
깥 바다답게 바람과 파도가 드세어 여름 한철을 빼고는 허구한 날 뱃길이
끊기는 곳이다. 반대로 생각하면, 사람들의 발길이 그렇게나마 끊겼기에
망정이지 그런 불편조차 없는 곳이었다면 사구가 온전히 남았겠는가. 이
곳에서는 휴대전화도 터지지 않아 모처럼 '완전한 휴식처'에 들었음을 이
내 깨닫는다. 여객선이 방파제로 접어들자 중앙의 거대한 사구가 한눈에

해풍과 조수가 합작해 빚은 '자연의 걸작' 산태에서 바라본 우이도의 그림 같은 바다 모습. 마치 거대한 자궁이 생산의 열락
을 노래하듯 우이도 바다는 넉넉하게 굽이치며 쉼 없이 모래의 산을 만들어가고 있다.

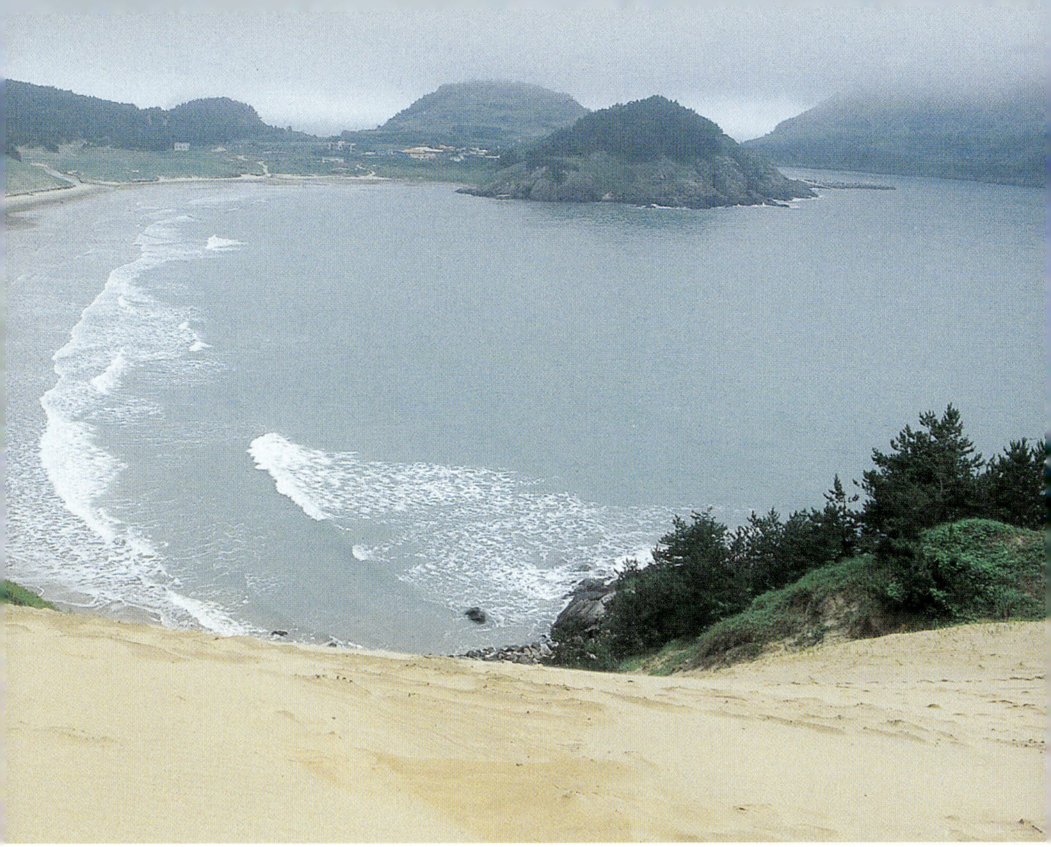

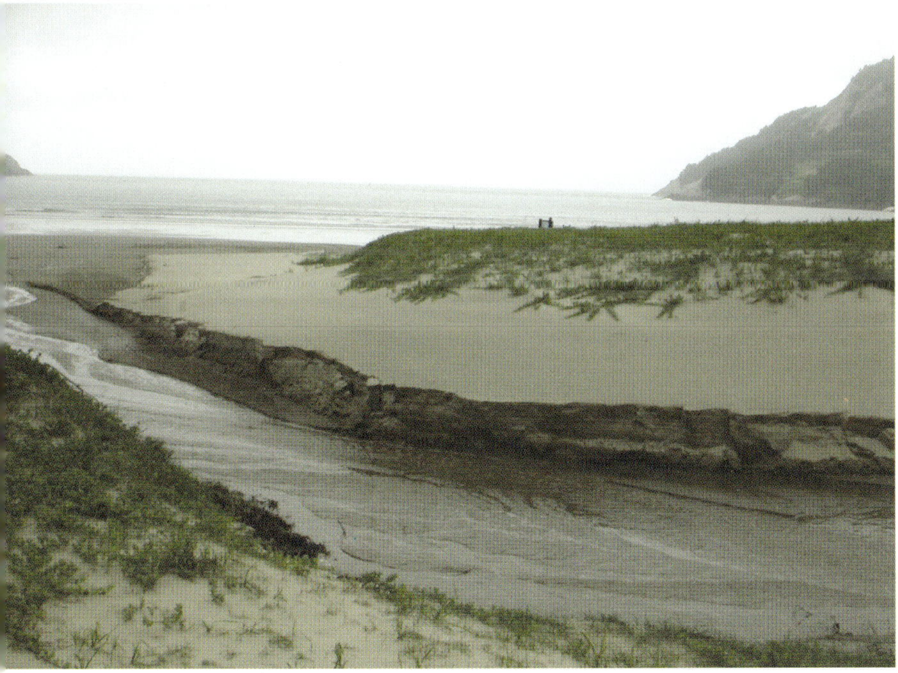

들어온다. '모래언
덕'이라기보다는 '모
래산'이다. 우이도
본섬뿐 아니라 주변
의 바닷가에도 수중
에 모래밭이 있음을
주목한 일본인들은
《한국수산지》(1908)
에 이렇게 적었다.

아직까지 원형을 간직한 성촌마을의 공동우물(왼쪽)과 우이도의 모래 둔덕에 형성된
자연 초지(오른쪽).

"원래 첨사(僉使)를 두었던 곳이다. 도초도 서남에 있고 팔구포의 서쪽 제1
관문으로서 대우이도, 소우이도, 기타 수십 개의 무인도로 이루어진다. 군
도 중 가장 큰 섬은 대우이도로 토속명은 소귀섬이다. 남북으로 1리 14정,
동서로 1리이다. 섬 안에는 몇 개의 봉우리가 우뚝 솟았는데 최고봉을 관
음산(觀音山)이라 부른다. 해발 1,175피트로 뾰족한 모양을 하고 있고 항해
하는 사람들의 좋은 '가늠'이다. 섬 안의 산악이 연이어진 곳은 남부이다.
그러나 거의가 구릉지로 평지는 거의 없다. 대우이도의 남북 양측 일대는
사퇴(沙堆)로 양측에는 남방 2해리에 널려 있는 큰 사퇴가 있다. 해도에는
여기를 우이사퇴로 기록한다."

   각종 연구보고서에는 이를 풍성사구(風成砂丘)라고 적고 있다. '바람이
빚은 사구'란 뜻일 텐데, 참 어렵고 멋없는 말이다. 세상에 바람이 빚지 않
은 사구가 어디 있으랴. 우이도 사람들은 이를 '산태'라고 부르거니와 토
착어를 살린다는 뜻에서 부디 이 '산태'라는 구전 전승어를 기억할 일이
다. 산사태 같은 모래산이란 뜻일 터이니, 짚어보면 참 아름다운 말이다.

부디 풍성이란 우스운 말을 빼고 본딧말인 '산태'로 쓰거나 그게 어려우면 그냥 '사구'로 가려 씀이 마땅할 것이다.

바람이 모래로 빚어낸 바다의 예술품

방파제에서 불과 5분여 거리에 돈목마을이 있다. 돈목 방파제에서 보면 건너편에 빤히 성촌이 보이고, 돛폭을 펴 바람을 맞듯 돛대바위가 물목을 지키고 서 있다. 만의 양측 산은 늘 안개에 젖어 있다. 그래서인지 산길에는 고사리가 지천이다.

돈목은 산의 모퉁이에 터를 일궈 바람의지가 되는 마을이다. 수심이 2길 내지 4길에 달하고 동풍을 피할 수 있어 20세기 초반만 해도 중국 어선들이 근거지로 삼고 매년 3월경부터 4~5월경에 무려 100여 척 내외가 출입

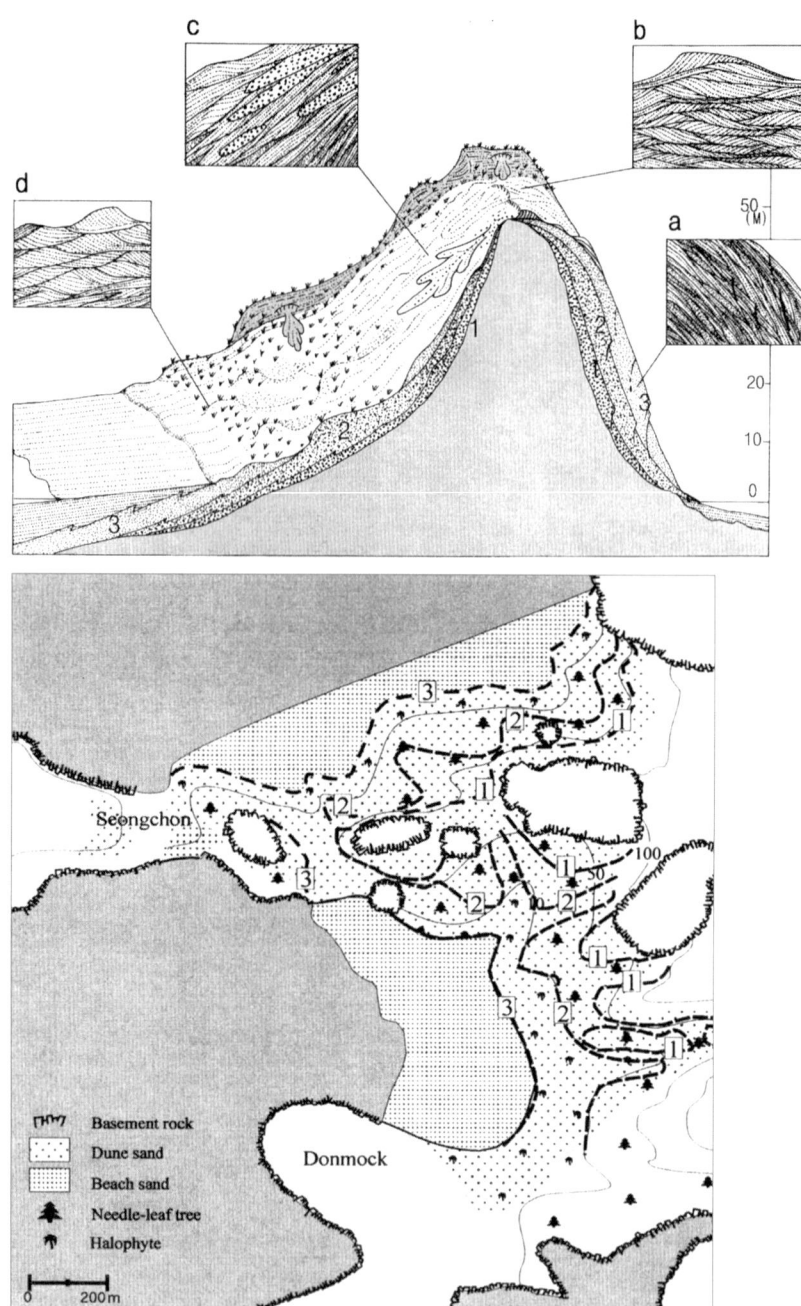

c

b

d

a

50
(M)

20

10

0

3

2

1

2

3

2

3

Seongchon

3

2

1

2

1

1

3

50

100

2

1

2

1

3

2

1

Donmock

⌐ᴎᴦ Basement rock

Dune sand

Beach sand

Needle-leaf tree

Halophyte

0   200m

대사구(모래산)의 모식도(위). 사구체의 3단계 형성단계와 현재의 퇴적, 침식, 운반작용을 적용하여 대사구의 내부구조 및 퇴적구조의 형태를 도식화하였다. 아래는 우이도 돈목 및 성촌 지역에 분포하는 사구의 단계별 분포 개략도(전남대 해양연구소·신안군, 《우이도 풍성사구의 형성과정 및 주변 해양환경 활용방안에 관한 학술연구》, 2000년).

하였다고 한다. 이곳에서 30여 미터를 걸어 나가면 돈목해수욕장이라 불리는 해변에 이른다. 건너편은 성촌마을이다. 말하자면, 돈목과 성촌 사이가 온통 사구인 셈이다. 그 중 가장 큰 중앙사구를 보면 산자락 사이의 계곡을 모래가 온통 꽉꽉 채우고 있다. 다시 둘러보니 돈목, 성촌이 모두 모래언덕 위에 형성된 마을 아닌가. 완만하고 광활한 해빈(海濱)은 오랜 시간 태곳적부터 바다, 바람, 지형 및 지질의 조합에 의한 에너지 변화에 의해 형성되어 천혜의 경관을 이루고 있다. 또한 사구 및 해빈과 해안선을 따라 발달한 정단(beam)과 해식애, 즉 해안절벽의 지형세 변화의 다양성에 의하여 우이도는 절경의 지묘를 보여주고 있다. 산과 산 사이 협곡을 꽉꽉 채운 높다란 사구로는 이곳이 한반도에서 유일하며, 외국에서도 그 예를 찾아보기가 쉽지 않다. 전형적인 연안사구와 해빈의 지형을 갖춘 우이도, 참으로 소중한 연안 생태환경이다.

　일부러 둘러보니 해변은 물론 물밑도 온통 모래밭이다. 바다 속의 모래가 파도에 밀리고, 바람에 날려서 해변에 거대한 모래의 성채를 쌓은 것이다. 얼마나 많은 세월이 흘렀을까. 이 정도의 사구를 형성하기까지 상상을 절하는 시간이 사구에 잠겨 있을 것이다. 겨울에는 성촌 북쪽에서 바람이 불어온다. 겨울의 북풍은 눈을 뜨지 못할 정도로 매섭고 강하다. 산 정상의 모래가 깎여서 표토의 돌들이 드러날 정도다. 여름이 오면 남풍이 분다. 다시금 남쪽에서 불어오는 바람에 의하여 모래가 쌓인다. 모래가 다시 산 정상을 덮는다. 그런 퇴적의 상호 교체과정이 오랜 세월 반복되어 오늘에 이르렀다. 해안사구는 바닷가의 알갱이가 바람에 날려 와 쌓여서 만들어지기에 때로는 단 하루에도 수 미터 높이의 모래언덕이 만들어지고 부서질 수 있지만 사구지대가 형성되기 위해서는 아주 오랜 시간 동안 수많은 모래 알갱이들이 쌓이고 깎이고를 반복한 후에야 가능하다.

　바람이 빚은 예술이다. 바람은 거침없이 분다. 김수영 시인은 그의 시 〈풀〉

에서, 풀이 바람보다 먼저 눕고, 바람보다 늦게 일어난다고 했다. 그러나 풀과 달리 모래는 바람에 저항한다. 바람에 맞서다 끝내는 멀리 날려간다. 바람의 힘에 밀린 모래들은 언덕을 만들고, 끝내는 모래산으로 오른다.

바람의 힘이 얼마나 강한가는 다른 예에서도 알 수 있다. 영국 남쪽의 헤이스팅스(Hastings) 마을을 보자. 1066년 노르만족이 침입할 당시만 해도 바닷가에 위치했지만, 지금은 해안에서 수 킬로미터나 떨어져 있다. 거센 겨울 폭풍이 엄청난 양의 모래를 몰고 와 퇴적된 결과다. 이렇듯 우이도 사구도 거대한 바람만이 이룰 수 있는 걸작이다.

우이도 사구에서 굽어보면, 파도에 으깨지는 모래와 사구의 모래가 확연히 다름을 알 수 있다. 똑같은 모래인데도 '파도의 지문'과 '바람의 지문'이 다르기 때문이다. 바람의 지문은 파도의 지문처럼 파문(波紋)이 강하지 않다. 끊임없이 움직이며, 매우 섬세하고 미세하게 흔들려서 끝내 '비단길' 같은 예술품을 빚어낸다. 실크로드가 비단이 오간 데서 비롯되었다고는 하지만, 아름다운 모랫길의 비단 같은 질감에서 비롯됐을 수도 있다는 착각에 빠진다. 그런 점에서 우이도 사구는 한반도에서 매우 드물게 비단길의 품격을 보여주는 곳이다.

조금씩 세상에 알려지면서 사람들이 찾아들기 시작했다. 관광객들이 찾아드는 것은 전적으로 사구 때문이다. 사람들은 수영복만 걸친 채 사구를 걸어 올라간다. 한여름에는 사구 정상이 사람들로 빼곡하다. 눈썰매 타듯 사구를 미끄러져 내려온다. 도시민들의 추억 만들기란 고작 눈썰매장의 솜씨를 못 벗어나나 보다. 그것도 모자라 모 신문은 아예 '천리향 은은한 내음, 해풍 가르는 모래썰매'라는, 혐오스럽도록 반생태적인 기사를 싣기도 했다. '편의시설 없어 관광객 불편' 같은 기사도 종종 등장하고 있어 최소한의 편의시설이 아닌 그 무언가 거대시설의 등장을 촉구하는 것 같아 우이도 산태의 앞날이 불안하기도 하다.

사구생태공원화, 늦었지만 다행

지금, '바람의 예술품'은 몰락하는 기초예술처럼 처참하게 무너지고 있는 중이다. 늦게야 사구의 중요성에 눈을 뜨고 학문적 대상으로 삼아 본격적인 연구를 하고, 사구생태공원(Sand Dune Eco-Park)으로 삼기 위한 노력이 이뤄지고 있다. 가령 신안군에서 전남대 해양연구소에 의뢰한 우이도 사구 연구 따위가 그런 노력의 하나다.

외국의 경우, 당연히 사구는 절대 보호지역이다. 태안의 신두리 사구가 늦게나마 천연기념물로 지정된 일은 만시지탄이다. 이웃 일본의 도토리(鳥取)도 사구 생태관광지가 널리 알려졌다. 미국 미시건호 호변의 호프 마스터 주립공원 내의 질레트(Gillete) 사구, 콜로라도 남쪽 크리스토 산기슭의 210미터에 달하는 사구도 절대 보호대상이다. 오스트레일리아의 모레톤(Moreton) 섬 사구는 높이가 무려 250미터에 이른다. 또 남아프리카의 알고아(Algoa)만(灣)에 있는 알렉산드리아 모래언덕은 120제곱킬로미터 넓이를 자랑한다. 해양생태환경의 위대한 유산들이다.

사구는 열악한 조건이지만, 그에 걸맞게 사구에서만 살아가는 독특한 동식물군들이 있다. 가령 천연기념물로 지정된 태안 신두리 사구의 경우, 해당화는 물론이고 순비기나무, 갯방풍, 갯메꽃, 통보리사초 같은 사구식물들이 무리 지어 꽃을 피우며, 모래 속에는 개미귀신과 표범장지뱀이 먹이를 노리며 도사리고 있다. 모래 속에는 우리의 눈에 보이지 않을 뿐이지 무수한 생물체가 움직이고 있다.

그러나 세계 곳곳에서 모래가 사라지고 있다. 분별없는 모래채취 때문이다. 바다모래의 총량은 절대 불변이다. 어디선가 모래를 빼 쓰면 그만큼 다른 곳의 모래가 줄어든다. 해변의 각종 공사와 모래채취는 물길을 바꿔 해수욕장의 모래를 휩쓸어낸다. 천혜의 백사장이 근래 앙상한 몰골을 드

천연기념물로 지정된 태안 신두리 사구. 이 같은 염생식물군이 특이한 자연환경을 만들고 있다.

러낸 사례는 한두 곳이 아니다. 우이도의 모래도 서서히 줄어들고 있다. 북한에서도 몽금포 사구를 천연기념물(124호)로 지정하였으나 바다모래의 규사를 이용한 유리원료 채취 때문에 상당한 위협을 받고 있다. 남과 북에서 모래는 공히 제1차적 위협에 직면해 있는 것이다.

'모래썰매'를 타고 내려오는 관광객들이야 신나겠지만 아무리 막강한 바람의 힘으로도 그 생채기를 복원해내지는 못한다. 바람의 힘을 압도하는 인간의 발길이 장차 산태를 들판으로 만들 요량이다. 바람에 맞서는 모래처럼 더 강인한 방책은 없을까. 그 흔한 산책로 하나 만들어줄 수는 없는 것일까.

이와 같이 우이도 사구를 집중적으로 설명했지만, 우이도에만 사구가 있던 것은 아니다. 가령 태안반도에도 신두리에만 사구가 있던 것이 아니니, 만리포, 몽산포, 청포대, 마검포, 삼봉, 기지포, 바람아래, 학암포 등 대개의 해수욕장을 가보면 언덕배기마다 사구 흔적이 완연하다. 현재 전국적으로 약 150여 개의 사구가 분포되어 있다. 대개 해수욕장이 잘 발달한 곳은 사구도 같이 있던 것으로 보면 무방할 것이다. 모래를 파가면서 사구들이 급격히 사라진 것이다.

정약전과 이강회의 흔적

바다가 굽어보이는 모래산 정상에서 이런저런 생각을 하다 보니 섬의 지식인이었던 이강회(李綱會)라는, 일반에게는 잘 알려지지 않은 인물이 떠오른다. 정다산의 강진 유배시절에 가르침을 받았던 그는 다산이 해배(解配)되자 다산의 친형인 정약전이 유배생활하던 우이도에 들어와서 학문에 매진한다. 근자에 이강회가 1818~1819년 사이에 우이도에 머물면서 집필한 문집인 《유암총서》가 발견되었다. 《유암총서》 서두에는 우이도 주민 문순득의 표류 경험담을 토대로 정약전이 저술한 〈표해시말(漂海始末)〉, 이강회의 저술로 선박제조에 관한 국내 최초의 논문이라 할 수 있는 〈운곡선설(雲谷船說)〉을 비롯하여 이용후생(利用厚生)에 입각한 수레 보급론인 〈차설답객난(車說答客難)〉, 〈제거설(諸車說)〉 등이 수록되었다. 섬에 사는 어민의 표류기, 바다를 항해하는 선박건조 이야기 등은 그 자체 해양적인 사료들이라 할 수 있다(신안문화원, 2005).

이강회는 정약전, 약용 두 형제 모두와 깊은 인연을 맺고 있었음이 확인된다. 일찍이 이곳에서 오랜 귀양살이를 하다가 우이도 바깥바다인 흑산도로 쫓겨가 《자산어보》란 희대의 수산서를 남기고 떠난 약전. 당신께서도 우이도의 사구를 일상적으로 거닐었음이 틀림없다. 오키나와와 필리핀까지 표류했다가 돌아온 문순득의 이야기를 들으며 무슨 생각을 했을까. 그리고 우이도의 산태를 하릴없이 오가며 무슨 생각을 하였을까.

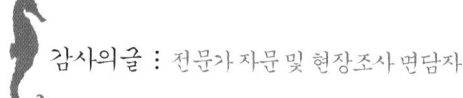

많은 분들의 협조와 도움을 받았다. 오랜 현장에서 인연 맺은 분들이 도움에 나섰고 전혀 새롭게 소개받은 분들, 심지어 생면부지의 낯선 분들이 관해기의 대장정에 동참하였다. 참으로 고마운 일이었다. 어떤 분들은 자신의 논문과 저서로, 수중사진처럼 구하기 어려운 사진제공자로, 길 안내자로, 심지어 배를 몰고 섬으로 데려다준 분도 있었다. 답사가 끝난 밤에 선술집에 앉아 통음하면서 바다 이야기를 나눈 분도 있었고, 공무원이나 수협직원으로서 친절하게 현장까지 안내하며 답사를 도와준 이들도 있다. 국립수산과학원에서는 이윤, 정달상 박사 등 전문연구자를 현장에 파견하여 조사의 전문성을 담보해주는 배려를 베풀었다. 각 지역의 문화원장과 사무국장들의 적극적인 도움도 있었다. 수산과학관의 이기복 큐레이터는 온갖 기초 자료를 챙겨주었다. 자신이 가장 잘 아는 물고기를 이야기할 때는 남루한 일상을 벗어버리고 신명에 겨워 몇 시간이고 이야기를 들려준 어민들도 빼놓을 수 없다.

무엇보다 외길을 걸으면서 곳곳에서 바다를 지키는 지킴이들이 숨어 있음을 발굴해낸 유쾌한 만남들이었다. 이들과 면담하였던 방대한 조사기록과 사진들, 여타 수집된 자료들은 훗날 어떤 식으로든지 세상에 본격 공개될 것으로 믿는다. 최소한의 예의와 신뢰의 표시로서 이 책을 가능케 했던 분들 200여 명의 이름 석자를 기록으로 남긴다(직책은 2004, 2005년 당시 기준, 가나다순).

강덕우(한국사, 인천시 역사자료관 역사문화연구실 전문위원)

강대환(서귀포시 보목 숲섬 수중환경지킴이)

강무현(해양수산부 차관)

강성남(서울신문 사진부)

강옥엽(한국사, 인천시 역사자료관 역사문화연구실 전문위원)

강정극(해양학, 한국해양연구원)

강정효(뉴시스 제주본부기자)

강진국(서귀포시 보목동 마을회장)

강현주(한국해양연구원 대외협력팀장)

고경민(수산학, 제주도 해양수산자원연구소 수산연구사)

고경재(양양문화원장)

고석규(한국사, 목포대 사학과 교수)

고안자(잠수, 우도 거주, 2002년 북제주군 잠수상 수상자)

고정락(수산학, 국립수산과학원 수산연구사)

고종남(태안군청 주민과)

고철환(해양학, 서울대 해양학과 교수)

공병희(포항시청 문화공보과)

구자상(부산환경운동연합 바다위원장)

금강(해남 미황사 주지)

김강민(신안문화원장)

김경섭(경남 고성군청 문화관광계장)

김계담(서귀포문화원장)

김광수(거제수산업협동조합 상임이사)

김광오(울산시청 공보관)

김금충(추자수협 경제상무)

김기백(울릉군 북면 관광개발담당)

김기중(농민, 울진군 북면 말래)

김기창(영흥수산협동조합장)

김기현(심해저자원연구센터장)

김낙기(한국사, 시흥시 향토자료실 전문위원)

김덕중(어민, 강릉 사천진 어촌계장)

김동수(어민, 마산어시장 중매인)

김동전(한국사, 제주대 사학과 교수)

김묘연(어민, 고흥군 나로도 21세기수산 대표)

김병목(영덕군수)

김사홍(해양생물학, 제주도 해양생물다양성연구실)

김산세(거제도 일운수산 대표)

김삼연(마산 오동동아구할매집 대표)

김상수(월간 우리바다 편집장)

김상중(농민, 울진군 북면 말래)

김성권(울릉문화원 사무국장)

김성현(굴수하식수산업협동조합)

김세윤(통영문화원장)

김수관(수산경영학, 군산대 사회과학대학 교수)

김수동(어민, 영덕군 축산면 차유동)

김수일(어민, 북제주군 신흥리)

김영우(고흥군 봉래면 수산담당)

김영태(어민, 홍성 남당리 축제위원장)

김완복(어민, 서산시 중왕리)

김완찬(어민, 부산시 기장군 공수마을)

김용순(김제문화원 사무국장)

김웅서(해양학, 한국해양연구원 심해저본부장)

김윤자(제주시청 문화체육과)

김장근(수산학, 국립수산과학원 수산연구관)

김정필(고성군청 기획감사실)

김정호(목포문화원 부원장)

김종순(나주시 학예연구사)

김종익(여수시 진남제위원회)

김종희(웅도 어리굴젓 대표)

김진업(영덕문화원 사무국장)

김진영(수산학, 국립수산과학원본부장)

김진옥(기장문화원장)

김춘선(해양수산부 인천해양수산청장)

김현식(통영문화원 사무국장)

김현주(해양학, 한국해양연구원 해양심층수연구센터장)

김형만(거제수협)

김학민(화가)

남궁호삼(강화도 시민연대위원장)

남홍식(어민, 안면도 백사장 대하축제 준비위원장)

노민선(어민, 속초 중앙동)

도준석(서울신문 사진부)

명 완(태안군청 문화예술과)

문무호(어민, 태안군 내파수도)

문야성(어민, 사천시 실안동 실안어촌계, 죽방렴
　　　운영)

박경열(식당, 울산시 장생포 고래식당)

박경훈(제주 전통문화연구소장)

박맹수(영산원불교대학교수)

박봉렬(어민, 남해군 설천면 문항리)

박봉언(신안군 새어민회장)

박삼숙(식당, 속초시 청호동 박삼숙 생선구이집)

박상규(굴수하식수산협동조합 상무)

박선우(해양수산부 태안 옹도등대장)

박인환(영덕문화원장)

박정우(식당, 영광 법성포)

박철오(기장군 수산과장)

박호삼(어민, 서산시 팔봉면 호리)

박화진(어민, 신안군 우이도)

방효정(인제문화원장)

백태철(농민, 울릉군 석포리)

변상경(해양물리학, 한국해양연구원 전 원장)

부원찬(제주해양수산청장)

서영필(울릉군 북면 면장)

서종수(농업, 울릉도)

성용호(선장, 서귀포시)

손봉기(염업, 신안군 비금도 염전 운영자)

송재희(국립수산과학원 갯벌연구센터연구원)

송하훈(강진문화원 사무국장)

수경스님

신연호(나주시청 문화공보실)

신인홍(잠수, 북제주군 우도)

심재설(해양학, 한국해양연구원 이어도과학기지)

심재억(서울신문 기자)

안국현(영산강 홍어1번지식당 대표)

양동의(순천시 문화관광과)

양용수(수산학, 국립수산과학원)

양정식(북제주군 우도 항로표지원)

양치권(영산강홍어 대표, 영산강뱃길복원추진위원장)

엄철규(굴수하식수산협동조합)

염기대(해양학, 한국해양연구원 원장)

오거돈(전 해양수산부장관)

오경자(식당, 김제군 심포항)

오승국(시인, 제주4·3연구소 사무총장)

오위영(한국해양연구원 정책조정실장)

오정환(어민, 울진군 후포항 삼창호 선장)

옥승현(여수문화원 사무국장)

원승환(국립수산과학원 패류육종연구센터 수산연
　　　구사)

유규근(통영시청 공보담당관실)

유명근(간월도 섬마을 어리굴젓 대표)

유성준·유영선(횡계 삼신황태 운영)

윤경태(울산 장승포, 고래고기할매집)

윤대웅(농민, 울진군 북면 말래)

윤만선(어민, 북제주군 비양도 노인회장)

윤병일(어민, 서산시 간월도 이장)

이금훈(어민, 양양군 손양면 오산리)

이금재(추자수협 유통판매과장)

이기복(역사민속학, 수산과학관 큐레이터)

이대승(어민, 남해군 사동면 미조리)

이명우(인제군청 군정홍보담당)

이복웅(군산문화원장)

이상고(수산경제학, 부경대 수산경영학 교수)

이생기(북제주군 해양수산과)

이선명(수중세계 대표)

이선준(어민, 홍성군 죽도)

이수호(해양수산부 해양정책과)

이영신(시인, 평창문화원 사무국장)

이영호(수산학, 국회의원)

이 윤(해양미생물학, 국립수산과학원 환경연구관)

이인수(수산학, 해양수산부 수산정책국)

이재섭(어민, 북제주군 신흥리 어촌계장)

이정돈(해남군청 문화관광과)

이조복(식당, 신안군 비금면 도초도 시목해수욕장)

이종훈(굴수하식수산업협동조합 전무)

이채성(국립수산과학원 연어연구센터장)

이현태(태안군청 문화예술과)

이형근(굴수하식수산업협동조합 지도선 선장)

이형기(포항 장기곶 등대박물관)

이효명(어민, 남해군 삼동면 물건리)

임선모(어민, 영흥수산협동조합 상무)

임성덕(어민, 거제시 남부면 다포리 다포마을)

임창규(양미리 중매인, 강릉시 주문진읍)

임창용(서울신문 기자)

임학성(한국사, 고려대 민족문화연구원 교수)

장경희(울진군청 공보담당)

장석원(한국빙온 대표)

장안상(어민, 북제주군 비양도 어촌계장)

장용수(어민, 고성군 죽왕면 오호리)

전인현(농민, 울진군 북면 말래)

전재경(법학, 생명회의유사)

정건웅(울릉수협 조합장)

정낙추(태안 낭금리 사염새헌자)

정낙칠(염업, 태안군 모항)

정달상(수산학, 국립수산과학원)

정만화(수협중앙회 기획관리부장)

정상태(고흥군청 수산담당)

정석진(평창문화원장)

정용호(포항 항만청)

정우영(태안문화원장)

정원덕(독도수비대원 출신)

정윤석(강진 칠량옹기 기능전승자)

정의철(수산학, 국립수산과학원)

정재덕(구룡포과메기 영어법인회장)

정충국(양양군청 공보담당)

정칠복(어민, 신안군 재원도 이장)

정태호(염업, 태안군 모항)

제종길(해양학, 국회의원, 국회바다포럼 대표의원)

조계화(잠수, 서귀포시 법환리 잠수회장)

조상현(목포문화원 사무국장)

조선수(어민, 서산시 대산읍 독곶리)

조영석(고흥문화원 사무국장)

조영조(국립수산과학원 갯벌연구센터 소장)

좌동렬(제주도 문화유산 해설사)

주만성(어민, 태안군 가의도)

주상준(울진문화원장)

주순자(상인, 부산시 자갈치어시장 꼼장어 판매)

진재언(어민, 신안군 재원도 전 어촌계장)

진한숙(해수부 항로표지 담당관실)

차윤원(삼천포수협 지도과장)

최덕림(순천시청 주민자치과)

최영호(문학, 해군사관학교 인문학과교수)

최한선(고성군청 문화관광과)

최항순(조선공학, 서울대 조선공학과 교수)

탁광일(환경교육·임업컨설턴트, 국민대 교수)

하기호(경남 고성문화원장)

하정남(영산 원불교대학 교무)

한성복(해양학, 한수당자연환경연구원장)

한정규(속초문화원 사무국장)

허남채(순천만생태관 관장)

현춘식(제주도청 학예연구관)

홍광진·이정례(울릉도 지킴이)

홍성협(식당, 서귀포시 강정)

황선도(수산학, 국립수산과학원 남해수산연구소)

황선미(강화도시민연대 사무국장)

황진선(서울신문 문화부)

황필운(추자면사무소 행정선선장)

색인 :

주강현의 **관해기** 2 — 서쪽바다

초판 1쇄 발행 2006년 7월 10일
초판 5쇄 발행 2017년 11월 1일

지은이 주강현
발행인 윤세봄 **단행본사업본부장** 김정현 **편집주간** 신동해
디자인 이석운, 김은정 **마케팅** 이현은 이은미 **제작** 류정옥

발행처 (주)웅진씽크빅 **출판신고** 1980년 3월 29일 제406-2007-000046호
브랜드 웅진지식하우스 **주소** 경기도 파주시 회동길 20
주문전화 02-3670-1595
문의전화 031-956-7409(편집) 02-3670-1123(영업)
홈페이지 www.wjbooks.co.kr
페이스북 www.facebook.com/wjbook

이 도서의 국립중앙도서관 출판예정도서목록(CIP)은 서지정보유통지원시스템
홈페이지(http://seoji.nl.go.kr)와 국가자료공동목록시스템(http://www.nl.go.kr/kolisnet)에서
이용하실 수 있습니다.(CIP제어번호: CIP2006001439)

책값은 뒤표지에 있습니다.
잘못된 책은 바꿔드립니다.